KAPITALGESELLSCHAFTEN
7. Auflage (Mader)
Stand: August 2010

Inhaltsverzeichnis

Dritter Abschnitt: Die Aktiengesellschaft

Vierter Abschnitt: Die Erwerbs- und Wirtschaftsgenossenschaft

Literaturübersicht

I. Lehrbücher/Skripten/Systeme/Handbücher

Keinert, Österreichisches Genossenschaftsrecht (1988)

Holzhammer/M.Roth, Gesellschaftsrecht[2] (1997)

Grünwald, Europäisches Gesellschaftsrecht (1999)

Barnert/Dolezel/Egermann/Illigasch, Societas Europaea (2005)

Krejci, Gesellschaftsrecht Band I (2005), Band II (für 2010 in Vorbereitung)

Borns, GmbH-Recht – Leitfaden für GmbH-Geschäftsführer (2006)

G.Roth/Fitz, Unternehmensrecht. Handels- und Gesellschaftsrecht[2] (2006)

Straube/Aicher (Hrsg), Handbuch zur Europäischen Aktiengesellschaft (2006)

Bydlinski P., Grundzüge des Privatrechts[7] (2007) 299 ff

Duursma/Duursma-Kepplinger/M.Roth, Handbuch zum Gesellschaftsrecht (2007)

Fritz, Gesellschafts- und Unternehmensformen in Österreich[3] (2007)

Rieder/Huemer, Gesellschaftsrecht (2008)

Umfahrer, Die Gesellschaft mit beschränkter Haftung[6] (2008)

Fritz, Gesellschafts- und Unternehmensformen kompakt (2008)

Geymayer/Tröthan, Grundlagen des Umgründungsrechts (ORAC Rechtsskriptum 2008)

Kalss/Nowotny/Schauer, Österreichisches Gesellschaftsrecht (2008)

Karollus/Huemer/Harrer, Casebook Handels- und Gesellschaftsrecht[2] (2008)

Kalss, Unternehmensnachfolge, Privatstiftung, Erbrecht[2] (2009)

Nowotny, G., Gesellschaftsrecht[4] (2009)

S. Bydlinski/Potyka, Aktienrechts-Änderungsgesetz 2009 (2009)

Fuchs/Winkler, Die GmbH (2010)

Harrer, Die Personengesellschaft als Trägerin eines Unternehmens. Gesellschaft bürgerlichen Rechts, offene Gesellschaft, Kommanditgesellschaft, GmbH & Co KG (2010)

Knauder, Prüfungsfragen und Prüfungsfälle zum Gesellschaftsrecht[2] (ORAC Rechtsskriptum 2010)

Schummer, Personengesellschaften[7] (ORAC Rechtsskriptum 2010)

II. Kommentare

Zöllner/Noack (Hrsg), Kölner Kommentar zum Aktiengesetz[2] (seit 1986; 3. Auflage seit 2004, Deutschland)

Wünsch, Kommentar zum GmbHG (§§ 1-33; 1987-1993)

Kalss, Handkommentar Verschmelzung, Spaltung, Umwandlung (1997)

Hausmaninger/Herbst, Übernahmegesetz (1999)

Rowedder/Schmidt-Leithoff, GmbHG[4] (2002, Deutschland; 5. Auflage voraussichtlich August 2010)

Doralt/Nowotny/Kalss, Kommentar zum Aktiengesetz (2003)

Dellinger/Mohr, Eigenkapitalersatz-Gesetz (2004)

Fellner/Mutz, Eigenkapitalersatz-Gesetz (2004)

Kalss/Hügel, Europäische Aktiengesellschaft (2004)

Dellinger, Genossenschaftsgesetz samt Nebengesetzen (2005)

Koppensteiner/Rüffler, Kommentar zum GmbHG[3] (2007)

Frotz/Kaufmann, Grenzüberschreitende Verschmelzungen (2008)

Hüffer, Aktiengesetz[8] (2008, Deutschland)

Hausmaninger/Kletter/Burger, Der österreichische Corporate Governance Kodex[2] (2009)

Gellis/Feil, Kommentar zum GmbH-Gesetz[7] (2009)

Lutter/Hommelhoff, GmbH-Gesetz[17] (2009, Deutschland)

G.Roth/Altmeppen, Gesetz betreffend die Gesellschaften mit beschränkter Haftung (GmbHG), Kommentar[6] (2009; Deutschland)

Bachner/Dokalik, Das neue Recht der Hauptversammlung. Novellenkommentar zum AktRÄG 2009 (2010)

Straube, Wiener Kommentar zum GmbH-Gesetz (Loseblatt), 2. Grundlieferung 2009, 3. Grundlieferung 2010

Baumbach/Hueck, GmbHG[19] (2010; Deutschland)

Jabornegg/Strasser, Kommentar zum Aktiengesetz[5] (2010)

III. Monographien (Auswahl)

Harrer, Haftungsprobleme bei der GmbH (1990)

Bydlinski, P., Veräußerung und Erwerb von GmbH-Geschäftsanteilen (1991)

Reich-Rohrwig, Das österreichische GmbH-Recht (1. Auflage 1983; 1. Band 2. Auflage 1997)

Fantur, Das Haftungssystem der GmbH-Vorgesellschaft (1997)

Frizberg/Frizberg, Die GmbH – Systematischer Überblick und ausgewählte Musterverträge (1999)

Vavrovsky, Stimmbindungsverträge im Gesellschaftsrecht (2000)

Gruber, Treuhandbeteiligung an Gesellschaften (2001)

Kalss/Schauer, Unternehmensnachfolge (2001)

Mosser, Vermögensweitergabe und Unternehmensnachfolge (2002)

Kalss/Rüffler, GmbH-Konzernrecht (2003)

Zehetner/Bauer, Eigenkapitalersatzrecht (2004)

Artmann, Gesellschaftsrechtliche Fragen der Organschaft (2004)

Reich-Rohrwig, Grundsatzfragen der Kapitalerhaltung bei der AG, GmbH sowie GmbH & Co KG (2004)

Kalss/Eckert, Zentrale Fragen des GmbH-Rechts (2005)

Kalss/Schauer, 100 Jahre GmbH (2006)

Reich-Rohrwig, Societas Europaea (2006)

Kalss/Schauer, Die Reform des österreichischen Kapitalgesellschaftsrechts (Gutachten, Verhandlungen des Sechzehnten Österreichischen Juristentages) 2006

Diregger/Kalss/Winner, Das österreichische Übernahmerecht[2] (2007)

Fellner/Schweiger/Wiedenbauer/Winkler, Unternehmenserwerb in Österreich[2] (2007)

Krejci, Societas Privata Europaea. Zum Kommissionsvorschlag einer Europäischen Privatgesellschaft (2008)

Ratka/Rauter, Handbuch Geschäftsführerhaftung (2008)

Brix, Die Hauptversammlung der Aktiengesellschaft (2009)

Haberer, Zwingendes Kapitalgesellschaftsrecht (2009)

Izzo-Wagner, Kollisionsrecht und Gesellschaftsrecht nach der EuGH-Rechtsprechung und europäischen Normgebung (2009)

Jarolim, Das neue Aktienrecht – Dialog im Parlament (2009)

EINFÜHRUNG

A. Allgemeines

I. Zum Begriff der Gesellschaft

1. **Definition**: Eine Gesellschaft ist (idR) eine durch Rechtsgeschäft begründete Rechtsgemeinschaft zweier oder mehrerer Personen, um einen gemeinsamen Zweck mit gemeinsamen Mitteln (= durch organisiertes Zusammenwirken) zu erreichen (⇨ Näheres in PersG[7] S 1 ff).

   > **Beachte**: Die **Einmanngesellschaft** (eine Gesellschaft, bei der alle Gesellschaftsanteile in einer Hand vereinigt sind) ist bei Kapitalgesellschaften zulässig (nicht bei Personengesellschaften, vgl § 105 UGB, zum Verein s § 1 VerG). Seit dem EU-GesRÄG 1996 (BGBl 1996/304) ist für die GmbH nicht nur die nachträglich entstandene Einmanngesellschaft, sondern auch die **Einmanngründung** möglich. Entsprechendes gilt nach § 35 AktG (s auch § 2 Abs 2 AktG) idF des GesRÄG 2004 (BGBl I 2004/67) nunmehr auch bei der AG.

2. **Rechtsgemeinschaft** bedeutet ein Dauerschuldverhältnis, das dadurch gekennzeichnet ist, dass **Treuepflichten** der Gemeinschaft gegenüber, aber auch zwischen den Teilnehmern der Rechtsgemeinschaft selbst bestehen.

   > **Beachte**: Nicht jede Rechtsgemeinschaft ist eine Gesellschaft (vgl etwa die schlichte Miteigentumsgemeinschaft oder die Erbengemeinschaft). S dazu auch PersG[7] S 3.

3. Die Gesellschaft wird idR (abgesehen von den Fällen der Einmanngründung und der [seltenen] gesetzlichen Gesellschaftsbegründung) durch **Rechtsgeschäft begründet**. Schon bisher galt für Kapitalgesellschaften, dass sie zwar ebenfalls auf einem Vertragsabschluss beruhen, aber erst mit der Eintragung in das Firmenbuch als solche entstehen (vgl § 2 Abs 1 GmbHG, § 34 Abs 1 AktG; vgl auch Art 1 Abs 2 EWIV-VO, Art 16 SE-VO, Art 18 SCE-VO). Dies gilt seit 1. 1. 2007 (vgl § 123 UGB) auch für die Offene Gesellschaft (OG) und die Kommanditgesellschaft (KG). Abschluss und Änderung des Vertrages erfolgen durch die Vertragspartner, also durch die Gesellschafter. Für Vertragsänderungen gilt dies im strikten Sinn allerdings nur für Personengesellschaften; bei Kapitalgesellschaften sind Vertragsänderungen regelmäßig auch durch Mehrheitsbeschlüsse möglich. Bei Kapitalgesellschaften sind für den Gesellschaftsvertrag auch die Begriffe **Satzung** oder **Statut** gebräuchlich.

   > **Allgemeine Vertragsmerkmale von Gesellschaftsverträgen**: Es handelt sich um schuldrechtliche, (iwS) gegenseitige und nach hA entgeltsfremde Verträge (zu diesem Begriff ⇨ BR AT[7] S 45 unter 3.c)).

4. Das Element des **gemeinsamen Zwecks** (ideeller oder materieller Zweck) bedeutet, dass die Gesellschaft auf gemeinsames, zielorientiertes Handeln ausgerichtet ist. Das engere Gesellschaftsziel wird im **Unternehmensgegenstand** umschrieben, der in der Satzung festgesetzt wird.

5. Das Element **gemeinsame Mittel** (= organisiertes Zusammenwirken der Gesellschafter) bedeutet, dass die Gesellschaft einer Innenstruktur bedarf (insbesondere der Regeln über Geschäftsführung, Vertretung, Verhältnisse der Gesellschafter zueinander und zur Gesellschaft usw).

II. Kapitalgesellschaften

1. Kapitalgesellschaften sind unternehmensrechtliche Erscheinungsformen der **Körperschaften** und damit **juristische Personen** (⇨ PersG[7] S 10 f). Sie sind Personenvereinigungen, deren Bestand durch Tod, Eintritt und Austritt von Mitgliedern grundsätzlich nicht berührt wird. Als juristische Person handelt die Körperschaft durch Organe. Es bestehen immer mindestens zwei Organe, nämlich Mitgliederversammlung und Vorstand bzw Geschäftsführer. Für den Vorstand gilt das Prinzip der **Drittorganschaft**, dh, dass Vorstandsmitglieder nicht Gesellschafter sein müssen (aber sein können). In der Mitgliederversammlung erfolgt die Willensbildung durch Beschlüsse (grundsätzlich nach dem Mehrheitsprinzip).

> **Beachte**: **Personengesellschaften** sind keine Körperschaften. Für sie gilt das Prinzip der geschlossenen Mitgliedschaft (⇨ PersG[7] S 10). Die Mitgliedschaft ist im Grundsatz nicht übertragbar und nicht vererblich; das Ausscheiden eines Gesellschafters führt nach dem gesetzlichen Grundmodell zur Auflösung der Gesellschaft. Die Organverfassung beruht auf dem Grundsatz der Selbstorganschaft (die Organe sind gleichzeitig Gesellschafter).

2. Kapitalgesellschaften haben **folgende Grundmerkmale**:

a) Die Kapitalgesellschaft entfaltet rechtliche Wirkungen sowohl im Innen- wie auch im Außenverhältnis; sie ist (wie alle Körperschaften) sowohl **Innen-** wie auch **Außengesellschaft**. Das Innenverhältnis betrifft die Beziehungen der Gesellschafter untereinander, das Außenverhältnis die Beziehungen der Gesellschaft zu Dritten.

> **Beachte**: Auch die Personengesellschaft ist idR Außengesellschaft. Eine reine Innengesellschaft ist die stille Gesellschaft; die GesBR kann reine Innen- oder auch Außengesellschaft sein.

b) Der einzelne Gesellschafter ist mit einem **bestimmten Kapital** an der Gesellschaft beteiligt. Für die **Gesellschaftsverbindlichkeiten** haftet er grundsätzlich nicht persönlich; es haftet nur das Gesellschaftsvermögen. Gesellschaftsvermögen und Gesellschaftervermögen sind verschiedene Vermögensmassen (**Trennungsprinzip**; auch Prinzip der selbständigen Identität); das Vermögen der Körperschaft ist also vom Vermögen der einzelnen Mitglieder getrennt. Die Aufbringung und Erhaltung des Gesellschaftskapitals ist im Interesse des Gläubigerschutzes umfassend und zwingend geregelt.

> **Beachte**: Bei Personengesellschaften stehen die Personen der Gesellschafter und nicht das Kapital im Vordergrund. Da die Gesellschafter unmittelbar und unbeschränkt für Gesellschaftsverbindlichkeiten haften, sind detaillierte und zwingende Regeln über Aufbringung und Erhaltung des Gesellschaftskapitals (wie bei den Kapitalgesellschaften) nicht erforderlich.

c) Die **persönliche Bindung** des einzelnen Gesellschafters an die Gesellschaft (und damit an die anderen Gesellschafter) ist bei Kapitalgesellschaften im Grundsatz weniger intensiv als bei Personengesellschaften.

d) Der **Grad der Innenorganisation** (die „Organisationsdichte") ist bei Kapitalgesellschaften höher als bei Personengesellschaften (am höchsten ist er bei der AG). Die Innenorganisation ist hier durch detaillierte gesetzliche Regelungen, die in großem Ausmaß zwingend sind, bestimmt. Der Satzung (dem Gesellschaftsvertrag) ist zur Ausgestaltung der Innenorganisation jedoch ein bestimmter, bei den einzelnen Kapitalgesellschaftstypen verschieden großer Spielraum gelassen.

e) Kapitalgesellschaften sind nach § 2 UGB **Unternehmer kraft Rechtsform** (früher nach § 6 HGB: Kaufmann kraft Rechtsform). Das gilt auch dann, wenn die Kapitalgesellschaft nicht für erwerbswirtschaftliche Zwecke benützt wird.

3. Die einzelnen Kapitalgesellschaften sind die **Gesellschaft mit beschränkter Haftung** (GmbH) und die **Aktiengesellschaft** (AG). Die **Europäische wirtschaftliche Interessenvereinigung (EWIV)** vereinigt kapital- und personengesellschaftsrechtliche Elemente (zu Ersteren gehört etwa die konstitutive Wirkung der Eintragung der EWIV in das Firmenbuch oder die Zulässigkeit der Fremdgeschäftsführung). Sie ist insgesamt gesehen aber eher den Personengesellschaften zuzuordnen (⇨ PersG[7] S 86 ff). Zur **Europäischen Gesellschaft (SE)** ⇨ S 94 ff.

> Neben den genannten Grundtypen der Kapitalgesellschaft bestehen **Kapitalgesellschaften mit gesetzlichem Sonderstatut**. Ein Beispiel ist die Österreichische Nationalbank (vgl das Nationalbankgesetz 1984 idF BG BGBl I 2007/108). Es besteht Rechtspersönlichkeit; die Innenorganisation dieser Wirtschaftskörper ist besonders geregelt (wenn auch häufig in Anlehnung an Kapitalgesellschaftstypen, besonders an die AG).

4. Für den Bereich der **Rechnungslegungsvorschriften** sind die UGB-Bestimmungen über die **Größenklassen für Kapitalgesellschaften** relevant (vgl § 221 UGB). Sie sind im Einzelnen kompliziert:

   a) Eine **kleine Kapitalgesellschaft** liegt vor, wenn die Gesellschaft mindestens zwei der drei nachstehenden Merkmale nicht überschreitet: 4,84 Mill € Bilanzsumme, 9,68 Mill € Umsatzerlöse in den 12 Monaten vor dem Abschlussstichtag, 50 Arbeitnehmer im Jahresdurchschnitt (§ 221 Abs 1 UGB).

   b) Eine **mittelgroße Kapitalgesellschaft** liegt vor, wenn mindestens zwei dieser drei in § 221 Abs 1 genannten Merkmale (vgl unter a)) überschritten **und** gleichzeitig zwei der drei nachstehenden Merkmale nicht überschritten werden: 19,25 Mill € Bilanzsumme, 38,5 Mill € Umsatzerlöse in den 12 Monaten vor dem Abschlussstichtag und 250 Arbeitnehmer im Jahresdurchschnitt (§ 221 Abs 2 UGB).

   c) Eine **große Kapitalgesellschaft** liegt vor, wenn zwei der drei Merkmale in § 221 Abs 2 (vgl unter b)) überschritten werden. Sind Aktien oder andere von ihr ausgegebene Wertpapiere an einem geregelten Markt (§ 1 Abs 2 BörseG) oder an einem anerkannten, für das Publikum offenen, ordnungsgemäß funktionierenden Wertpapiermarkt in einem Vollmitgliedstaat der OECD zum Handel zugelassen, so gilt die Gesellschaft stets als groß (vgl § 221 Abs 3 UGB).

   > Die **Rechtsfolgen** dieser Einordnung liegen vor allem im Bereich der Rechnungslegungsvorschriften, die in diesem Skriptum nicht im Einzelnen dargestellt werden können (vgl etwa die §§ 242, 243 Abs 4 und 5, 277 ff UGB); ferner etwa im Bereich der Abschlussprüfung (vgl §§ 268, 271a, 275: unterschiedliche Begrenzung der Haftung des Abschlussprüfers). Zum **Zeitpunkt des Eintretens** der Rechtsfolgen der Größenmerkmale s § 221 Abs 4 UGB, zur **Anwendung auf bestimmte Personengesellschaften** (zB bestimmte GmbH & Co KG) vgl § 221 Abs 5 UGB. § 221 Abs 7 UGB enthält außerdem eine **Verordnungsermächtigung** des BMJ zur Festsetzung anderer Zahlen für die Größenmerkmale zur Erfüllung EU-rechtlicher Verpflichtungen.

III. Erwerbs- und Wirtschaftsgenossenschaften

Erwerbs- und Wirtschaftsgenossenschaften nach dem GenG 1873 sind **Körperschaften mit Rechtspersönlichkeit**, deren Geschäftsbetrieb der Förderung des Erwerbs oder der Wirtschaft ihrer Mitglieder dient (sog Förderungsauftrag) und die nicht primär auf Gewinnerzielung ausgerichtet sind. Es handelt sich nach § 1 GenG um „Personenvereinigungen mit Rechtspersönlichkeit mit nicht geschlossener Mitgliederzahl"; sie haben kein festes Kapital. Erwerbs- und Wirtschaftsgenossenschaften sind damit keine Kapitalgesellschaften.

> **Beachte**: Die oben unter II. 4. dargestellten **Größenmerkmale** (und die daran anknüpfenden Rechnungslegungsvorschriften) gelten – mit Abweichungen im Einzelnen – nach § 22 GenG auch für Genossenschaften.

IV. Supranationale europäische Rechtsformen

Auf europäischer Ebene wurden in jüngerer Zeit (neben der EWIV; ⇨ S 3 unter 3.) die rechtlichen Grundlagen für eine **Europäische Gesellschaft** (SE, ⇨ S 94 ff), die als Aktiengesellschaft konzipiert ist, und für eine **Europäische Genossenschaft** (SCE ⇨ S 105 ff) geschaffen.

> **Weitere Legislativprojekte** (die sich nicht auf Kapitalgesellschaften beschränken) sind in Diskussion: Angedacht sind eine Europäische Privatgesellschaft (als Form einer „europäischen GmbH", Société Privée Européenne, SPE) und eine Europäische Stiftung (Fondation Européenne, FE). Vorschläge für einen Europäischen Verein (Association Européenne, AE) und eine Europäische Gegenseitigkeitsgesellschaft (Société Mutuelle Européenne, SME) wurden von der EU-Kommission nach mehrjährigen Verhandlungen wieder zurückgezogen. S dazu auch PersG[7] S 7 unter III 2.

Zu bestimmten **internationalen Aspekten** des Gesellschaftsrechts (besonders zu Sitztheorie und Niederlassungsfreiheit) ⇨ PersG[7] S 8 f.

V. Anmerkungen zur steuerlichen Behandlung der Kapitalgesellschaften

1. Bei der Gründung der Gesellschaft fällt die **Gesellschaftsteuer** zu Lasten der Gesellschaft an („Kapitalverkehrsteuer" nach § 2 Z 1 KVG mit einheitlichem Satz von 1%; Steuertatbestand: „Ersterwerb von Gesellschaftsrechten" [§ 2 enthält daneben weitere Steuertatbestände]). Für die Errichtung des Gesellschaftsvertrages selbst sind keine Rechtsgeschäftsgebühren nach GebG zu entrichten, da bereits Kapitalverkehrsteuer anfällt (§ 15 Abs 3 GebG). Bei der Einbringung von Sacheinlagen in der Form eines inländischen Grundstückes kann **Grunderwerbsteuer** anfallen (einheitlicher Steuersatz 3,5 %, vgl §§ 1, 7 GrEStG). Bei der Verschmelzung von Kapitalgesellschaften, der Umwandlung, Einbringung, dem Zusammenschluss einzelner Betriebe und der Spaltung sind die Art I, II, III, IV und VI UmgrStG zu beachten (insbesondere zur uU steuerneutralen Behandlung dieser Vorgänge).

2. Hinsichtlich der Ertragsbesteuerung bei Kapitalgesellschaften spricht man (etwas ungenau) von einer **Doppelbesteuerung**: Die Gewinne aus der unternehmerischen Tätigkeit einer Körperschaft, also auch einer Kapitalgesellschaft, unterliegen der **Körperschaftsteuer** (KSt, seit 1. 1. 2005 einheitlicher Satz von 25%; vgl § 22 Abs 1 KStG, sog „Gewinnzurechnung bei der Gesellschaft"). Schüttet eine (inländische) Kapitalgesellschaft Gewinne an den einzelnen Gesellschafter aus, hat sie von den ausgeschütteten Gewinnen die **Kapitalertragsteuer** (KESt, einheitlicher Satz von 25 %, § 95 Abs 1 EStG) einzubehalten. Für natürliche Personen ist die Einkommensteuer (Einkünfte aus Kapitalvermögen, § 27 EStG) damit abgegolten (§ 97 Abs 1 EStG, sog Endbesteuerung). Ist die Einkommensteuer des Gesellschafters nach dem zur Anwendung kommenden Einkommensteuertarif (Staffeltarif) niedriger als 25%, kann der Gesellschafter beantragen, mit den Gewinnanteilen zur ESt veranlagt zu werden. Diese Einkünfte unterliegen aber nur dem halben Einkommensteuersatz (§ 37 Abs 1, 4 Z 1 EStG; sog „Halbsatzverfahren" oder „Hälftesteuersatz auf Ausschüttungen"). In diesem Fall wird die KESt auf die Einkommensteuerschuld angerechnet (§ 97 Abs 4 EStG).

    Die **Verluste** bleiben in der Gesellschaft, sind also steuerlich beim Gesellschafter nicht verwertbar.

    > **Beachte**: Für die Körperschaftsteuer besteht seit 2005 die Möglichkeit der **Gruppenbesteuerung** (§ 9 KStG). Ist eine Kapitalgesellschaft zu mehr als 50% an einer anderen Kapitalgesellschaft beteiligt, verfügt sie zudem über mehr als 50% der Stimmrechte und weist der Gruppenträger einen Gewinn und das Gruppenmitglied einen Verlust aus (oder umgekehrt), so können die steuerlichen Ergebnisse beim Gruppenträger erfasst und dort saldiert werden, so dass sich insgesamt eine Steuerersparnis ergibt.

3. Bei der Vereinigung von Anteilen einer ein inländisches Grundstück besitzenden Kapitalgesellschaft fällt **Grunderwerbsteuer** an (§ 1 Abs 3 GrEStG). Der Erlös aus einer **Beteiligungsveräußerung** kann nach § 31 iVm § 37 Abs 1, 4 Z 2 EStG mit dem halben Durchschnittssteuersatz einkommensteuerpflichtig sein; sind die Voraussetzungen des § 30 EStG gegeben, ist er als Spekulationsgeschäft nach dem vollen Einkommensteuertarif zu versteuern.

B. Der Konzern

I. Definition und Rechtsgrundlagen

1. **Begriff**

a) Der Konzern ist **keine eigene Gesellschaftsform**, sondern eine wirtschaftliche Verbindung mehrerer Unternehmen oder Gesellschaften verschiedener oder gleicher Art. Die einzelnen Konzernunternehmen bzw Konzerngesellschaften sind rechtlich selbständig.

Vgl die Definition in **§ 15 Abs 1 AktG** (= § 115 Abs 1 GmbHG): „Sind rechtlich selbständige Unternehmen zu wirtschaftlichen Zwecken unter einheitlicher Leitung zusammengefasst, so bilden sie einen Konzern ...". Nach **§ 15 Abs 2 AktG** (= § 115 Abs 2 GmbHG) ist ein Konzern auch dann gegeben, wenn ein rechtlich selbständiges Unternehmen aufgrund von Beteiligungen oder sonst unmittelbar oder mittelbar unter dem beherrschenden Einfluss eines anderen Unternehmens steht. Vgl auch **§ 9 Abs 1 EKEG,** der alternativ zur einheitlichen Leitung auch die kontrollierende Beteiligung als Kriterium anführt.

> **Beachte** schließlich den unterschiedlichen Konzernbegriff in **§ 244 Abs 1 UGB:** Hier ist (als Anknüpfung für die Konzernrechnungslegungsbestimmungen der §§ 244 ff UGB) auf einheitliche Leitung **und** Beteiligung einer Kapitalgesellschaft an einer anderen in Höhe von mindestens 20% des Nennkapitals abgestellt (zum Begriff der Beteiligung vgl § 228 UGB; vgl dort in Abs 3 auch zum Begriff des „verbundenen Unternehmens"). **§ 244 Abs 2 und 3 UGB** enthalten daneben weitere Konstellationen, in denen die Konzernrechnungslegungsbestimmungen angewendet werden müssen (Abs 2 erfasst die sog „Control-Tatbestände"; so genügt nach Abs 2 Z 3 etwa bereits das Recht, beherrschenden Einfluss auszuüben).

> Vgl weiters **§ 110 Abs 6-6b ArbVG** (Entsendung von Arbeitnehmervertretern in den Aufsichtsrat): Hier ist einheitliche Leitung iSd § 15 Abs 1 AktG oder Beherrschung aufgrund einer unmittelbaren Beteiligung von mehr als 50% vorausgesetzt (vgl auch die Regelung in § 29 Abs 1 Z 3 und Abs 2 Z 1 GmbHG zur Aufsichtsratspflicht).

b) Nach diesen (wenn im Einzelnen auch unterschiedlichen) Definitionen liegt ein Konzern also dann vor, wenn **rechtlich selbständige Unternehmen aus wirtschaftlichen Gründen unter einheitlicher Leitung** stehen. Dies kann auch bei beherrschendem Einfluss gegeben sein (aufgrund von Beteiligungen in einem dafür ausreichenden Ausmaß oder auf andere Weise), also bei Abhängigkeit.

> **Beachte**: Das deutsche Aktienrecht (§ 18 Abs 1 S 3 dAktG) enthält bei gegebener Abhängigkeit eine **Konzernvermutung**. Dies wird von der Lehre auch für die österreichische Rechtslage vertreten.

2. **Rechtsgrundlagen**

Durch die zunehmenden wirtschaftlichen Verflechtungen von Unternehmen und Kapitalgesellschaften sind Konzernverhältnisse heute sehr häufig. Demgegenüber steht eine umfassende rechtliche Regelung des materiellen Konzernrechts immer noch aus. **Einzelregeln** finden sich in (Überblick):

> §§ 51, 66 AktG (Aktienübernahme durch oder für Rechnung eines Tochterunternehmens), 65 Abs 1 Z 4 AktG (Erwerb eigener Aktien);

> § 65 Abs 5 AktG (keine Stimm- und Bezugsrechte betreffend Aktien, die einem Tochterunternehmen oder einem Dritten für Rechnung eines solchen gehören);

> §§ 95 Abs 2, 118 AktG, 30j Abs 2 GmbHG (Auskunftsrecht des Aufsichtsrates und der Aktionäre über Beziehungen zu einem Konzernunternehmen);

> §§ 86 Abs 2, 3 AktG, 30a Abs 2, 3 GmbHG (Bestellung von Aufsichtsratsmitgliedern);

> § 29 Abs 1 Z 3 GmbHG (Aufsichtsratspflicht bei der GmbH);

> § 80 Abs 1 AktG (Kreditgewährung an Vertreter oder leitende Angestellte eines Mutter- oder Tochterunternehmens);

> § 9 EKEG (Eigenkapital ersetzende Kreditgewährung innerhalb eines Konzerns);

> §§ 270 UGB, 25 Abs 5, 131 Abs 2 AktG (Regeln für Prüferbestellungen);

> §§ 92 Abs 4a AktG, 30g Abs 4a GmbHG (Bestellung eines Prüfungsausschusses und Aufgaben desselben).

Die oben bereits genannten §§ 244 ff UGB enthalten ein Konzernbilanzrecht (Pflichten zur Aufstellung eines Konzernabschlusses und Konzernlageberichtes; vgl auch einige Regelungen in den §§ 224 ff UGB zu Bilanzgliederung und Bilanzanhang sowie die § 108 Abs 3 Z 2 AktG und § 22 GmbHG betreffend Einsichtsrechte der Aktionäre bzw Gesellschafter).

II. Erscheinungsformen

1. Ein **Gleichordnungskonzern** ist gegeben, wenn mehrere Unternehmen einheitlich geleitet werden, aber keines der Konzernunternehmen von einem anderen abhängig ist. Ein **Unterordnungskonzern** besteht dann, wenn ein Abhängigkeitsverhältnis zwischen Unternehmen oder Gesellschaften besteht, das durch Beteiligung, aber auch anders (etwa durch Vertragsbindungen) gegeben sein kann. Bei Mehrheitsbeteiligungen wird ein Abhängigkeitsverhältnis vermutet (hL; sog Abhängigkeitsvermutung) und somit auch ein Konzern (⇨ oben unter I .1. aE).

    Beim Unterordnungskonzern sind die Begriffe **Mutter-** und **Tochterunternehmen** üblich.

2. Ein **Vertragskonzern** liegt vor, wenn das Konzernverhältnis auf einer vertraglichen Vereinbarung zwischen Unternehmen oder Gesellschaften beruht. Ein **faktischer Konzern** ist dann gegeben, wenn keine vertragliche Beziehung, aber eine Abhängigkeit aus anderen Tatbeständen (etwa durch Beteiligungen) gegeben ist, auf Grund derer eine einheitliche Leitung vorgenommen wird. Ein **gesetzlich** angeordnetes Konzernverhältnis bestand früher im Bereich der verstaatlichten Industrie.

3. Die Unterscheidung zwischen **horizontalem** und **vertikalem** Konzern wird danach vorgenommen, ob die verbundenen Unternehmen auf gleichen oder auf verschiedenen Wirtschaftsstufen tätig sind.

4. Eine **Holding** ist eine Gesellschaft, deren Geschäftsgegenstand die Beteiligung an anderen Unternehmen ist. In diesem Fall ist ein Konzernverhältnis möglich, wenn die Beteiligungen ein Ausmaß haben, durch das Einfluss ausgeübt werden kann oder Einfluss durch andere Umstände möglich ist und auch ausgeübt wird. Dies ist aber nicht notwendigerweise der Fall.

ZWEITER ABSCHNITT

DIE GESELLSCHAFT MIT BESCHRÄNKTER HAFTUNG

§§ ohne Gesetzesangabe in diesem Abschnitt sind solche des GmbH-Gesetzes.

Lies die zitierten Gesetzesbestimmungen immer nach!

A. Allgemeines

I. Begriff und Rechtsgrundlagen

1. **Definition**: Die Gesellschaft mit beschränkter Haftung ist eine **Körperschaft mit Rechtspersönlichkeit** (also juristische Person), deren Mitglieder (die Gesellschafter) eine Vermögenseinlage (Stammeinlage) an die Gesellschaft erbringen. Diese Stammeinlagen bilden das Stammkapital der Gesellschaft. Weitere vermögensrechtliche Verpflichtungen treffen die Gesellschafter im Regelfall nicht; sie haften grundsätzlich nicht für Gesellschaftsverbindlichkeiten. Die GmbH ist **Außengesellschaft**, da sie als Träger von Rechten und Pflichten im rechtsgeschäftlichen Verkehr auftritt.

2. **Rechtsgrundlagen**: Gesetz über Gesellschaften mit beschränkter Haftung (GmbHG 1906 mit der „großen GmbH-Novelle" 1980). Durch das SpaltG (Art I des GesRÄG 1993) wurde die Spaltung von GmbH ermöglicht. Weitere größere Änderungen erfolgten durch das EU-GesRÄG 1996 (BGBl 1996/304), in dessen Rahmen auch ein neues Umwandlungs- und ein Spaltungsgesetz verabschiedet wurden, das IRÄG 1997 (BGBl I 1997/114), das GesRÄG 2005 (BGBl I 2005/59), das HaRÄG 2005 (BGBl I 2005/120) und das GesRÄG 2007 (BGBl I 2007/72). Die vorerst letzte, hier berücksichtigte Änderung erfolgte durch das URÄG 2008 (BGBl I 2008/70).

II. Die Hauptmerkmale der GmbH

1. **Zur Grundcharakteristik**

    a) Die GmbH ist **juristische Person** (vgl § 61 Abs 1). Nach dem sog Trennungsprinzip (⇨ S 2 unter 2. b)) bedeutet dies, dass sie selbst Trägerin von Rechten und Pflichten ist. Das Gesellschaftsvermögen ist von jenem der Gesellschafter getrennt; die Gesellschafter haften den Gesellschaftsgläubigern für Gesellschaftsverbindlichkeiten grundsätzlich nicht. Auch andere Pflichten der Gesellschaft gegenüber Dritten (zB Unterlassungsverpflichtungen) treffen den einzelnen Gesellschafter grundsätzlich nicht (⇨ aber S 46 f unter 5.). Umgekehrt haftet die GmbH im Grundsatz nicht für das Verhalten der Gesellschafter. Im Zivilprozess ist die GmbH parteifähig; ein Exekutionstitel gegen die Gesellschaft berechtigt nicht zur Vollstreckung gegen einen Gesellschafter.

        Beachte: Diese Grundsätze gelten prinzipiell auch für die Einmann-GmbH (⇨ S 1).

    b) Die GmbH ist eine **Kapitalgesellschaft mit personalistischen Elementen.** Das bedeutet, dass sie in mancher Hinsicht den Personengesellschaften nahe steht. Den Gesellschaftern kommen mehr Mitwirkungsrechte zu als den Aktionären bei der AG; sie sind also meist nicht bloße Kapitalgeber der Gesellschaft oh-

ne besondere Bindung an diese. Die Gesellschafter trifft außerdem bei Uneinbringlichkeit einer Stammeinlage (also der Einlageverpflichtung eines Mitgesellschafters) eine Ausfallshaftung (⇨ S 44 unter ee)).
Häufig kommen die Geschäftsführer der Gesellschaft aus dem Kreis der Gesellschafter.

c) Die GmbH ist die in der Praxis mit Abstand **am häufigsten benützte Gesellschaftsform** (im April 2010
waren mehr als 120.000 GmbH im Firmenbuch eingetragen; AG hingegen nur ca 2.000). Sie wird vor allem für den Betrieb von kleinen und mittleren Unternehmen verwendet, weiter für Familiengesellschaften
und generell für Gesellschaften mit wenigen Gesellschaftern. Einen weiteren häufigen Anwendungsfall bildet die GmbH & Co KG (⇨ PersG[7] S 75 ff).

2. **Gesellschafter** können natürliche und juristische Personen sowie Personengesellschaften sein.

3. Für den **Gesellschaftszweck** der GmbH gibt es nur wenige Beschränkungen. Unzulässig ist nach § 1 Abs 2 die
politische Tätigkeit und der Betrieb von Versicherungsgeschäften in der Rechtsform der GmbH. Ausgeschlossen
ist kraft sondergesetzlicher Anordnung zudem das Beteiligungsfondsgeschäft, das Börsegeschäft sowie der Betrieb von Bauspar- und Pensionskassen. Von den „freien Berufen" kann (neben Steuerberatern, Buch- und Wirt-
schaftsprüfern und Ärzten) auch die Rechtsanwaltschaft in der Rechtsform der GmbH betrieben werden (zu beachten sind dabei einige Sonderregelungen, zB in den §§ 1a, 1b, 21a bis 21f RAO). Auch die Führung einer
GmbH für ideelle Zwecke ist zulässig.

> **Unterscheide** vom Gesellschaftszweck (§ 1) den Unternehmensgegenstand iSd § 4 Abs 1 Z 2
> (der im Gesellschaftsvertrag festgelegte konkrete Tätigkeitsbereich der Gesellschaft; zB Handel
> mit Elektrogeräten).

4. Die GmbH ist – unabhängig von einer tatsächlichen unternehmerischen Tätigkeit – **Unternehmer kraft Rechtsform** (§ 2 UGB). Die Gesellschafter sind – in dieser Eigenschaft – nicht Unternehmer.

5. Die **obligatorischen Organe** der GmbH sind die Geschäftsführer und die Generalversammlung (Gesellschafterversammlung). Als Körperschaft gilt auch für die GmbH der Grundsatz der Drittorganschaft; wie bereits erwähnt, sind in der Praxis allerdings häufig Gesellschafter als Geschäftsführer tätig. Anders als bei der AG unterliegt die Geschäftsführung den Weisungen der Generalversammlung. Ein Aufsichtsrat ist bei bestimmten Gesellschaften zwingend notwendig (insbesondere bei einer bestimmten Größe, vgl § 29). In den anderen Fällen
kann er fakultativ eingerichtet werden. Zur Prüfung von Jahresabschluss und Lagebericht ist zudem ein Abschlussprüfer erforderlich (außer bei „kleinen" GmbH [vgl § 221 UGB; dazu ⇨ S 3 unter 4.], die auch nicht
aufsichtsratspflichtig sind [§ 268 Abs 1 UGB]).

6. **Geschäftsanteil, Stammeinlage und Stammkapital**

a) Bei der Gründung der GmbH übernimmt jeder Gesellschafter einen **Geschäftsanteil**, mit dem eine
Stammeinlage verbunden ist. Der Geschäftsanteil stellt die Summe der Mitgliedschaftsrechte und Gesell-
schafterpflichten dar; er bestimmt sich mangels anderweitiger Festsetzung im Gesellschaftsvertrag nach der
Höhe der übernommenen Stammeinlage (§ 75 Abs 1).

Die **Stammeinlage** stellt die Einzahlungsverpflichtung dar, die jeder Gesellschafter übernommen hat. Für
jeden Gesellschafter besteht nur ein Geschäftsanteil und eine Stammeinlage (bei Übernahme weiterer
Stammeinlagen, zB bei einer Kapitalerhöhung oder beim Erwerb weiterer Anteile, erhöht sich der Geschäftsanteil entsprechend, § 75 Abs 2). Die Summe der Stammeinlagen der Gesellschafter bildet das
Stammkapital der Gesellschaft. Dieses entspricht damit jenem Betrag, zu dessen Aufbringung sich die

Gesellschafter gemeinsam verpflichtet haben. Veränderungen (Erhöhungen und Herabsetzungen) des Stammkapitals sind nur durch Satzungsänderungen möglich (⇨ S 47 ff).

Höhe der Stammeinlage: Die einzelne Stammeinlage beträgt nach § 6 Abs 1 mindestens € 70,–, darüber kann sie jeden beliebigen Wert haben. Das **Stammkapital** muss mindestens € 35.000,– betragen (für bestimmte Unternehmensgegenstände bestehen sondergesetzliche Regeln, zB für Glücksspielgesellschaften).

Seit einiger Zeit gibt es Überlegungen, den Betrag des Mindeststammkapitals herabzusetzen, um die GmbH auch für kleinere Unternehmen zu öffnen.

b) Das Stammkapital ist vom **Gesellschaftsvermögen** zu unterscheiden: Bereits in der Gründungsphase ist das Letztere durch die Gründungskosten möglicherweise geringer als der Betrag des Stammkapitals; während des Geschäftsganges verändert es sich durch Gewinne, Gewinnausschüttungen und Verluste. Eine Erhöhung des Gesellschaftsvermögens bereits in der Gründungsphase kann durch die Vereinbarung von Aufgeldzahlungen (Agio; dazu ⇨ S 42 unter 1. a)) erreicht werden.

Das Gesellschaftsvermögen wird in der **Bilanz** (Darstellung der Vermögenslage zu einem bestimmten Zeitpunkt) unter den Aktiva ausgewiesen, der Betrag des Stammkapitals hingegen auf der Passivenseite. Vgl die §§ 224, 229 UGB zur vorgeschriebenen Bilanzgliederung.

c) Für die Geschäftsanteile werden **keine handelbaren Wertpapiere** (Order- oder Inhaberpapiere) ausgegeben (§ 75 Abs 3). Die Geschäftsanteile sind **übertragbar** und **vererblich**, die Übertragung ist aber bewusst erschwert (Notariatsaktspflicht) und kann zudem an die Zustimmung der Gesellschaft gebunden werden (§ 76 Abs 2). Darin ist ein weiteres „personalistisches Element" der GmbH zu sehen.

Vgl demgegenüber die Rechtslage bei der **AG**: Die Mitgliedschaft ist dort idR leicht übertragbar und in einem Wertpapier (Aktie) verbrieft.

7. Die **Firma** der GmbH muss nach § 5, auch wenn sie nach § 22 UGB oder anderen Vorschriften fortgeführt wird, die Bezeichnung „Gesellschaft mit beschränkter Haftung" (auch in abgekürzter Form möglich) enthalten. Abgesehen davon gelten seit 1. 1. 2007 die allgemeinen (liberalisierten) Firmenbildungsregeln der §§ 17 ff UGB; die Firma kann nunmehr Personen-, Sach-, Fantasie- oder gemischte Firma sein; möglich ist auch die Verwendung von Geschäftsbezeichnungen. Zu beachten sind auch bei der GmbH die allgemeinen Firmenbildungsgrundsätze der Kennzeichnungs- und Unterscheidungskraft sowie das Irreführungsverbot in § 18 UGB (⇨ Allg UR[7] im vierten Abschnitt).

Beispiele: „Fritz Schnell GmbH", „Atemgold GmbH", „Wiener Ferntransport GmbH". Für eine Rechtsanwalts-GmbH ist nur eine Personenfirma zulässig (§ 1b RAO; für in Österreich niedergelassene europäische Rechtsanwälte vgl § 12 EIRAG).

8. Als **Sitz** der Gesellschaft ist der Ort zu bestimmen, an dem die GmbH einen Betrieb hat, an dem sich die Geschäftsführung befindet oder an dem die Verwaltung geführt wird (§ 5 Abs 2); davon darf allerdings aus einem „wichtigen Grund" abgewichen werden. Eine Sitzverlegung ist eine Änderung des Gesellschaftsvertrages nach den §§ 49 ff. Eine GmbH mit Sitz im Ausland kann aber im Inland Zweigniederlassungen errichten; in diesem Fall ist die Gesellschaft im Firmenbuch einzutragen (§ 107 Abs 1, vgl auch § 12 UGB).

Beachte: Zweigniederlassungen ausländischer Gesellschaften sind selbst **nicht rechtsfähig**. Rechtsgeschäfte, die im Betrieb der Zweigniederlassung abgeschlossen werden, kommen mit der ausländischen Gesellschaft zustande.

9. Zu den **Größenklassen** nach § 221 UGB ⇨ S 3 unter 4.

B. Die Gründung der GmbH

I. Der Gründungsvorgang

1. Nach § 1 Abs 1 kann eine GmbH für jeden gesetzlich zulässigen Zweck errichtet werden. Darin kommt zum Ausdruck, dass für die Gründung das **Normativsystem** gilt (wenn die gesetzlichen Vorschriften erfüllt sind, entsteht die GmbH wirksam). Es gibt also grundsätzlich keine Konzessionspflicht (behördliche Bewilligung zur Errichtung einer GmbH). Ausnahmen bestehen nach sondergesetzlicher Anordnung etwa für Bankgeschäfte und den Betrieb einer Eisenbahn oder eines Luftfahrtunternehmens.

> **Beachte**: Auf die Frage des Vorliegens einer gewerberechtlich notwendigen Konzession für den Betrieb eines Unternehmens kommt es aus **gesellschaftsrechtlicher Sicht** für die Gründung der GmbH nicht an. Aus praktischer Sicht besteht die Möglichkeit der Bestellung eines gewerberechtlichen Geschäftsführers, der für die Einhaltung der gewerberechtlichen Vorschriften verantwortlich ist (§ 39 GewO 1994).

2. **Der Gründungsvorgang im Überblick**

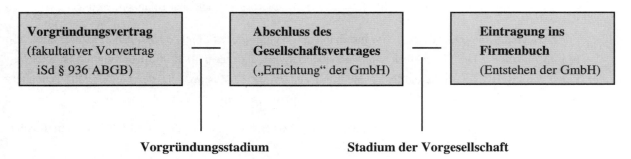

| Vorgründungsvertrag (fakultativer Vorvertrag iSd § 936 ABGB) | Abschluss des Gesellschaftsvertrages („Errichtung" der GmbH) | Eintragung ins Firmenbuch (Entstehen der GmbH) |

      Vorgründungsstadium   **Stadium der Vorgesellschaft**

Seit 1996 ist bei der GmbH die **Einmanngründung** zulässig (vgl § 1 Abs 1). An die Stelle des Gesellschaftsvertrages tritt in diesem Fall nach § 3 Abs 2 die **Erklärung über die Errichtung der Gesellschaft**. Auf diese Erklärung sind die Vorschriften über den Gesellschaftsvertrag sinngemäß anzuwenden.

3. **Der Gründungsvorgang im Einzelnen**

    a) (fakultativer) Abschluss eines **Vorvertrages** durch die Gesellschafter

    > **Beachte**: Für die daraus entstehende Vorgründungsgesellschaft gilt nicht GmbH-Recht, sie wird von der Rsp meist als GesBR qualifiziert. § 2 Abs 1 (Handelndenhaftung; ⇨ dazu S 15 unter 2.) ist nicht anzuwenden (so die Rsp; aM ein Teil der Lit). Im Vorgründungsstadium besteht noch keine Möglichkeit, für die spätere GmbH zu handeln und sie wirksam zu verpflichten.

    > **Beachte außerdem**: Die **Form** des Gesellschaftsvertrages (Notariatsakt, s sogleich) gilt auch für den Vorvertrag (nur dann entsteht eine Pflicht zum Abschluss des Gesellschaftsvertrages). Besteht kein formgültiger Vorvertrag, so kann aber trotzdem eine GesBR gegeben sein (häufig ist ein formloser Zusammenschluss der potentiellen GmbH-Gesellschafter zur Vorbereitung der Gründung bzw der künftigen Geschäfte gegeben).

    b) Abschluss des **Gesellschaftsvertrages** (in Notariatsaktsform [besondere Form für Parteiwillenserklärungen durch Errichtung einer notariellen Urkunde nach § 52 NO], § 4 Abs 3): Der **notwendige Inhalt** des Gesellschaftsvertrages (üblich ist die Bezeichnung Statut oder Satzung) ergibt sich aus § 4 (Firma und Sitz der Gesellschaft, Gegenstand des Unternehmens, Höhe des Stammkapitals, Betrag der Stammeinlagen der Gesellschafter; dazu kommen allfällige Vereinbarungen über besondere Begünstigungen eines Gesellschafters, über Gründungskosten oder Sacheinlagen [§§ 7 Abs 2, 6 Abs 4; ⇨ auch S 13 f unter II.]). Alle anderen Regelungen des Gesellschaftsvertrages bilden den **fakultativen Inhalt.**

> **Beispiele** für fakultative Regelungen: Einrichtung eines nicht obligatorischen Aufsichtsrates, Regeln über Geschäftsanteilsübertragungen, Nebenleistungsverpflichtungen von Gesellschaftern oder besondere Gewinnverteilungsregeln.

> **Beachte**: Wie oben bereits erwähnt, wird bei der Einmanngründung der Gesellschaftsvertrag durch die Erklärung über die Errichtung der Gesellschaft ersetzt, auf welche die Regeln über den Gesellschaftsvertrag sinngemäß anzuwenden sind (§ 3 Abs 2 S 2). Die **Einmann-GmbH** kann damit bereits von Anfang an (und nicht nur durch eine spätere Vereinigung der Geschäftsanteile in einer Hand) bestehen. Der oder die Gründer können auch als Treuhänder anderer Personen auftreten ("Strohmanngründung").

> **Beachte außerdem**: Im Gründungsstadium (= bis zur Eintragung) gilt für Änderungen des Gesellschaftsvertrages das Einstimmigkeitsprinzip. Für spätere Abänderungen des Gesellschaftsvertrages ist die Zustimmung aller Gesellschafter (Vertragspartner) nicht unbedingt erforderlich; sie bedürfen idR nur eines Mehrheitsbeschlusses (3/4) und der notariellen Beurkundung iSd § 76 NO (§§ 49, 50). Sie sind zum Firmenbuch anzumelden, wobei die vollständige Neufassung des Gesellschaftsvertrages vorzulegen ist (§ 51).

c) **Bestellung** (Wahl) von **Aufsichtsratsmitgliedern und Geschäftsführern** durch Gesellschafterbeschluss (wenn die Bestellung nicht bereits im Gesellschaftsvertrag erfolgt ist; dies ist aber nur möglich, wenn es sich bei den Organmitgliedern gleichzeitig um Gesellschafter handelt; § 15 Abs 1). Bei der Regelung der Vertretungsbefugnis im Bestellungsbeschluss ist zu beachten, dass diese mit den entsprechenden Bestimmungen im Gesellschaftsvertrag übereinstimmt.

d) Einholung einer **steuerlichen Unbedenklichkeitsbescheinigung** (UB) oder **Selbstberechnungserklärung** nach § 10a Abs 6 KVG (§ 160 Abs 2 BAO, für die Entrichtung der 1%igen Gesellschaftsteuer, vgl § 2 ff KVG; ⇨ S 4 unter V. 1.).

> **Beachte:** Die steuerliche UB hinsichtlich der GrESt (§ 160 Abs 1 BAO, für den Fall, dass inländische Grundstücke eingebracht werden) ist für die Eintragung der GmbH im Firmenbuch nicht nötig (wohl aber für die Eintragung im Grundbuch).

e) **Einzahlung der Einlagen** im gesetzlich vorgesehenen Ausmaß: Nach § 10 Abs 1 muss auf jede bar zu leistende Stammeinlage (⇨ S 14 unter 3.) mindestens ein Viertel, jedenfalls aber ein Betrag von € 70,– eingezahlt werden. Ist auf eine Stammeinlage weniger als € 70,– bar zu leisten, muss die Bareinlage voll eingezahlt werden. Insgesamt müssen auf die bar zu leistenden Einlagen mindestens € 17.500,– eingezahlt werden (nach § 63 Abs 2 haben die Gründer mangels abweichender gesellschaftsvertraglicher Regelung die Einzahlungen nach dem Verhältnis der übernommenen Bareinlagen zu erbringen). Ergibt sich aus den Sachgründungsregeln (⇨ S 13 f unter II.) ein die Grenze von € 17.500,– unterschreitender Betrag der einzubringenden Bareinlagen, so müssen diese voll eingezahlt werden (§ 10 Abs 1 S 2). Die Bareinlagen sind in gesetzlichen Zahlungsmitteln bzw durch Überweisung auf ein Bank- oder Postsparkassenkonto der Gesellschaft zu erbringen (§ 10 Abs 2). Sacheinlagen müssen sofort voll eingebracht werden (⇨ S 15 unter 4.).

> **Beispiel**: Bei einer Stammeinlagenverteilung A € 7.000,–, B € 10.500,–, C € 17.500,– muss A mindestens € 1.750,–, B € 2.625,– und C € 4.375,– einzahlen, um der Vierteleinzahlungspflicht zu genügen. Zudem müssen die Gesellschafter (in beliebiger Verteilung) zusätzlich € 8.750,– einzahlen, damit der Betrag von € 17.500,– erreicht wird. Bei einer GmbH mit Mindeststammkapital und ohne Sacheinlagen sind also mindestens 50% der Bareinlagen bei der Gründung einzuzahlen.

f) Einholung allfälliger **behördlicher Genehmigungen**. Eine Erklärung der Handelskammer über den Firmenwortlaut kann nach § 14 FBG in „Zweifelsfällen" vom Gericht eingeholt werden.

g) **Anmeldung zum Firmenbuch, Eintragung und Veröffentlichung**

aa) Nach § 9 Abs 1 ist die **Anmeldung von sämtlichen Geschäftsführern zu unterzeichnen**. Nach Abs 2 **beizuschließen** sind der Gesellschaftsvertrag in notarieller Ausfertigung, eine Gesellschafterliste (mit Angabe der Beträge der übernommenen Stammeinlagen und der darauf geleisteten Einzahlungen), ein Verzeichnis der Geschäftsführer (mit Angabe der Art der Vertretungsbefugnis) sowie gegebenenfalls ein Verzeichnis der Aufsichtsratsmitglieder. Zugleich haben die Geschäftsführer ihre Unterschrift vor dem Firmenbuchgericht zu zeichnen oder die Zeichnung in beglaubigter Form vorzulegen (§ 9 Abs 3). Bei Sachgründungen nach § 6a Abs 4 (⇨ S 14 unter 3. b)) sind der Gründungsbericht und die Prüfungsberichte der Gründungsprüfer der Anmeldung beizufügen.

bb) Neben der Vorlage der Urkunden über die Gründungsakte ist zudem die sog „**§ 10-Erklärung**" vorzulegen (§ 10 Abs 3 S 1). Damit erklären die Geschäftsführer, dass die bar zu leistenden Stammeinlagen einbezahlt wurden. Die Erklärung muss sich darüber hinaus auf die freie Verfügungsmöglichkeit der Geschäftsführer über die bar eingezahlten Beträge und die Sacheinlagen erstrecken. Der Nachweis der Einzahlung der Bareinlagen erfolgt durch eine Bankbestätigung (§ 10 Abs 3 S 3; das Kreditinstitut haftet der Gesellschaft für die Richtigkeit dieser Erklärung). Für Sacheinlagen ist in wenig konsequenter Weise zwar eine Erklärung, aber kein Nachweis vorgesehen.

> **Beispiel für eine § 10-Erklärung**: „Gemäß § 10 GmbHG erklären die gefertigten Geschäftsführer hiermit, dass die bar zu leistenden Stammeinlagen in dem aus der Gesellschafterliste ersichtlichen Betrag bar einbezahlt sind und sich zu ihrer freien Verfügung befinden."

> **Beispiel für eine Bankbestätigung nach § 10 Abs 3**: „Zur Vorlage an das Firmenbuchgericht Salzburg bestätigen wir Ihnen hiermit gemäß § 10 Abs 3 GmbHG, dass anlässlich der Gründung Ihrer Gesellschaft mit beschränkter Haftung auf dem bei uns geführten Konto der „XY-GmbH" insgesamt Beträge in der Höhe von € 35.000,– (in Worten: EURO fünfunddreißigtausend) gutgebucht worden sind. Das Guthaben steht endgültig zur freien Verfügung der Geschäftsführer. Diese sind in der Verfügung über den genannten Betrag nicht, namentlich nicht durch Gegenforderungen, beschränkt."

> **Beachte**: Die Geschäftsführer **haften** der Gesellschaft (nicht den Gläubigern!) persönlich als Gesamtschuldner für Schäden, die durch falsche Angaben verursacht worden sind (§ 10 Abs 4). Das bezieht sich auf die Unrichtigkeit der § 10-Erklärung, aber auch auf andere Tatbestände (etwa auf die Überbewertung von Sacheinlagen, dazu ⇨ S 14 unter 2.). Vergleiche und Verzichtleistungen hinsichtlich solcher Ansprüche haben keine Rechtswirkung, soweit der Ersatz zur Befriedigung der Gläubiger erforderlich ist (§ 10 Abs 6, Fall der relativen Unwirksamkeit).

cc) Das Firmenbuchgericht **prüft** die Anmeldung auf Vollständigkeit (§§ 9, 10 Abs 3, ein Verbesserungsauftrag nach § 17 Abs 1 FBG ist möglich) und Gesetzmäßigkeit (zB Zulässigkeit der Firma, zulässiger Zweck).

> **Umstritten** ist die Frage, inwieweit das Firmenbuchgericht die Richtigkeit der Anmeldungstatsachen zu prüfen hat (zB die Bewertung von Sacheinlagen). Eine Prüfpflicht wird in der neueren Literatur zunehmend bejaht; ebenso (zur Sacheinlagenbewertung) von der Rsp.

dd) Die Eintragung erfolgt durch **Eintragungsbeschluss**. Was einzutragen ist, ergibt sich aus § 11 GmbHG und den §§ 3, 5 FBG; was bekannt zu machen ist, aus § 12 GmbHG und § 10 UGB. Erst mit der Eintragung im Firmenbuch ist die **GmbH wirksam entstanden** (§ 2 Abs 1).

Beachte: Seit 1. 1. 2002 erfolgen die Bekanntmachungen durch die Firmenbuchgerichte außer im Amtsblatt zur Wiener Zeitung auch in der „**Ediktsdatei**" (*http://www.edikte1.justiz.gv.at/*; vgl § 89j GOG).

LG Salzburg (569), Neueintragung

Bekannt gemacht am 13. Februar 2002

Firmenbuchnummer:	FN 217836y
Firmenbuchsache:	Erika Brandstetter Hinteregger-Holding GmbH Salzburg Lotte-Lehmann-Promenade 17, 5026 Salzburg-Aigen
Text:	Gesellschaft mit beschränkter Haftung; GESCHÄFTSZWEIG: Beteiligungsverwaltung; KAPITAL: EUR 35.000; STICHTAG für JAb: 31.05.; Erklärung über die Errichtung der Gesellschaft vom 12.12.2001; GF: (A) Erika Brandstetter (14.04.1931), vertritt seit 25.1.2002 selbständig; GS (A): Erika Brandstetter (14.04.1931); Einlage EUR 35.000; geleistet EUR 17.500:
Gericht:	LG Salzburg eingetragen am 25.01.2002

Ediktsdatei: Neueintragung einer „Einmann-GmbH"

4. Eine **Mantel-** oder **Vorratsgründung** liegt nach gebräuchlicher Definition dann vor, wenn eine GmbH gegründet wird, die vorerst nicht am Rechtsverkehr teilnehmen soll. Die Zulässigkeit von Mantelgründungen ist umstritten; sie wird meist dann angenommen, wenn die Absichten der Gründer nicht verschleiert, sondern offen gelegt werden.

> **Beispiel**: Gründung einer „Auffanggesellschaft", die zu einem späteren Zeitpunkt den Betrieb einer bereits bestehenden Personen- oder Kapitalgesellschaft übernehmen soll. Zugelassen wird eine solche Mantelgründung meist dann, wenn als Gegenstand zB „Vermögensverwaltung der Bareinlagen" und damit der vorläufige Zweck korrekt angegeben wird.

II. Die Gründung mit Sacheinbringung

1. **Das Problem**: Nach § 6 Abs 1 müssen das Stammkapital und die Stammeinlage des einzelnen Gesellschafters auf einen in Euro bestimmten Nennbetrag lauten. In vielen Fällen sollen durch Gesellschafter aber nicht Barbeträge, sondern **Vermögensgegenstände** eingebracht werden. In diesen Fällen spricht man von **Sacheinlagen** (die Einlageverpflichtung betrifft unmittelbar eine Sache und nicht einen Geldbetrag) oder **Sachübernahmen** (Sacheinbringung gegen eine Gegenleistung, die mit der Bareinlagepflicht verrechnet wird; vgl § 6 Abs 4). Für diese Fälle gelten besondere Regeln.

> **Beispiele** für Sacheinbringungen: Liegenschaften, bewegliche Sachen (zB Firmenfahrzeuge), auch Gebrauchsrechte oder Immaterialgüterrechte sowie ganze Unternehmen.

> **Beachte**: Eine Sacheinbringung ist auch gegen Barzahlung, also ohne Verrechnung mit der Einlagepflicht eines Gesellschafters, möglich. In diesem Fall handelt es sich um eine eigene schuldrechtliche Vereinbarung zwischen diesem Gesellschafter und der GmbH (zB um einen Kaufvertrag), auf welche die Sachgründungsvorschriften im Prinzip nicht anwendbar sind (abgesehen

von Umgehungsfällen). Bei einem überhöhten Übernahmepreis kann verdeckte Einlagenrückgewähr gegeben sein (⇨ S 39 unter d)).

2. Nach **§ 6 Abs 4** muss im Fall von Vermögensgegenständen, die von der Gesellschaft übernommen werden sollen (also bei Sachübernahmen), der Gegenstand und die Vergütung, die auf die Stammeinlage angerechnet werden soll, **im Gesellschaftsvertrag genau und vollständig festgesetzt** werden. Diese Bestimmung ist nach hA auch auf Sacheinlagen anwendbar.

Bei der von den Gesellschaftern im Gesellschaftsvertrag vorgenommenen Bewertung von Sacheinlagen ist eine **Überbewertung unzulässig** und führt nach § 10a zu einer **Deckungspflicht** des betroffenen Gesellschafters (Differenzanspruch). Die übrigen Gesellschafter haften der GmbH nach Maßgabe des § 70 (anteilige Ausfallshaftung; ⇨ S 44 unter ee)), die Geschäftsführer uU nach § 10 Abs 4. § 10a ist nach hA auch auf Sachübernahmen anwendbar.

3. Nach **§ 6a Abs 1** muss **mindestens die Hälfte des Stammkapitals** durch bar zu leistende Stammeinlagen voll aufgebracht werden (zur Einzahlungsverpflichtung bei der Gründung ⇨ S 11 unter e)). Zu dieser Grundregel bestehen die **folgenden Ausnahmen**:

a) **§ 6a Abs 2**: Die Errichtung der Gesellschaft erfolgt zum ausschließlichen Zweck der **Fortführung eines seit mindestens fünf Jahren bestehenden Unternehmens** und der Gesellschaft sollen **nur der letzte Inhaber (Mitinhaber) und bestimmte Familienmitglieder** (vgl jetzt auch § 43 Abs 1 Z 6 EPG) als Gesellschafter angehören. In diesem Fall findet Abs 1 (Baraufbringungspflicht) nur für denjenigen Teil des Stammkapitals Anwendung, der in anderer Weise als durch die Anrechnung des Unternehmens auf die Stammeinlagen dieser Gesellschafter aufgebracht wird. Den Angehörigen stehen im Fall des Todes des Inhabers (Mitinhabers) auch sonstige zum Nachlass berufene Personen gleich. Nach **Abs 3** gilt dies sinngemäß für die Fortführung zweier oder mehrerer Unternehmen.

b) Nach **§ 6a Abs 4** ist Abs 1 ferner dann nicht anzuwenden, wenn und soweit den **aktienrechtlichen Vorschriften über die Gründung mit Sacheinlagen** entsprochen wird (das bedeutet einerseits, dass ein Gründungsbericht nach § 24 AktG zu erstatten ist, vor allem aber andererseits die Notwendigkeit der Vornahme einer Gründungsprüfung; dazu ⇨ S 66 unter 1. f)). In diesem Fall wird durch unabhängige Gründungsprüfer beurteilt, ob die Bewertung der Sacheinlagen korrekt ist.

> **Ratio**: Bei Vornahme der Gründungsprüfung kann auf die Hälfteklausel des Abs 1, die eine Gläubigerschutzbestimmung darstellt, verzichtet werden.

In beiden Fällen bedeutet dies, dass bei der Bewertung der Baraufbringungspflicht nach § 6a Abs 1 (mindestens die Hälfte des Stammkapitals) Sacheinlagen, die unter die genannten Ausnahmen fallen, nicht berücksichtigt werden.

> **Beispiel**: Bei der Gründung der A-GmbH (Stammkapital € 100.000,–) soll ein Unternehmen im Wert von € 80.000,– durch den Gesellschafter A eingebracht werden. Der Gesellschafter B soll € 13.000,– in bar einbringen, der Gesellschafter C ein Fahrzeug im Wert von € 7.000,–. Den Erfordernissen des § 6a ist entsprochen, wenn hinsichtlich des Unternehmens eine Gründungsprüfung erfolgt (Ausnahme des Abs 4). Hinsichtlich der Bareinlage und der zweiten Sacheinlage (Fahrzeug) ist die Hälfteklausel des § 6a Abs 1 erfüllt (nach einem Teil der Lehre muss sich die Gründungsprüfung allerdings auf alle Sacheinlagen erstrecken; vgl aber die Formulierung „soweit" in § 6a Abs 4). Eingezahlt werden muss nach § 10 Abs 1 S 2 der volle Barbetrag von € 13.000,–.

4. Zum **Einbringungszeitpunkt**: Die Vermögensgegenstände bei Sacheinlagen und Sachübernahmen müssen sofort voll eingebracht werden (§ 10 Abs 1 S 3).

> **Beispiel**: Im vorstehenden Fall müssen die Leistungen aller Gesellschafter sofort erbracht werden; die Sacheinlagen nach § 10 Abs 1 S 3, die Bareinlage nach § 10 Abs 1 S 2.

III. Die Vorgesellschaft

1. **Das Problem**: In vielen Fällen ist es notwendig oder zumindest zweckmäßig, dass bereits vor der Eintragung der Gesellschaft ins Firmenbuch (= Entstehung der Gesellschaft) Rechtsgeschäfte abgeschlossen werden. Da in diesem Zeitraum (zwischen Abschluss des Gesellschaftsvertrages und der Eintragung) die GmbH rechtlich noch nicht existiert, stellt sich die Frage, welches rechtliche Gebilde in diesem Zeitraum vorliegt, wie das Innenverhältnis zwischen den Gesellschaftern beschaffen ist und wer aus den abgeschlossenen Geschäften dieses Zeitraumes haftet. Man spricht vom Problem der Vorgesellschaft („werdende GmbH").

> **Beachte**: Ein entsprechendes Vorgesellschaftsproblem besteht auch bei der AG.
> Zur „**Vorgründungsgesellschaft**" vgl oben S 10 unter 3. a).

2. **Ausgangspunkt**: Das GmbHG enthält in **§ 2 Abs 1** (vgl auch § 34 Abs 1 AktG) zunächst folgende Regelung: Die Gesellschaft **besteht** „als solche" (also als GmbH) **nicht** vor der Firmenbucheintragung. Wenn **im Namen der GmbH** vor ihrer Eintragung in das Firmenbuch gehandelt wird, so haften **die Handelnden** persönlich zur ungeteilten Hand (Gesamtschuldner). Angeordnet ist damit weder eine Haftung der Vorgesellschaft als solcher (eine Gesellschaftsform, wenn auch keine GmbH, ist ja bereits vorhanden) noch eine Haftung der Gründer. Für die abgeschlossenen Rechtsgeschäfte haften nach dem Wortlaut der Bestimmung lediglich die handelnden Personen, also idR die für die Vorgesellschaft vertretungsberechtigten Geschäftsführer. Bei Personen, die ohne Vertretungsmacht nach außen wie Geschäftsführer namens der Vorgesellschaft tätig werden, kann hingegen eine Haftung als falsus procurator (Vertreter ohne Vertretungsmacht) gegeben sein.

Die später durch Firmenbucheintragung gültig entstandene GmbH kann jedoch nach § 2 Abs 2 die vor ihrer Eintragung in ihrem Namen eingegangenen Verpflichtungen im Wege der **Schuldübernahme** (unter Befreiung der bisherigen Schuldner) auf sich selbst überleiten. Ausnahmsweise bedarf es zur Wirksamkeit der Schuldübernahme (entgegen der allgemeinen Regel des § 1405 ABGB) nicht der Zustimmung des Gläubigers, wenn die Schuldübernahme binnen drei Monaten nach Eintragung der Gesellschaft im Firmenbuch erfolgt und dies dem Gläubiger (von der Gesellschaft oder vom Schuldner) mitgeteilt wird.

3. Als **Zweck** dieser Regelung wurde früher allgemein das sog **Vorbelastungsverbot** angesehen: Die GmbH soll nicht von Anfang an mit Verbindlichkeiten belastet sein, die vor ihrer Entstehung eingegangen worden sind. Deshalb sollen nur die Handelnden haften; die Gesellschaft kann nach ihrer Entstehung entscheiden, ob sie die Verbindlichkeiten übernehmen will oder nicht.

4. Die nur rudimentäre Regelung des § 2 wird jedoch heute in wesentlichen Punkten von Lehre und Rsp **ergänzt und modifiziert** (wobei Einzelheiten nach wie vor strittig sind). Insbesondere kann das „Vorbelastungsverbot" heute als aufgegeben angesehen werden. Im Einzelnen gilt:

    a) Weitgehend unstrittig ist, dass **Rechtsgeschäfte, die im Gesellschaftsvertrag Deckung finden**, für die GmbH nach ihrer Eintragung verbindlich werden, ohne dass es eines Erklärungsaktes bedarf (zB Gründungskosten [die nach § 7 Abs 2 im Gesellschaftsvertrag auszuweisen sind!] oder Sachleistungsvereinbarungen).

b) Wird durch einen der Gründer ein bestehendes **Unternehmen** eingebracht (das ja dann idR während des Vorgesellschaftszeitraumes fortgeführt werden muss), so verpflichten die im Unternehmen abgeschlossenen Geschäfte ebenfalls die GmbH mit ihrer Entstehung (hL und Rsp).

c) Der Großteil der Lehre geht (im Anschluss an deutsche Lehre und Rsp und mit Unterschieden im Einzelnen) noch weiter: Wird (sonst) **im Namen der Vorgesellschaft** (wirksam) **vor der Eintragung gehandelt**, so ist darauf nicht die geschilderte Regelung des § 2 anwendbar, sondern eine **Haftung der Vor-GmbH** (jedenfalls) für alle Verbindlichkeiten anzunehmen, welche die Geschäftsführer im Rahmen der gesellschaftsvertraglich gedeckten Tätigkeit eingehen. Eine Direkthaftung der Gründer (Außenhaftung) in diesem Stadium wird von der neueren (wohl überwiegenden) Literatur abgelehnt (⇨ unten 7. zur „unechten" Vorgesellschaft).

Diese Haftung der Vorgesellschaft geht nach der **„Identitätstheorie"** mit der Eintragung auf die entstandene GmbH über (zT wird auch **Gesamtrechtsnachfolge** angenommen). Um jedoch zumindest im Zeitpunkt der Eintragung einen dem Stammkapital entsprechenden Mindesthaftungsfonds zu gewährleisten, trifft die **Gründer** der GmbH (nicht die Handelnden!) nach dieser Ansicht **der Gesellschaft gegenüber** eine sog **Differenz- oder Vorbelastungshaftung** (auch: Unterbilanzhaftung, Verlustdeckungshaftung) in jenem Ausmaß, in dem das Gesellschaftsvermögen im Zeitpunkt der Eintragung hinter dem Stammkapital zurückbleibt (also keine unbeschränkte Außenhaftung der Gründer für Verbindlichkeiten der Vorgesellschaft, sondern eine Innenhaftung).

> Die Gründer werden deshalb zur Haftung herangezogen, weil der Vorbelastungshaftung ein „einlageähnlicher Charakter" beigemessen wird (die Haftung substituiert gewissermaßen „verloren gegangene" Einlagen). Sie haften daher auch nicht gesamtschuldnerisch, sondern anteilig nach Maßgabe ihrer Beteiligung.

d) Der **Handelndenhaftung** nach § 2 Abs 1 verbleibt nach diesem Verständnis nur noch ein enger Anwendungsbereich: Sie stellt dann nur eine Art Garantie für den Fall dar, dass die GmbH, in **deren Namen** gehandelt wurde, nicht eingetragen oder die Genehmigung für in ihrem Namen abgegebene Erklärungen nicht erteilt wird (sonst hätte der Dritte uU gar keinen Schuldner). Nach wohl hA **endet** die Handelndenhaftung dementsprechend auch, wenn die GmbH nach ihrer Eintragung die in ihrem Namen abgegebene Erklärung genehmigt. Die Schuldübernahme nach § 2 Abs 2 ist nach diesem Verständnis weitgehend funktionslos.

> **Umstritten** ist nach wie vor, ob die Handelndenhaftung nach § 2 Abs 1 S 2 auch dann eingreift, wenn nicht im Namen der GmbH, sondern der Vorgesellschaft gehandelt wird. Das ist wegen des unter c) geschilderten Haftungsmodelles abzulehnen (vgl auch den Text der Norm: Handeln „im Namen der Gesellschaft"; gemeint ist die entstandene GmbH).

e) Das **Vermögen** der Vorgesellschaft geht mit der Eintragung ipso iure auf die GmbH über.

5. Im **Innenverhältnis** der Vorgesellschaft gilt grundsätzlich bereits der Gesellschaftsvertrag, der etwa schon in diesem Stadium interne Treuepflichten begründet (auch etwa die Mitwirkungspflicht der Gründer bei den für die Entstehung der GmbH erforderlichen Handlungen oder die Einzahlungspflicht). In vielen Bereichen (zB für Organstrukturen und interne Willensbildung) ist zudem bereits das Recht der fertigen GmbH anwendbar, soweit es nicht Eintragung voraussetzt. Änderungen des Gesellschaftsvertrages sind nach hL und Rsp in diesem Stadium nur einstimmig möglich.

6. Zur **Rechtsnatur der Vorgesellschaft** wird heute überwiegend angenommen, dass es sich um eine Gesellschaft eigener Art handelt (eine eigenständige, vorübergehende gesellschaftliche Organisation, der Rechtsfähigkeit zu-

kommt und die durch die Geschäftsführer vertreten wird). Sie untersteht danach einem Sonderrecht, das sich aus dem Gesellschaftsvertrag, den gesetzlichen Gründungsvorschriften und dem GmbH-Recht – soweit die einzelnen Regeln nicht Eintragung voraussetzen – zusammensetzt. Auch der OGH ist dem gefolgt. Daraus ergibt sich zB nach hA, dass für Gesellschaftsvertragsänderungen Einstimmigkeit erforderlich ist (anders bei der eingetragenen GmbH: 3/4-Mehrheit nach § 50 Abs 1).

> **Beachte**: Der sog „numerus clausus der Gesellschaftsformen" (⇨ PersG[7] S 6 f) steht dieser Ansicht nicht entgegen, da sich ja aus dem Gesetz (Gründungsregeln) zwingend – nämlich aus dem vorgesehenen Zwischenstadium zwischen Errichtung und Entstehung – ergibt, dass die Vorgesellschaft existieren muss, auch wenn dies nicht ausdrücklich ausgesprochen ist.

> **Beachte außerdem**: Bei einer **Einpersonen-GmbH** stellt sich die Frage, ob eine „Einpersonen-Vorgesellschaft" als eigener Rechtsträger anzuerkennen und nach den oben stehenden Grundsätzen zu behandeln ist. Dies wird in der neueren Literatur zunehmend bejaht.

7. Eine **unechte Vorgesellschaft** liegt vor, wenn die GmbH nicht wirksam entsteht (zB weil das Eintragungsbegehren rechtskräftig abgewiesen wird). Die unechte Vorgesellschaft wurde früher häufig als Personengesellschaft angesehen, also – je nach Unternehmensgegenstand – als GesBR oder OHG (da seit dem HaRÄG 2005 eine OG erst mit Eintragung im Firmenbuch entsteht, könnte diese Auffassung in Zukunft lediglich zur Annahme einer GesBR führen). Das würde im Regelfall unbeschränkte Haftung der Gesellschafter (Gründer) bedeuten. Demgegenüber wendet ein Teil der Lit auch in diesem Fall die oben unter 4. c) geschilderte Figur der Vorbelastungshaftung an. Das bedeutet, dass die Gründer der Vorgesellschaft gegenüber (Innenhaftung) nur auf Wiederherstellung eines dem Stammkapital entsprechenden Gesellschaftsvermögens haften, also Verluste der Vorgesellschaft (die liquidiert werden muss) zu tragen haben.

C. Die Organe der GmbH

I. Allgemeines und Übersicht

1. Die GmbH als juristische Person kann Träger von Rechten und Pflichten sein; sie kann also etwa Eigentum oder Forderungsrechte erwerben und im Prozess als Klägerin oder Beklagte auftreten. Die GmbH ist also **rechts-** und **parteifähig**. Als juristische Person ist sie allerdings **nicht handlungsfähig**; um rechtswirksam handeln zu können, braucht sie Organe.

2. Die GmbH hat zwingend **zwei Organe**, nämlich die **Geschäftsführer** (⇨ unten II.) und die **Generalversammlung** (⇨ unten IV.). Ein Aufsichtsrat ist unter bestimmten Voraussetzungen erforderlich (⇨ unten III.) und kann darüber hinaus freiwillig eingerichtet werden. Außer bei „kleinen" (vgl § 221 UGB), nicht aufsichtsratspflichtigen GmbH ist zudem ein Abschlussprüfer zu bestellen (⇨ unten V.).

II. Geschäftsführer (§§ 15 ff)

1. **Bestellung**

a) Die Geschäftsführer (seien es Gesellschafter oder Drittorgane) werden durch **Gesellschafterbeschluss** bestellt, der in der Generalversammlung oder außerhalb dieser in schriftlicher Form (vgl § 34) gefasst wird. Gesellschafter können auch bereits im Gesellschaftsvertrag zu Geschäftsführern bestellt werden. Möglich sind im Vertrag eingeräumte Entsendungs- und Vetorechte einzelner Gesellschafter, aber auch Sonderrechte auf Geschäftsführung (etwa ein ohne eigene Mitwirkung nicht entziehbares Recht, ⇨ aber S 19 unter 2.

c)). Es ist mindestens ein Geschäftsführer zu bestellen (physische Person; zwei Geschäftsführer sind für Kapitalanlagegesellschaften und GmbH, die Kreditgeschäfte betreiben, erforderlich). Die jeweiligen Geschäftsführer bzw das Erlöschen oder eine Änderung der Vertretungsbefugnis (⇨ S 21 unter d)) sind ohne Verzug zum Firmenbuch anzumelden (§ 17 Abs 1).

> **Beachte**: Zu unterscheiden ist die gesellschaftsrechtliche Funktion des Geschäftsführers, die sich aus der Bestellung ergibt, vom schuldrechtlichen Vertragsverhältnis zur Gesellschaft, in dem etwa die Frage der Vergütung geregelt wird (**Anstellungsvertrag**). Hier kann ein Dienstverhältnis (wenn der Geschäftsführer nach arbeitsrechtlichen Grundsätzen als Arbeitnehmer zu qualifizieren ist), aber auch ein „freier Dienstvertrag" vorliegen. Der Vertrag wird idR von der Gesellschaft abgeschlossen; etwa in Konzernverhältnissen oder bei einer GmbH & Co KG kann der Geschäftsführer auch von einem Dritten (zB der Muttergesellschaft) angestellt werden.

b) Nach **§ 15a** (vgl § 76 AktG) hat das Firmenbuchgericht in dringenden Fällen auf Antrag eines Beteiligten einen oder mehrere Geschäftsführer zu bestellen, wenn die zur Vertretung der Gesellschaft erforderlichen Geschäftsführer fehlen oder kein Geschäftsführer seinen gewöhnlichen Aufenthalt im Inland hat (Zustellungsproblem: In diesem Fall kann der GmbH „zu Handen des Geschäftsführers" nicht wirksam zugestellt werden). Die Bestellung erfolgt für die Zeit bis zur Behebung des Mangels (sog **Notgeschäftsführer**). Die gerichtliche Bestellung setzt voraus, dass entweder überhaupt kein Geschäftsführer vorhanden ist (bzw keine Geschäftsführer in vertretungsbefugter Zahl) oder die vorhandenen handlungsunfähig sind bzw keinen gewöhnlichen Aufenthalt im Inland haben. „Beteiligter" iSd § 15a kann ein Gesellschafter, ein Organmitglied, aber auch ein Gesellschaftsgläubiger sein.

> **Beachte**: Auch für den Notgeschäftsführer gilt hinsichtlich des Umfanges seiner Vertretungsmacht § 20 Abs 2 (⇨ S 21 unter d)). In der Praxis kommen hingegen durchaus auch Bestellungen für einzelne Angelegenheiten (zB eine bestimmte Prozessführung) vor.

2. Bestellungsdauer, Abberufung und Rücktritt

Die Bestellung zum Geschäftsführer kann befristet oder unbefristet erfolgen. Für die Abberufung gilt:

a) Ein **Widerruf** der Bestellung kann durch Gesellschafterbeschluss jederzeit durchgeführt werden (§ 16 Abs 1); mangels anderer Regelung im Gesellschaftsvertrag genügt die einfache Mehrheit.

b) Die Abberufung von schon im Gesellschaftsvertrag bestellten Gesellschafter-Geschäftsführern (G-GF) kann nach **§ 16 Abs 3 S 1** im Gesellschaftsvertrag **auf wichtige Gründe beschränkt** werden. Durch Verankerung einer entsprechenden Bestimmung im Gesellschaftsvertrag kann sich so ein Minderheitsgesellschafter gegen seine grundlose Abberufung durch die Mehrheit schützen (nach der Grundregel des § 16 Abs 1 ist diese ja durch Gesellschafterbeschluss, der keiner Begründung bedarf, möglich). In diesem Fall ist der Widerruf der Bestellung durch Gesellschafterbeschluss zwar wirksam, der Abberufene kann jedoch Klage auf Nichtigerklärung dieses Beschlusses nach den §§ 41 ff erheben (⇨ S 33 ff). Das Gericht hat dann über das Vorliegen eines wichtigen Grundes zu entscheiden. Die Klage auf Nichtigerklärung des Beschlusses kann mit einer einstweiligen Verfügung (EV; unter den Voraussetzungen des § 42 Abs 4) verbunden werden.

> **Beispiele** für wichtige Gründe iSd § 16 Abs 3 sind etwa Unfähigkeit zur Geschäftsführung, eine Änderung der Gesellschaftsverhältnisse, aufgrund derer ein Geschäftsführer überflüssig wird, oder Pflichtverstöße wie etwa eine Verletzung des Wettbewerbsverbotes nach § 24. Verschulden des Geschäftsführers ist keine notwendige Voraussetzung für eine Abberufung.

c) Nach § 16 Abs 2 kann ein **G-GF** aus wichtigem Grund **durch gerichtliche Entscheidung** abberufen werden, wobei die §§ 117 Abs 1, 127 UGB (⇨ PersG[7] S 38 unter 4., S 44 unter 4.) sinngemäß anzuwenden sind. Ein wichtiger Grund liegt danach jedenfalls bei grober Pflichtverletzung oder Unfähigkeit zur ordnungsgemäßen Geschäftsführung vor. Mit Hilfe dieser Norm kann auch ein G-GF, der über die Mehrheit der Anteile verfügt, abberufen werden (nach § 39 Abs 5 darf er beim entsprechenden Beschluss mitstimmen!). § 16 Abs 2 ist nach hA auch auf einen G-GF anwendbar, der zwar nicht Mehrheitsgesellschafter ist, dem aber im Gesellschaftsvertrag ein Sonderrecht zur Geschäftsführung eingeräumt wurde.

> Die Abberufungsklage ist als **Rechtsgestaltungsklage** zu erheben. Klageberechtigt sind nach überwiegender Auffassung die übrigen Gesellschafter als notwendige Streitgenossen; widerstrebende Gesellschafter können von jenen, die die Abberufungsklage anstellen wollen, auf Zustimmung in Anspruch genommen werden (Treuepflicht!).

> Beschließt der abberufene G-GF mit seiner Mehrheit seine **neuerliche Bestellung**, so kann der entsprechende Beschluss als rechtsmissbräuchlich mit Klage auf Nichtigerklärung nach den §§ 41 ff (gegebenenfalls verbunden mit einer EV) bekämpft werden.

d) § 16 Abs 2 bietet auch Abhilfe im Fall eines **Fremdgeschäftsführers** (also eines Drittorgans), der trotz eines Abberufungsgrundes von einer Mehrheit gestützt wird. Möglich ist auch hier im Ergebnis eine **Abberufung durch gerichtliche Entscheidung** bei Vorliegen eines wichtigen Grundes: Nach S 3 können nämlich jene Gesellschafter, die bei einem versuchten Abberufungsbeschluss gegen die Abberufung des Geschäftsführers gestimmt haben, von den anderen auf Zustimmung geklagt werden (dem Geschäftsführer ist dabei nach S 4 gerichtlich der Streit zu verkünden, so dass er dem Verfahren als Nebenintervenient beitreten kann). Nach S 5 kann zudem – schon vor oder während des Verfahrens – die weitere Tätigkeit des Geschäftsführers mittels einstweiliger Verfügung untersagt werden, wenn ein der Gesellschaft drohender unwiederbringlicher Nachteil glaubhaft gemacht wird. Mit dem klagestattgebenden Urteil gelten die Stimmen der beklagten Gesellschafter als iS der Abberufung abgegeben.

e) **Nach der Abberufung** durch gerichtliche Entscheidung kann der Fall eintreten, dass für die Bestellung eines neuen Geschäftsführers keine Mehrheit gebildet werden kann. In diesem Fall kann nach § 15a (⇨ S 18 unter 1. b)) vorgegangen werden.

> **Beachte**: Das schuldrechtliche Anstellungsverhältnis wird durch eine Abberufung nicht ipso iure aufgehoben. Ist der Geschäftsführer Dienstnehmer (⇨ S 18 unter 1. a)), so sind die arbeitsrechtlichen Kündigungs- bzw Entlassungsbestimmungen zu beachten.

f) § 16a regelt den **Rücktritt** eines Geschäftsführers: Vorgesehen ist nach Abs 1 eine 14tägige Frist, nach deren Ablauf der Rücktritt wirksam wird (ein Rücktritt mit sofortiger Wirkung ist allerdings bei Vorliegen eines wichtigen Grundes möglich). Abs 2 stellt klar, dass der Rücktritt gegenüber der Generalversammlung (wenn dies in der Tagesordnung angekündigt wurde) oder gegenüber allen Gesellschaftern zu erklären ist. Mitgeschäftsführer und (allenfalls) der Aufsichtsratsvorsitzende sind zu verständigen. Auch in diesem Zusammenhang ist auf § 15a (⇨ S 18 unter 1. b)); Möglichkeit der Bestellung eines Notgeschäftsführers) zu verweisen.

g) Nach § 17 Abs 2 kann der abberufene/zurückgetretene Geschäftsführer selbst das **Erlöschen der Vertretungsbefugnis zum Firmenbuch anmelden**. Er hat dabei die Abberufung/den Zugang der Rücktrittserklärung zu bescheinigen. Damit soll ein längerer unrichtiger Firmenbuchstand (zB bei Schwierigkeiten hinsichtlich der Bestellung eines neuen Geschäftsführers) verhindert werden.

3. Rechte und Pflichten der Geschäftsführer

a)   Den Geschäftsführern obliegt die **gesamte Geschäftsführung der GmbH**. Sie sind der Gesellschaft gegenüber (Innenverhältnis!) jedoch verpflichtet, Beschränkungen der Geschäftsführungsbefugnis, die sich aus dem Gesellschaftsvertrag oder durch Gesellschafterbeschluss ergeben, zu beachten. Grenzen der Geschäftsführungsbefugnis ergeben sich daneben aus dem Unternehmensgegenstand. Nach § 20 Abs 1 können durch **Beschluss der Gesellschafter** den Geschäftsführern **Weisungen** erteilt werden. Zu beachten ist außerdem § 35 Abs 1, in dem bestimmte Gegenstände an die Beschlussfassung der Gesellschafter gebunden sind (⇨ S 31 ff unter 4.). Zustimmungsbefugnisse und Weisungsrecht können durch den Gesellschaftsvertrag eingeschränkt bzw auch ausgeschlossen werden (im Rahmen des § 35 Abs 2). Bei außergewöhnlichen Geschäften oder dann, wenn eine Geschäftsführungshandlung dem mutmaßlichen Willen der Mehrheit der Gesellschafter widersprechen würde, haben die Geschäftsführer nach hM ebenfalls die Zustimmung der Gesellschafter einzuholen.

> **Beispiele** für außergewöhnliche Geschäfte sind vor allem die sog **Unternehmensverträge** (zB Verträge über die Gewinnabführung an einen anderen Unternehmensträger oder über die Verpachtung des Gesellschaftsunternehmens), regelmäßig auch der Erwerb von Beteiligungen an anderen Gesellschaften oder allgemein besonders risikoreiche Geschäfte.

> **Beachte**: Schließt der einzige Gesellschafter ein Rechtsgeschäft sowohl im eigenen Namen als auch (als Geschäftsführer) im Namen der Gesellschaft ab (**Insichgeschäft**), so ist nach § 18 Abs 5 zwar nicht die Bestellung eines (Kollisions-) Kurators notwendig, es ist aber (idR, Ausnahme in Abs 6 für Geschäfte des gewöhnlichen Geschäftsbetriebes zu geschäftsüblichen Bedingungen) eine Urkunde über das Geschäft zu errichten.

Ein Weisungsrecht des **Aufsichtsrates** besteht, wenn dies durch den Gesellschaftsvertrag oder durch Gesellschafterbeschluss gedeckt ist, außerdem im Rahmen des (zwingenden) Kontrollrechts nach § 30j Abs 5 (Geschäfte, die nur mit Zustimmung des Aufsichtsrates vorgenommen werden dürfen; ⇨ S 28 unter 4. e)).

b)   **Geschäftsführung bei mehreren Geschäftsführern**: Sind mehrere Geschäftsführer bestellt, so greift **im Zweifel Gesamtgeschäftsführung ein** (§ 21 Abs 1; Ausnahme: Gefahr im Verzug). Es besteht jedoch ein weiter Spielraum für gesellschaftsvertragliche Regelungen hinsichtlich der Geschäftsführungsagenden: So kann anstelle des Einstimmigkeitsprinzips Mehrstimmigkeit, Ressortverteilung oder aber auch Einzelgeschäftsführungsbefugnis vereinbart werden. Im letzteren Fall besteht nach § 21 Abs 2 ein Widerspruchsrecht der anderen Geschäftsführer: In diesem Fall muss die Handlung unterbleiben (außer der Gesellschaftsvertrag sieht Anderes vor).

c)   Vom Gesetz **besonders angeordnete Pflichten und Aufgaben der Geschäftsführer** (zwingende Gesamtverantwortung der Geschäftsführer, auch bei Einzelgeschäftsführungsbefugnis!) sind etwa:

aa)   die **Anmeldungspflichten zum Firmenbuch** (s vor allem § 26: Übergang von Geschäftsanteilen, Änderung von Namen, Anschrift, Stammeinlage [im Fall der Teilung eines Geschäftsanteils nach § 79], geleistete Einzahlungen eines Gesellschafters; außerdem Prokuraerteilungen, Einforderungen von Einzahlungen auf das Stammkapital [§ 64 Abs 1], Wechsel in der Vertretungsbefugnis [§ 17 Abs 1] uva). Für schuldhaft falsche oder verzögerte Anmeldungen besteht eine besondere Haftung gegenüber der Gesellschaft und nach außen (= zB gegenüber Gesellschaftsgläubigern) nach § 26 Abs 2 (⇨ S 24 unter 4. c) aa)).

> **Beachte**: Für die Nichteinhaltung der Anmeldepflichten zum Firmenbuch sieht § 24 FBG Zwangsstrafen vor. Adressat ist auch hier der Geschäftsführer.

bb) die **Führung eines adäquaten Rechnungswesens und eines internen Kontrollsystems für das Unternehmen, Erstellung und Offenlegung von Jahresabschluss und Lagebericht** (§ 22; allenfalls auch eines Konzernabschlusses und Konzernlageberichtes [§§ 244 ff UGB]). Der Inhalt der Buchführungspflichten ergibt sich aus den §§ 189 ff UGB (§ 22 Abs 1 geht mit der Bezugnahme auf ein „den Anforderungen des Unternehmens entsprechendes Rechnungswesen" allerdings über § 189 UGB hinaus), zum Jahresabschluss vgl §§ 222 f UGB, zu den Offenlegungspflichten §§ 277 ff UGB (mit Erleichterungen für „kleine" GmbH, vgl § 278 Abs 1 UGB; zu „mittelgroßen" GmbH vgl § 279 UGB). Der Lagebericht ist eine Darstellung von Geschäftsverlauf, Unternehmenslage und voraussichtlicher Entwicklung (vgl § 243 UGB). Ist diese Tätigkeit einem von mehreren Geschäftsführern übertragen, haben die anderen besonders hier (zwingende) Überwachungspflichten.

> **Beachte**: Auch im Bereich dieser Pflichten sind zT Zwangsstrafen vorgesehen (vgl § 283 UGB).

cc) die **Pflicht zur rechtzeitigen Eröffnung eines Insolvenzverfahrens** (§ 69 IO)

dd) die **Einberufung der** (ordentlichen und außerordentlichen) **Generalversammlung** (§§ 36 ff)

ee) die **Aufnahme der Niederschriften** der Generalversammlungsbeschlüsse (§ 40)

ff) die **Zustimmung zu Insichgeschäften eines anderen Geschäftsführers** (§ 25 Abs 4, wenn kein Aufsichtsrat besteht)

> Zum **Begriff** des Insichgeschäfts ⇨ BR AT[7] S 98 unter 3.; s dort auch zur allgemeinen Zulässigkeit von Insichgeschäften (sie sind zulässig, wenn keine Interessenkollision droht und die Erklärungen unzweifelhaft feststehen). Eine Sonderregelung für Insichgeschäfte des **einzigen Gesellschafters** enthält § 18 Abs 5 (⇨ S 20 unter 3. a)). § 25 Abs 4 ordnet eine Schadenersatzhaftung des Geschäftsführers an, der gegen die Zustimmungserfordernisse dieser Norm verstößt.

gg) **Berichtspflichten** gegenüber dem Aufsichtsrat (§ 28a; vgl S 27 unter 4. b))

hh) Nach Beendigung der Organstellung besteht nach § 24a eine **Auskunftspflicht** des ausgeschiedenen Geschäftsführers der Gesellschaft gegenüber für die Dauer von fünf Jahren.

ii) Dazu kommen zahlreiche **öffentlich-rechtliche Pflichten** (vor allem im Steuerrecht).

d) Im **Außenverhältnis** obliegt den Geschäftsführern die **gerichtliche und außergerichtliche Vertretung** der Gesellschaft (§ 18 Abs 1):

aa) **Umfang der Vertretungsmacht**: Die Vertretungsmacht ist im Grundsatz unbeschränkt und unbeschränkbar; gegenüber dritten Personen (zB Geschäftspartnern der GmbH) hat eine Beschränkung der Vertretungsbefugnis daher keine rechtliche Wirkung (§ 20 Abs 2). Geschäftsführungs- und Vertretungsbefugnis (also Innen- und Außenverhältnis) sind damit zu trennen (!); Vertretungshandlungen unter Verletzung der intern eingeräumten Geschäftsführungsbefugnis oder unter Verstoß gegen eine Weisung binden die Gesellschaft (Außenverhältnis). Der Geschäftsführer kann aber ihr gegenüber (Innenverhältnis) schadenersatzpflichtig werden.

> **Ausnahmen** bilden die Fälle des sog **Missbrauchs der Vertretungsmacht** (⇨ BR AT[7] S 98 unter 2.): Die Gesellschaft wird nicht verpflichtet, wenn der Dritte mit dem Geschäftsführer arglistig zum Nachteil der Gesellschaft zusammengewirkt hat (sog Kollusion; nach überwiegender

Ansicht auch dann, wenn der Dritte zumindest den Missbrauch der Vertretungsmacht kannte oder grob fahrlässig nicht kannte).

Die Geschäftsführer können die Gesellschaft außerdem **nicht zu Satzungsänderungen verpflichten**.

Beachte auch: Unternehmensverträge (⇨ S 20 unter 3. a)) stellen außergewöhnliche Geschäfte dar, die nach allgemeinen Grundsätzen jedenfalls im Innenverhältnis eine Befassung der Gesellschafter erforderlich machen. Nach überwiegender Ansicht umfasst aber auch die Vertretungsmacht der Geschäftsführer den Abschluss von Unternehmensverträgen idR **nicht** (da es sich in den meisten Fällen zumindest materiell um Satzungsänderungen handelt, wie etwa im Fall des Abschlusses eines Gewinnabführungsvertrages).

bb) **Vertretungsmodell**: Im Zweifel ist Gesamtvertretung vorgesehen (§ 18 Abs 2), der Gesellschaftsvertrag kann jedoch Einzelvertretungsbefugnis oder (bei mehreren Geschäftsführern) Vertretung gemeinsam mit einem Prokuristen vorsehen (unechte Gesamtvertretung; ⇨ Allg UR[7] im sechsten Abschnitt). Die passive Vertretungsmacht hat jeder Geschäftsführer (und jeder Prokurist) allein (§ 18 Abs 4). Die Bestellung eines Prokuristen kann nur durch alle Geschäftsführer gemeinsam erfolgen, der Widerruf der Prokura durch jeden einzelnen Geschäftsführer (§ 28 Abs 2 [dispositiv]; im Innenverhältnis ist § 35 Abs 1 Z 4 zu beachten: Beschlussfassung der Gesellschafter erforderlich). Nach den §§ 11, 17 Abs 1 ist die Art der Vertretungsbefugnis zu registrieren.

Vgl in diesem Zusammenhang **§ 17 Abs 3** zum Schutz des guten Glaubens Dritter aufgrund einer Eintragung oder Bekanntmachung einer Person als Geschäftsführer. Zu unrichtigen Firmenbucheintragungen allgemein ⇨ § 15 Abs 3 UGB idF des HaRÄG 2005; nach den Materialien zum HaRÄG ist § 17 Abs 3 GmbHG gegenüber dieser Norm lex specialis.

Beachte auch: In bestimmten Fällen sind andere Organe vertretungsbefugt: Dem Aufsichtsrat obliegt die Vertretung der Gesellschaft etwa bei Rechtsgeschäften oder Rechtsstreitigkeiten mit einem Geschäftsführer (§ 30l). Beim Abschluss des Anstellungsvertrages mit dem Geschäftsführer (⇨ S 18 unter 1.) wird die Gesellschaft idR durch die Gesellschafter vertreten.

e) **Deliktisches Verhalten der Geschäftsführer** wird, wenn es in Ausübung der Geschäftsführungstätigkeit erfolgt ist, nach allgemeinen Regeln (⇨ BR AT[7] S 41 unter 2. b)) der Gesellschaft zugerechnet und kann deren Schadenersatzpflicht begründen.

Beispiel: Der Geschäftsführer A der B-GmbH verursacht in Zusammenhang mit seiner Tätigkeit einen Vermögensschaden nach § 1330 Abs 2 ABGB (Kreditschädigung durch Verbreitung unwahrer Tatsachen).

Beachte: Nach dem **Verbandsverantwortlichkeitsgesetz 2005** (VbVG; BGBl I 2005/151) kann die GmbH unter bestimmten Voraussetzungen für strafgesetzwidriges Handeln eines Entscheidungsträgers (oder Mitarbeiters) verantwortlich werden (Verbandsgeldbuße). Davon unberührt bleibt die strafrechtliche Haftung des Täters selbst.

f) Die Geschäftsführer trifft nach § 24 schließlich ein – streng ausgestaltetes – **Wettbewerbsverbot**. Rechtsfolgen einer Verletzung des Verbotes sind die Abberufungsmöglichkeit, Schadenersatz bzw ein Eintrittsrecht der Gesellschaft oder ein Anspruch auf Herausgabe der bezogenen Vergütung (vgl zur OG § 113 UGB; ⇨ PersG[7] S 36 unter VII. 2.). Daneben besteht eine – im Gesetz nicht ausdrücklich ausgesprochene – Verpflichtung, **Gesellschaftsgeheimnisse zu wahren**.

4. **Geschäftsführerhaftung**

a) **§ 25 Abs 1**

aa) Nach § 25 Abs 1 haben die Geschäftsführer die **Sorgfalt eines ordentlichen Geschäftsmannes** anzuwenden. Das bedeutet, dass die Geschäftsführer die Kenntnisse und Fähigkeiten besitzen müssen, die für den Geschäftszweck der GmbH üblicherweise erforderlich sind. Die Geschäftsführer sind zunächst vor allem verpflichtet, die Gesellschaft fachlich korrekt zu leiten (geschuldet wird adäquate Bemühung, nicht ein Erfolg) und die ihnen durch das GmbHG zugewiesenen, zwingenden Pflichten (s oben unter 3.) zu erfüllen.

> Bei einer **Ressortverteilung** der Geschäftsführung bestehen Überwachungspflichten der anderen Geschäftsführer (zumindest im Kernbereich der Unternehmensleitung), deren Verletzung ebenfalls schadenersatzpflichtig machen kann.

bb) Bei Verletzung der Geschäftsführungspflichten besteht für die betroffenen Geschäftsführer **Haftung zur ungeteilten Hand** für den daraus entstandenen Schaden (§ 25 Abs 2). Es handelt sich um eine **Verschuldenshaftung** (nach hM allerdings um einen objektiven Verschuldensmaßstab; ein Geschäftsführer kann sich also nicht auf eigene Unfähigkeit berufen). Das DHG ist nach hA nicht anzuwenden.

> **§ 25 Abs 3** erwähnt als **besondere Haftungsfälle**: Verteilung von Gesellschaftsvermögen, Rückzahlung von Stammeinlagen oder Nachschüssen, Auszahlung von Zinsen oder Gewinnanteilen, Erwerb, Pfandnahme oder Einziehung eigener Geschäftsanteile, Zahlungen nach dem Zeitpunkt, in dem das Insolvenzverfahren hätte eröffnet werden müssen. Dazu kommt nach **Abs 4** Selbstkontrahieren ohne Zustimmung des Aufsichtsrats oder der anderen Geschäftsführer.
>
> **Beachte**: Nach neuerer Rsp ist die in § 84 Abs 2 AktG (zur Haftung der Vorstandsmitglieder in einer AG; ⇨ S 71 unter 7. a)) normierte Beweislastumkehr hinsichtlich des Verschuldens auf den GmbH-Geschäftsführer analog anzuwenden.

Die daraus resultierenden Schadenersatzansprüche stehen der **Gesellschaft** zu (vertreten durch den Aufsichtsrat [§ 30l Abs 2], wenn ein solcher fehlt, durch andere Geschäftsführer oder einen besonders bestellten Prozessvertreter [vgl § 35 Abs 1 Z 6]; in der Insolvenz der GmbH ist der Anspruch vom Insolvenzverwalter geltend zu machen). Der Anspruch **verjährt** nach § 25 Abs 6 in fünf Jahren. Die **Gläubiger** der Gesellschaft haben keinen unmittelbaren Anspruch darauf, dass die Gesellschaft diese Ansprüche auch verfolgt, um Mittel zur Gläubigerbefriedigung zu erhalten (vgl demgegenüber § 84 Abs 5 AktG; ⇨ S 71 unter 7. a)). § 25 ist nach hA auch kein Schutzgesetz zugunsten der Gläubiger (⇨ BR GesSch[8] S 16, 20), dessen Verletzung zu einer direkten Inanspruchnahme des Geschäftsführers „von außen" nach allgemeinen schadenersatzrechtlichen Grundsätzen führen könnte.

> **Beachte**: Der Gläubiger, der wegen einer Forderung gegen die Gesellschaft Exekution führt, kann aber den Schadenersatzanspruch der Gesellschaft gegen den Geschäftsführer, der ja einen Vermögenswert der Gesellschaft darstellt, pfänden und sich überweisen lassen (vgl §§ 294, 303 EO). **Unterscheide** davon den Fall eines Gläubigers, der wegen einer Forderung gegen einen *Gesellschafter* Exekution führt: Dieser kann dessen Geschäftsanteil an der GmbH durch Doppelverbot pfänden (§ 331 EO). In beiden Fällen handelt es sich um rein vollstreckungsrechtliche Vorgänge.

cc) Ein **Weisungsbeschluss der Gesellschafter**, der zu einer schadensverursachenden Geschäftsführerhandlung führt, wirkt grundsätzlich **haftungsentlastend**. Dies ergibt sich (im Gegenschluss) aus § 25 Abs 5; nach dieser Norm **entfällt die Haftung** allerdings auch in diesem Fall **nicht, soweit** der Ersatz zur Gläubigerbefriedigung erforderlich ist. Das gilt nach hA in allen Fällen, also nicht nur dann, wenn ein nichtiger, sondern auch, wenn ein grundsätzlich verbindlicher Gesellschafterbeschluss vorliegt (mit dem Hinweis darauf, dass der Geschäftsführer nach § 41 Abs 3 anfechtungsbefugt ist, wenn er sich durch die Beschlussausführung ersatzpflichtig machen würde; einschränkend zu Recht ein Teil der neueren Lit: Keine Haftung des Geschäftsführers, wenn ein verbindlicher Beschluss vorliegt, also nicht Beschlussnichtigkeit gegeben ist [⇨ S 33 unter 5. b)]).

> **Beispiel**: Dem Geschäftsführer wird die Weisung erteilt, ein bestimmtes Geschäft ohne Sicherheiten mit einem Vertragspartner abzuschließen, dessen wirtschaftliche Lage unsicher ist (was mit der Sorgfalt des ordentlichen Geschäftsmannes nicht mehr vereinbar wäre). Entsteht daraus (etwa durch Insolvenz des Partners) der Gesellschaft ein Schaden und wäre der Ersatzanspruch zur Befriedigung der Gesellschaftsgläubiger erforderlich (die Gesellschaft kann fällige Forderungen nicht befriedigen), so tritt nach der hA die Haftung des Geschäftsführers ein (nicht aber nach der erwähnten Mindermeinung der Lehre).

Die Haftung **entfällt außerdem nicht** durch Verzicht oder Vergleich (mit) der Gesellschaft, wenn der Ersatz zur Gläubigerbefriedigung erforderlich ist (§ 25 Abs 7 iVm § 10 Abs 6).

b) § 25 wird durch **andere besondere Haftungsnormen** des Gesetzes ergänzt (vgl § 10 Abs 4: Haftung beim Gründungsvorgang; § 24 Abs 3: Verstoß gegen das Wettbewerbsverbot; § 83 Abs 2: Haftung bei unzulässigen Zahlungen an einen Gesellschafter; ⇨ außerdem sogleich unter c). Daneben ist eine vertragliche Haftung aus dem Anstellungsvertrag möglich.

c) **Unmittelbare Ansprüche** eines **Gesellschaftsgläubigers** gegen die Geschäftsführer bestehen nach dem Recht der GmbH nur in folgenden Fällen:

aa) nach **§ 26 Abs 2** bei Schäden aus schuldhaft (also auch fahrlässig) falschen oder verzögerten Anmeldungen zum Firmenbuch (eine Haftung ist hier gegenüber der Gesellschaft, den Gesellschaftern und gegenüber Dritten möglich).

> **Beispiele**: Ein Gläubiger kann geschädigt werden, wenn falsche Angaben über die geleisteten Einzahlungen gemacht werden und er aufgrund dessen auf die Bonität der Gesellschaft vertraut; ein außen stehender Dritter etwa auch dann, wenn der Übergang eines Geschäftsanteils nicht eingetragen wird und er diesen vom noch Eingetragenen, der aber nicht mehr Gesellschafter ist, erwerben will; ein Gesellschafter, wenn er wegen seiner Nichtanmeldung nicht stimmberechtigt ist (§ 78 Abs 1); die Gesellschaft selbst kann einen Schaden daraus erleiden, dass die Änderung ihrer Zustelladresse nicht rechtzeitig angemeldet wird (§ 26 Abs 1 S 2).

bb) nach **§ 56 Abs 3**, wenn im Rahmen einer Kapitalherabsetzung über das Ergebnis des Aufgebotsverfahrens falsche Angaben über die Befriedigung bzw Sicherstellung der Gläubiger gemacht werden (⇨ S 49 unter 2. b) cc)).

cc) nach **§ 64 Abs 2** bei Unterlassung der Anmeldung von Einforderungen weiterer Einzahlungen auf das Stammkapital zum Firmenbuch.

> **Ratio**: In diesen Fällen tritt ein Schaden meist nicht bei der Gesellschaft, sondern nur bei Gläubigern ein. Diese Ersatzansprüche verjähren in fünf Jahren.

d) Nach **anderen Rechtsvorschriften** (außerhalb des GmbHG) gibt es einige weitere Fälle einer unmittelbaren Haftung der Geschäftsführer: § 234 Abs 2 iVm § 227 AktG (Verschmelzung der GmbH mit aufnehmender AG; dazu ⇨ S 53 unter b)); § 9 BAO (Haftung bei schuldhafter Verkürzung von Abgabenschulden der Gesellschaft); § 67 Abs 10 ASVG (Haftung des Geschäftsführers für Sozialversicherungsbeiträge).

e) Ein Ersatzanspruch eines Gesellschaftsgläubigers gegen einen Geschäftsführer kann sich nach **allgemeinen Grundsätzen des Schadenersatzrechts** zudem über § 69 IO (Insolvenzantragspflicht) bzw über die Tatbestände des § 159 StGB (grob fahrlässige Beeinträchtigung von Gläubigerinteressen) als Schutzgesetz iSd § 1311 ABGB ergeben.

> **Beachte**: Nach § 72a IO sind die Geschäftsführer verpflichtet, einen Vorschuss für die Anlaufkosten des Insolvenzverfahrens bis zum Betrag von € 4.000,– zu leisten, wenn die Gesellschaft über kein kostendeckendes Vermögen verfügt. Der geleistete Betrag kann dann als Masseforderung geltend gemacht werden (§ 72c IO).

In Betracht kommen auch andere Schutzgesetzverletzungen (Verletzungen von Gläubigerschutzregeln), vorsätzliche sittenwidrige Schadenszufügung oder gegen Gläubiger gerichtete strafgesetzwidrige Handlungen. Schließlich können Geschäftsführer – neben der Gesellschaft – auch bei **Wettbewerbsverstößen** der GmbH in Anspruch genommen werden, wenn sie diese selbst begangen oder daran beteiligt waren oder in Kenntnis oder fahrlässiger Unkenntnis des Verstoßes eines im Unternehmen tätigen Dritten nicht eingeschritten sind.

f) **Haftung nach § 22 Abs 1 URG**: Die Mitglieder des vertretungsbefugten Organs prüfpflichtiger (⇨ zur GmbH S 35 unter V.) juristischer Personen, die ein Unternehmen betreiben, haften unter in der Bestimmung näher genannten Voraussetzungen zur ungeteilten Hand in folgenden Fällen gegenüber der Gesellschaft: trotz Vorliegens der Reorganisationsvoraussetzungen wurde ein Reorganisationsverfahren nicht beantragt oder gehörig fortgesetzt, ein Jahresabschluss wurde nicht oder nicht rechtzeitig aufgestellt oder es wurde nicht unverzüglich der Abschlussprüfer mit dessen Prüfung beauftragt. Die Haftung tritt im Fall eines Insolvenzverfahrens der Gesellschaft ein, sie ist auf € 100.000,– je Person beschränkt und vom Masseoder Sanierungsverwalter für die Insolvenzmasse geltend zu machen (§ 28 Abs 1 URG). Vgl auch §§ 26 f URG (Nichteintritt/Entfall der Haftung).

g) Nach Ansicht des OGH kann in einer **GmbH & Co KG** der KG bei besonderen Umständen (der OGH nennt etwa Personenidentität von Kommanditisten, GmbH-Gesellschaftern und Geschäftsführern sowie Tätigkeit der GmbH nur für die KG) ein Schadenersatzanspruch gegen die Geschäftsführer der Komplementär-GmbH zustehen (in der Lit ist dies umstritten).

III. Aufsichtsrat (§§ 29 ff)

1. **Notwendiger Aufsichtsrat**

Nach § 29 **muss** ein Aufsichtsrat bestellt werden, wenn

a) das **Stammkapital** € 70.000,– und die **Anzahl der Gesellschafter** 50 übersteigt (§ 29 Abs 1 Z 1);

b) oder die **Anzahl der Arbeitnehmer** im Durchschnitt 300 übersteigt (§ 29 Abs 1 Z 2; Ausnahme nach Abs 2 Z 1: die Gesellschaft steht unter einheitlicher Leitung einer aufsichtsratspflichtigen Kapitalgesellschaft oder wird von dieser aufgrund einer unmittelbaren Beteiligung von mehr als 50% beherrscht und die Anzahl der Arbeitnehmer übersteigt durchschnittlich nicht die Zahl 500);

Ratio der Ausnahme: In einem Konzernverhältnis reicht es aus, wenn die leitende Gesellschaft von einem Aufsichtsrat kontrolliert wird.

c)   oder wenn eine Gesellschaft selbst **leitende Gesellschaft in einem Konzern** ist, dessen Untergesellschaft(en) (AG oder GmbH) aufsichtsratspflichtig sind und die Anzahl der Arbeitnehmer aller Gesellschaften zusammen 300 übersteigt (§ 29 Abs 1 Z 3);

d)   oder die Gesellschaft **persönlich haftender Gesellschafter einer Kommanditgesellschaft** ist (Abs 1 Z 4; also wenn eine GmbH & Co KG vorliegt) und wieder zusammen durchschnittlich mehr als 300 Arbeitnehmer beschäftigt sind (außer es gibt neben der Gesellschaft eine natürliche Person als persönlich haftenden Gesellschafter der KG, die auch von der Vertretung nicht ausgeschlossen ist, § 29 Abs 2 Z 2).

Die Absätze 3-5 des § 29 enthalten Vorschriften über die Ermittlung der durchschnittlichen Arbeitnehmerzahl.

e)   oder wenn die **Organe der Arbeitnehmervertretung** einer aus **grenzüberschreitender Verschmelzung** hervorgehenden Gesellschaft Rechte zur Wahl, Bestellung, Empfehlung oder Ablehnung von Aufsichtsratsmitgliedern haben (Abs 1 Z 5; neu eingefügt durch das GesRÄG 2007, das Regeln über die grenzüberschreitende Verschmelzung eingeführt hat; ⇨ dazu S 54 unter c)).

f)   Nach § 94 Abs 2 kann zudem eine Aufsichtsratsbestellung im **Liquidationsverfahren** notwendig sein. Dazu kommen spezielle Aufsichtsratspflichten bei **bestimmten Geschäftstätigkeiten** (vgl etwa § 12 WGG).

2.   **Fakultativer Aufsichtsrat**

In allen anderen Fällen **kann** ein Aufsichtsrat in einer GmbH freiwillig eingerichtet werden (§ 29 Abs 6). Dazu bedarf es einer entsprechenden Bestimmung im Gesellschaftsvertrag.

3.   **Bestellung und Abberufung**

a)   Der Aufsichtsrat besteht aus **mindestens drei Mitgliedern** (Kapitalvertretern, § 30), die Mitglieder müssen natürliche Personen sein und werden durch Gesellschafterbeschluss gewählt. Die §§ 30b Abs 1, 30c enthalten Sonderregeln über die Bestellung von Minderheitsvertretern und besondere Entsendungsrechte (möglich für Inhaber vinkulierter Geschäftsanteile; dazu ⇨ S 36 unter 2.). Eine gerichtliche Bestellung auf Antrag der Geschäftsführer, eines Aufsichtsratsmitglieds oder eines Gesellschafters bei Beschlussunfähigkeit des Aufsichtsrates sieht § 30d vor.

Vor der Wahl haben die Vorgeschlagenen Qualifikation, berufliche Funktionen und allfällige Befangenheitsgründe darzulegen (§ 30b Abs 1a).

b)   Außerdem bestehen die **Entsendungsbefugnisse des Betriebsrates** nach § 110 ArbVG (Drittelparität: ein Arbeitnehmervertreter für zwei Kapitalvertreter, ein weiterer bei ungerader Anzahl der Kapitalvertreter; Mindestzahl daher zwei). Voraussetzung ist, dass ein Betriebsrat (bzw Zentralbetriebsrat) besteht, dies ist bei mindestens fünf Arbeitnehmern möglich (Ausnahme für herrschende Unternehmen in einem Konzernverhältnis in § 110 Abs 6a ArbVG; nach Maßgabe der Abs 6-6b sind grundsätzlich Vertreter der Untergesellschaften zu entsenden). Vgl dazu auch die Aufsichtsrats-VO BGBl 1974/343.

Beachte: Nach der Rsp sind die Bestimmungen des ArbVG über die Arbeitnehmervertretung auch dann anzuwenden, wenn zwar kein Aufsichtsrat bestellt wird, aber im Gesellschaftsvertrag ein anderes Gremium mit den Kernkompetenzen eines solchen geschaffen wird.

c) Die Mitglieder des Aufsichtsrates müssen **physische, handlungsfähige Personen** sein. Die Kapitalvertreter dürfen nicht Geschäftsführer der GmbH oder ihrer Tochterunternehmen, dauernde Vertreter derselben oder geschäftsführende Angestellte der GmbH sein (§ 30e Abs 1; einzelne Aufsichtsratsmitglieder können aber nach Abs 2 vorübergehend zu Vertretern verhinderter Geschäftsführer bestellt werden). Die persönlichen Voraussetzungen sind in § 30a detailliert geregelt (Grundregel: nicht mehr als 10 Aufsichtsratsmandate in AG und GmbH, gleichgehalten werden nunmehr Verwaltungsratstätigkeiten in einer SE [⇨ S 94 ff]; Sonderregeln gelten etwa für Konzernverhältnisse). Die Arbeitnehmervertreter sind aus dem Kreis der Betriebsratsmitglieder, denen das aktive Wahlrecht zum Betriebsrat zusteht, zu bestimmen (§ 110 Abs 1 ArbVG).

d) Die **Bestellungsdauer** ist nach § 30b Abs 2 (⇨ lesen!) funktionell bestimmt (daraus ergibt sich ein Zeitraum zwischen einem und ca 5-6 Jahren, außer bei Entsendungsrechten). Die Bestellung kann vor Ablauf der Funktionsperiode durch Gesellschafterbeschluss widerrufen werden (Dreiviertelmehrheit erforderlich, § 30b Abs 3; Sonderregel für entsandte Mitglieder in § 30c Abs 4); außerdem kann eine Abberufung eines Mitgliedes durch das Gericht nach § 30b Abs 5 durch 10% des Stammkapitals bei Vorliegen eines wichtigen Grundes beantragt werden (von dieser Regelung sind die nach § 110 ArbVG entsandten Mitglieder nicht erfasst).

e) Auch bei den Aufsichtsratsmitgliedern (Kapitalvertretern) besteht idR eine besondere **schuldrechtliche Beziehung** zur Gesellschaft. Sie ist häufig als Auftragsvertrag (§§ 1002 ff ABGB) zu qualifizieren. Eine **Vergütung** kann festgesetzt werden (§ 31; gilt nicht für die Arbeitnehmervertreter, vgl § 110 Abs 3 ArbVG).

4. **Organisation und Aufgaben des Aufsichtsrats**

a) Zu bestellen sind ein **Vorsitzender** und mindestens ein **Stellvertreter** (§ 30g Abs 1), welche die Tätigkeit des Aufsichtsrates zu leiten haben (Einberufung der Sitzungen, Verhandlungsleitung etc). Beschlüsse können schriftlich, fernmündlich oder in anderer vergleichbarer Weise (zB durch e-Mail oder Videokonferenz) gefasst werden, wenn kein Aufsichtsratsmitglied diesem Verfahren widerspricht (Abs 3). In den Aufsichtsratsitzungen besteht **Beschlussfähigkeit** idR bei Anwesenheit von mindestens drei Mitgliedern (§ 30g Abs 5 S 1, vgl auch S 2 und 3). Die Zulässigkeit schriftlicher, fernmündlicher oder vergleichbarer Stimmabgabe einzelner Aufsichtsratsmitglieder ist hier gegeben, wenn der Gesellschaftsvertrag oder der Aufsichtsrat selbst dies vorsehen (§ 30g Abs 5 S 4). Die Aufsichtsratsmitglieder haben ihre Obliegenheiten persönlich auszuüben (§ 30j Abs 6). Nach § 30g Abs 4 können **Ausschüsse** eingerichtet werden.

> In aufsichtsratspflichtigen Gesellschaften mit den Merkmalen des § 271a Abs 1 UGB ist ein **Prüfungsausschuss** zu bestellen, zu dessen Aufgaben va die Überwachung des Rechnungslegungsprozesses, der Abschlussprüfung, der Kontrollsysteme der GmbH und die Prüfung des Jahresabschlusses gehören (vgl im Einzelnen § 30g Abs 4a idF BGBl I 2008/70).

b) Der Aufsichtsrat hat die **Geschäftsführung in allen Bereichen zu überwachen** (§ 30j Abs 1). Er muss mindestens viermal im Jahr (zeitlich gesehen vierteljährlich) zu Sitzungen zusammentreten (§ 30i Abs 3). Nach § 28a besteht eine mindestens vierteljährliche Berichtspflicht (schriftlicher Quartalsbericht) der Geschäftsführer über den Geschäftsgang und eine jährliche (schriftlicher Jahresbericht) über grundsätzliche Fragen der künftigen Geschäftspolitik und Entwicklung des Unternehmens anhand einer Vorschaurechnung. Daneben bestehen (unverzügliche) Sonderberichtspflichten aus wichtigem Anlass und über Umstände, die für die Rentabilität und Liquidität der Gesellschaft von erheblicher Bedeutung sind (§ 28a Abs

1 S 3) und bei Verlangen des Aufsichtsrates oder eines seiner Mitglieder (Einzelheiten in § 30j Abs 2; der Aufsichtsrat kann auch jederzeit die Geschäftsbücher und Geschäftsunterlagen einsehen, Abs 3).

> **Beachte**: Anders als in der AG wird der Geschäftsführer nicht durch den Aufsichtsrat, sondern durch die Generalversammlung bestellt.

c) Der Aufsichtsrat hat die **Generalversammlung einzuberufen**, wenn dies für das Wohl der Gesellschaft erforderlich ist (§ 30j Abs 4).

d) Nach § 30k hat der Aufsichtsrat den von den Geschäftsführern erstellten **Jahresabschluss**, den **Lagebericht** und den **Vorschlag für die Gewinnverteilung** (falls erforderlich; ⇨ S 31 unter 4. a)), gegebenenfalls auch den Konzernabschluss und Konzernlagebericht, zu prüfen und der Generalversammlung über die Prüfung zu berichten. Den Sitzungen für diese Tätigkeiten ist der Abschlussprüfer (falls ein solcher erforderlich ist; dazu ⇨ S 35) beizuziehen (§ 30h Abs 1).

e) Nach § 30j Abs 5 besteht für bestimmte Geschäfte ein **Genehmigungsrecht** des Aufsichtsrates.

> **Vgl den Katalog** in Z 1-11: zB Erwerb und Veräußerung von Beteiligungen und Liegenschaften (soweit dies nicht zum gewöhnlichen Geschäftsbetrieb gehört), Errichtung und Schließung von Zweigniederlassungen, Festlegung der Grundsätze der Geschäftspolitik, bestimmte Verträge der GmbH mit Aufsichtsratsmitgliedern selbst (und wirtschaftlich vergleichbare Tatbestände) etc. Dazu können weitere Geschäfte kommen, wenn Gesellschaftsvertrag oder Aufsichtsrat dies anordnen (Abs 5 am Ende).

Die dort genannten Geschäfte „sollen" nur mit Zustimmung des Aufsichtsrates vorgenommen werden. Das bedeutet, dass ein entgegen einem Aufsichtsratsbeschluss oder ohne einen solchen von den Geschäftsführern getätigtes Geschäft nach außen gültig ist, aber intern einen Abberufungsgrund für den Geschäftsführer bilden und zu Schadenersatzverpflichtungen führen kann („sollen" ist nach hA wie „dürfen" zu lesen). Auch die Generalversammlung kann eine entgegenstehende Weisung an die Geschäftsführer erteilen; andererseits aber auch ein vom Aufsichtsrat nicht genehmigtes Geschäft anordnen.

f) Bei **Rechtsgeschäften zwischen Geschäftsführern und Gesellschaft** hat der Aufsichtsrat die Gesellschaft zu vertreten und auch allfällige Rechtsstreitigkeiten zu führen (§ 30l; vgl auch § 25 Abs 4).

g) Schließlich kann der **Gesellschaftsvertrag** vorsehen, dass dem Aufsichtsrat **weitere Obliegenheiten** oder **Genehmigungsrechte** zukommen. Diese können auch durch Gesellschafterbeschluss übertragen werden.

5. Für **fehlerhafte Aufsichtsratsbeschlüsse** sieht das Gesetz (anders als bei Gesellschafterbeschlüssen, vgl § 41, dazu ⇨ S 33 f) nicht die Möglichkeit einer Nichtigerklärung eines Beschlusses vor. Nach hA kann jedoch eine Feststellungsklage nach § 228 ZPO auf Ungültigkeit von Aufsichtsratsbeschlüssen erhoben werden (bei Beschlüssen, die gegen zwingendes Recht – Gesetz oder Gesellschaftsvertrag – verstoßen). In der neueren Lit wird zunehmend vertreten, wie bei Gesellschafterbeschlüssen (zu Details ⇨ S 33 ff unter 5.) auch bei Aufsichtsratsbeschlüssen zwischen absolut nichtigen und anfechtbaren Beschlüssen zu unterscheiden.

6. **Haftung von Aufsichtsratsmitgliedern**: Hier verweist § 33 auf die Haftungsvorschriften für Geschäftsführer (§§ 25, 27; ⇨ S 23 ff unter 4.).

> Eine Haftung kommt auch nach **§ 25 URG** in Betracht (Verweigerung der Zustimmung zur Einleitung eines Reorganisationsverfahrens). Der Aufsichtsrat hat darüber allerdings nur zu beschließen, wenn eine besondere Zuständigkeit auf der Grundlage von § 30j Abs 5 verankert ist oder die Geschäftsführer die Entscheidung dem Aufsichtsrat vorlegen.

IV. Generalversammlung (§§ 34 ff)

1. **Allgemeines**

a) Die Generalversammlung ist das **oberste willensbildende Organ der GmbH**. Sie wird durch die Gesamtheit der Gesellschafter gebildet. Sie ist für alle Gesellschaftsangelegenheiten zuständig, die ihr nicht im Gesetz oder durch den Gesellschaftsvertrag entzogen oder anderen Organen zugewiesen sind. In der Generalversammlung kann der einzelne Gesellschafter durch Ausübung seines Stimmrechtes Einfluss auf die Entscheidungen der Gesellschaft nehmen.

b) Die Willensbildung in der GmbH erfolgt grundsätzlich durch **Beschlüsse**. Beschlüsse werden in der Regel in der Generalversammlung gefasst. Sie können daneben auch auf schriftlichem Weg („Umlaufbeschlüsse", § 34) oder durch formlose Zustimmung sämtlicher Gesellschafter (hM) zustande kommen. Bei der Abstimmung im schriftlichen Weg wird die für eine Beschlussfassung erforderliche Mehrheit (⇨ S 30 unter d)) nicht nach der Zahl der abgegebenen, sondern nach der Gesamtzahl der allen Gesellschaftern zustehenden Stimmen berechnet (§ 34 Abs 2).

> **Beachte:** Beschlüsse sind (idR mehrseitige) Rechtsgeschäfte, mit denen der Beschlussinhalt als Wille der Gesellschaft verbindlich festgelegt wird. Beschlüsse bedürfen eines Antrages; die Stimmabgabe ist Willenserklärung (und setzt damit Geschäftsfähigkeit voraus).

2. **Einberufung der Generalversammlung**

a) Nach § 36 Abs 1 berufen idR die Geschäftsführer die Generalversammlung am Sitz der Gesellschaft ein. Es ist mindestens einmal jährlich eine Generalversammlung einzuberufen (**ordentliche Generalversammlung**). Geschäftsführer und Aufsichtsrat (vgl § 30j Abs 4) sind außerdem zur Einberufung verpflichtet, wenn es das Wohl der GmbH erfordert (**außerordentliche Generalversammlung**). Eine besondere Pflicht zur Einberufung besteht bei Verlust der Hälfte des Stammkapitals (§ 36 Abs 2).

b) Eine weitere Einberufungsmöglichkeit besteht als (zwingendes) **Minderheitenrecht** in der GmbH: Einer oder mehrere Gesellschafter, deren Stammeinlagen 10% des Stammkapitals (oder den im Gesellschaftsvertrag dafür bestimmten geringeren Teil) erreichen, können die Einberufung schriftlich unter Angabe des Zweckes verlangen. Wird diesem Verlangen nicht innerhalb 14 Tagen entsprochen, so können die Gesellschafter die Einberufung selbst bewirken (§ 37).

c) **Form der Einberufung**: Die Einberufung erfolgt in der gesellschaftsvertraglich festgelegten Form. Ist nichts festgelegt, so hat sie in Form einer Verständigung durch einen eingeschriebenen Brief zu erfolgen (s dazu § 38). Mit der Einberufung muss die Tagesordnung übermittelt werden. Ein oder mehrere Gesellschafter, die mit ihren Stammeinlagen 10% des Stammkapitals erreichen, können nach § 38 Abs 3 die Aufnahme von Tagesordnungspunkten verlangen.

> **Beachte:** Die Regeln über die Form der Einberufung sind grundsätzlich **Wirksamkeitsvoraussetzungen.** Nach § 38 Abs 4 können bei nicht ordnungsgemäßer Einberufung oder bei Ankündigungsmängeln Beschlüsse nur dann gefasst werden, wenn alle Gesellschafter anwesend oder zumindest vertreten sind. Eine Verletzung dieser Regeln bedeutet (je nach Art des Mangels, ⇨ S 33 ff) Nichtigkeit bzw Anfechtbarkeit der gefassten Beschlüsse.

3. **Beschlussfähigkeit und Beschlussmehrheiten, Protokollierung**

a) Die Generalversammlung ist **beschlussfähig**, wenn der im Gesetz (§ 38 Abs 6: 10%) oder im Gesell-schaftsvertrag festgesetzte Teil des Stammkapitals anwesend oder vertreten ist. Ist das nicht der Fall, so ist eine zweite Versammlung einzuberufen, die dann ohne Rücksicht auf die Höhe des vertretenen Stamm-kapitals beschlussfähig ist (§ 38 Abs 6, 7).

b) Zur **Teilnahme** an der Generalversammlung ist grundsätzlich jeder im Firmenbuch eingetragene Gesell-schafter berechtigt (vgl § 78 Abs 1; ⇨ S 36 unter 1. d)). Das gilt auch für jene Gesellschafter, die einem Stimmverbot unterliegen (⇨ unten g)).

c) **Stimmberechtigung**: In der Generalversammlung (auch bei der Abstimmung auf schriftlichem Wege) sind nur jene Gesellschafter stimmberechtigt, die im Firmenbuch als Gesellschafter der GmbH aufscheinen (vgl § 78 Abs 1). Nach der Rsp kann die Gesellschaft allerdings auch einem neuen, noch nicht eingetragenen Gesellschafter das Stimmrecht gewähren (sie muss aber nicht). Das Stimmrecht des einzelnen Gesellschaf-ters bemisst sich grundsätzlich nach der übernommenen Stammeinlage (1 Stimme je volle € 10,–, Bruchtei-le unter € 10,– werden nicht gezählt: § 39 Abs 2). Der Gesellschaftsvertrag kann anderes anordnen; jedem Gesellschafter muss aber mindestens eine Stimme zustehen.

> **Beispiele** für abweichende Regelungen im Gesellschaftsvertrag: Abhängigkeit des Stimmge-wichts von der Einzahlung der Stammeinlage; Höchststimmenzahl unabhängig von der Höhe der Stammeinlage; Vetorechte einzelner Gesellschafter; Abstimmung nach Köpfen.

> **Beachte**: Aus eigenen Geschäftsanteilen (⇨ S 36 unter 1. d)) stehen der Gesellschaft keine Stimmrechte (und auch keine anderen Gesellschafterrechte) zu.

d) **Beschlussmehrheiten**: Gesellschafterbeschlüsse werden grundsätzlich mit einfacher Mehrheit der abge-gebenen Stimmen gefasst, soweit in Gesetz und Vertrag nichts anderes bestimmt ist (§ 39 Abs 1). Die Ein-räumung von Vetorechten ist möglich. In bestimmten Fällen sind qualifizierte Mehrheiten erforderlich.

> **Beispiele**: Einstimmigkeit bei Änderung des Unternehmensgegenstandes (§ 50 Abs 3, nach hA auch bei Unternehmensveräußerung oder Einbeziehung in einen Konzern); Dreiviertelmehrheit bei Verschmelzung mit einer anderen GmbH (§ 98) und für die meisten Gesellschaftsvertrags-änderungen (§ 50 Abs 1) oder für Großinvestitionen (§ 35 Abs 1 Z 7; ⇨ S 33 unter g)). Vgl auch § 50 Abs 4, 5 (Zustimmung der betroffenen Gesellschafter bei Vermehrung von Ver-pflichtungen oder Verkürzung von Rechten; bis zur Zustimmung ist der Beschluss schwebend unwirksam) oder § 1 Abs 4 GesAusG (Satzungsänderungen betreffend Gesellschafterausschlüs-se).

> **Beachte**: Aus der Befugnis, mit Mehrheitsbeschluss zugleich auch über die Minderheit zu be-schließen, ergibt sich die Pflicht der Mehrheit, im Rahmen des Gesamtinteresses auch die be-rechtigten **Interessen der Minderheit** zu berücksichtigen (Wirkung der Treuepflicht). Ein Mehrheitsbeschluss muss daher dem Grundsatz der Verhältnismäßigkeit wie auch dem Grund-satz der Gleichbehandlung entsprechen (bei sonstiger Anfechtbarkeit; zu einem Beispiel ⇨ S 35 unter c) bb)).

e) **Stimmrechtsspaltung**: Umstritten ist, ob eine uneinheitliche Stimmabgabe zulässig ist. Dies wird zT dann zugelassen, wenn Stimmrechte, die verschiedenen Interessensträgern zuzuordnen sind, sich in einer Hand befinden (wie im Fall der Treuhand) und der Gesellschaftsvertrag (vgl § 79 Abs 1) die Teilbarkeit der An-teile zulässt. Jedenfalls zulässig ist eine uneinheitliche Stimmabgabe aus mehreren Geschäftsanteilen (etwa bei Vertretungsverhältnissen).

f) **Stimmrechtsbindung**: Darunter versteht man rechtsgeschäftliche Vereinbarungen zwischen Gesellschaftern über zukünftiges Abstimmungsverhalten (auch: Syndikatsverträge). Derartige Vertragsverhältnisse sind grundsätzlich zulässig, sie sind häufig als GesBR anzusehen (⇨ PersG[7] S 12 ff). Bindungswidrig abgegebene Stimmen sind in diesem Fall aber grundsätzlich wirksam (Wirkung der Vereinbarung nur im Innenverhältnis). Stimmrechtsbindungsverträge können andererseits (weil wirksam) zwischen den Gesellschaftern mit Leistungsklage durchgesetzt werden; häufig werden sie auch durch Vereinbarung von Konventionalstrafen gesichert.

> **Beispiel**: Die Gesellschafter A und B haben in der A-GmbH eine Mehrheit von 51%. Sie vereinbaren intern, dass nur Mitglieder der Gründerfamilie als Geschäftsführer bestellt werden sollen. Stimmt A gemeinsam mit dem Gesellschafter C für einen anderen Geschäftsführer, so ist dessen Bestellung idR gültig (und der Beschluss auch nicht anfechtbar).

> **Beachte aber**: Der OGH hat eine Ausnahme von der bloßen Innenwirkung von Stimmrechtsbindungsverträgen bei einer Vereinbarung sämtlicher Gesellschafter in einer GmbH mit besonders ausgeprägter personalistischer Struktur anerkannt. Das hat zur Wirkung, dass ein syndikatswidriger Gesellschafterbeschluss uU angefochten werden kann (⇨ S 33 f); begründet werden kann dies mit einer Treuepflichtverletzung.

g) **Stimmrechtsausschluss**: **Nicht stimmberechtigt** ist, wer durch eine Beschlussfassung von einer Verpflichtung befreit oder wem ein Vorteil zugewendet werden soll. Darunter fällt auch der Entlastungsbeschluss nach § 35 Abs 1 Z 1 (⇨ unten 4. a)). Die Stimmberechtigung fehlt auch, wenn es um die Vornahme eines Rechtsgeschäfts mit einem Gesellschafter oder die Einleitung und Erledigung eines Rechtsstreites zwischen Gesellschaft und Gesellschafter geht (vgl § 39 Abs 4). Auch beim Ausschluss aus wichtigem Grund (soweit ein solcher als zulässig angesehen wird; ⇨ S 38 unter 7. f)) kann der betroffene Gesellschafter nicht mitstimmen; ebenso nicht ein G-GF beim Widerruf einer ihm erteilten Ausnahme vom Konkurrenzverbot. Insgesamt gesehen geht es um Fälle der Befangenheit eines Gesellschafters.

Keinem Stimmrechtsausschluss unterliegen die Gesellschafter hingegen bei der Beschlussfassung über ihre Bestellung oder Abberufung als Geschäftsführer, Aufsichtsratsmitglieder oder Liquidatoren (§ 39 Abs 5). Abhilfe in kritischen Fällen bietet § 16 Abs 2 (⇨ S 19 unter 2. c)). Auch bei der Beschlussfassung über die Erteilung der Zustimmung zur Übertragung vinkulierter Geschäftsanteile (⇨ S 36 unter 2.) ist der veräußerungswillige Gesellschafter stimmberechtigt.

h) **Protokollierung von Gesellschafterbeschlüssen**: Die Führung eines Generalversammlungsprotokolls ist gesetzlich nicht vorgeschrieben (in praxi wird es regelmäßig geführt). Alle Beschlüsse der Generalversammlung sind jedoch in eine **Niederschrift** (früher: Protokollbuch) aufzunehmen (§ 40; keine Gültigkeitsvoraussetzung!); die Niederschriften sind aufzubewahren und den Gesellschaftern zur Einsicht zugänglich zu machen. Die Beschlüsse müssen den Gesellschaftern überdies eingeschrieben zugesendet werden (§ 40 Abs 2). Die Absendung setzt die einmonatige Anfechtungsfrist nach § 41 Abs 4 in Lauf (⇨ S 35 unter e)). Für jene Beschlüsse, die Grundlage für Eintragungen ins Firmenbuch sind, ist notarielle Beurkundung Gültigkeitsvoraussetzung (§ 51 Abs 1).

4. **Gegenstände der Beschlussfassung** (s vor allem § 35):

a) Prüfung und Feststellung des **Jahresabschlusses** (die Aufstellung ist Sache der Geschäftsführer, ⇨ S 21 unter c) bb); zur Prüfung durch Abschlussprüfer und/oder Aufsichtsrat ⇨ S 35 bzw S 28 unter 4. d)), die **Verteilung des Bilanzgewinnes** (wenn diese im Gesellschaftsvertrag einer besonderen jährlichen Beschlussfassung vorbehalten ist) und die **Entlastung** der Geschäftsführer und des Aufsichtsrates. Die Beschlusskompetenz erstreckt sich nach hA auch auf den **Lagebericht.** Diese Beschlüsse sind in den ersten acht Monaten jedes Geschäftsjahres für das abgelaufene Geschäftsjahr zu fassen (§ 35 Abs 1 Z 1).

> **Beachte: Entlastung** ist eine einseitige Erklärung der GmbH in Beschlussform, mit der die Geschäftsführung gebilligt und ausgedrückt wird, dass der Gesellschaft gegen Geschäftsführer (bzw Aufsichtsratsmitglieder) keine Schadenersatzansprüche aus Pflichtverletzung zustehen. Damit ist die Erhebung von Ansprüchen nach § 25 Abs 2 nicht mehr möglich; auch eine Abberufung aus wichtigem Grund scheidet aus. Die Entlastung bezieht sich aber nur auf Ansprüche bzw Abberufungsgründe, die bei sorgfältiger Prüfung der vorgelegten Unterlagen erkennbar waren. G-GF sind dabei nicht stimmberechtigt. Ein Anspruch auf Erteilung der Entlastung besteht nach hA nicht; grundlose Verweigerung kann den Betroffenen aber zur Amtsniederlegung, gegebenenfalls zu Schadenersatz berechtigen.

> Von der Entlastung ist die **Generalbereinigung** zu unterscheiden (Erlassvertrag nach § 1444 ABGB!): Sie bedeutet den Verzicht auf bekannte und auch auf für nur möglich gehaltene Ersatzansprüche.

> **Beachte:** Entlastung und Generalbereinigung bleiben **wirkungslos,** sofern die Ersatzansprüche zur Befriedigung der Gläubiger benötigt werden (§ 25 Abs 7, § 10 Abs 6).

b) **Einforderungen weiterer Einzahlungen** auf die Stammeinlage (§ 35 Abs 1 Z 2).

> **Beachte:** Ein Beschluss ist nur erforderlich, wenn die Stammeinlagen nicht bereits bei der Gründung voll eingezahlt wurden oder der Zeitpunkt späterer Zahlungen nicht schon im Gesellschaftsvertrag festgelegt wurde. Aus § 63 Abs 2 ergibt sich, dass bei der Einforderung durch nachträglichen Beschluss das Gleichbehandlungsgebot zu wahren ist.

c) **Rückzahlung von Nachschüssen** (§ 35 Abs 1 Z 3): zu Begriff und Modalitäten ⇨ S 45 unter 2.

> **Beachte:** Auch die **Einforderung** von Nachschüssen ist nach § 72 Abs 1 an einen Beschluss der Generalversammlung gebunden.

d) Die Entscheidung, ob **Prokura oder Handlungsvollmacht** zum gesamten Geschäftsbetrieb erteilt werden darf (§ 35 Abs 1 Z 4).

> **Beachte:** Prokura kann außenwirksam von sämtlichen Geschäftsführern, Handlungsvollmacht von Geschäftsführern in der vertretungsbefugten Anzahl erteilt werden (§ 28). Im Innenverhältnis sind die Geschäftsführer aber verpflichtet, einen Gesellschafterbeschluss einzuholen. Zur Prokura ⇨ Allg UR[7] Sechster Abschnitt unter B, zur Handlungsvollmacht ebenda unter C.

e) **Prüfung und Überwachung der Geschäftsführung** (§ 35 Abs 1 Z 5): Hier ist die umfassende Zuständigkeit der Generalversammlung (als Recht, nicht als Pflicht) zur Kontrolle der Geschäftsführung normiert.

f) Geltendmachung von **Ersatzansprüchen** gegen Geschäftsführer oder Aufsichtsrat und Bestellung eines Prozessvertreters, wenn die Gesellschaft weder durch Geschäftsführer oder Aufsichtsrat vertreten werden kann (§ 35 Abs 1 Z 6).

> **Beachte:** Primär haben die übrigen Geschäftsführer die GmbH im Prozess gegen einen Geschäftsführer zu vertreten. Werden alle Geschäftsführer geklagt oder sind die restlichen für sich allein nicht vertretungsbefugt, so wird die GmbH durch den Aufsichtsrat vertreten, sofern nicht mit Gesellschafterbeschluss besondere Vertreter bestellt werden oder ein Aufsichtsrat nicht vorhanden ist.

> **Beachte außerdem:** Wird ein Antrag auf Geltendmachung von Schadenersatzansprüchen gegen Gesellschafter, Geschäftsführer oder Aufsichtsratsmitglieder von der Generalversammlung abgelehnt, so können die Ansprüche auch durch eine Gesellschafterminderheit von mindestens 10% des Stammkapitals oder mit € 700.000,– Nennbetrag (bzw mit einem im Gesellschaftsver-

trag festgesetzten geringeren Betrag) binnen eines Jahres ab der Beschlussfassung eingeklagt werden (§ 48).

g) **Erwerb von Anlagen oder Liegenschaften** für eine den Betrag von 20% des Stammkapitals übersteigende Vergütung (Ausnahme: Erwerb in der Zwangsversteigerung). Für derartige Beschlüsse ist eine Dreiviertelmehrheit erforderlich (§ 35 Abs 1 Z 7).

h) **Änderungen des Gesellschaftsvertrages**: Hier ist notarielle Beurkundung und idR Dreiviertelmehrheit erforderlich (vgl die §§ 49, 50).

> **Beispiele**: Änderungen des Stammkapitals; Änderung des Unternehmensgegenstandes (hier ist allerdings Einstimmigkeit erforderlich, wenn der Gesellschaftvertrag nichts anderes vorsieht [§ 50 Abs 3]).

i) Beratung und Beschlussfassung, wenn die **Hälfte des Stammkapitals verloren** wurde (§ 36 Abs 2).

j) Zustimmung zur **Abtretung** und **Teilung von Geschäftsanteilen**, wenn der Gesellschaftsvertrag dies vorsieht (§§ 76, 79, 8 Abs 2).

k) **Bestellung und Abberufung von Organmitgliedern** (Geschäftsführer [⇨ S 17 ff], Aufsichtsrat [⇨ S 26], eventuell Abschlussprüfer [§ 270 UGB]), ebenso Abschluss, Aufhebung und Änderung von Geschäftsführerverträgen.

l) **Auflösung** der Gesellschaft, **Fusion, Umwandlung, Spaltung** (⇨ S 51 ff).

m) Nach hA haben die Geschäftsführer auch für **außergewöhnliche Geschäfte** und für Geschäfte, die dem mutmaßlichen Willen der Gesellschaftsmajorität widersprechen, einen zustimmenden Gesellschafterbeschluss einzuholen (⇨ S 20 unter 3. a)). Bereits mehrfach wurde darauf hingewiesen, dass die Gesellschafterversammlung andererseits von sich aus Geschäftsführungsfragen aufgreifen und **Weisungen erteilen** kann.

n) Nach § 35 Abs 2 können die Gegenstände, die der Beschlussfassung durch die Gesellschafter unterliegen sollen, **im Gesellschaftsvertrag vermehrt oder verringert** werden. Über die in § 35 Abs 1 Z 1, 3 und 6 bezeichneten Gegenstände (oben a), c), f)) muss jedoch immer ein Beschluss eingeholt werden. Im Fall des Abs 1 Z 7 (oben g)) muss jedenfalls in den ersten zwei Jahren nach der Eintragung der Gesellschaft ein Beschluss eingeholt werden (zwingende Zuständigkeiten der Generalversammlung). Daneben kann auch die Kompetenz zu den sog **Grundlagenbeschlüssen** (Gesellschaftsvertragsänderungen, Verschmelzung, Umwandlung, Spaltung, Auflösung, Einforderung von Nachschüssen) und zur Prüfung und Überwachung der Geschäftsführung nach hA den Gesellschaftern nicht entzogen werden.

5. **Fehlerhafte und gesetzwidrige Beschlüsse** (§§ 41 ff)

a) Die §§ 41 ff regeln die **Klage auf „Nichtigerklärung"** eines Gesellschafterbeschlusses. Sie ist damit keine Feststellungs-, sondern Rechtsgestaltungsklage (Anfechtung).

> Zum Unterschied zwischen Nichtigkeit und Anfechtbarkeit ⇨ BR AT[7] S 66.

b) Weitgehend anerkannt ist heute allerdings, dass es trotz Schweigens des Gesetzes zu dieser Frage (wie im Recht der AG; ⇨ S 80 ff unter 5.)) auch bei der GmbH Mängel gibt, die Beschlüsse **absolut nichtig** machen. Im Einzelnen strittig ist allerdings, bei welchen Mängeln dies angenommen werden kann. Absolut nichtig sollen etwa Beschlüsse sein, die in einer von unzuständigen Organen einberufenen Versammlung gefasst wurden. Absolut nichtig sollen auch Weisungen sein, durch deren Befolgung die Geschäftsführer gesetzlich auferlegte Pflichten verletzen würden, die dem Gläubigerschutz oder öffentlichen Interessen dienen. Insbesondere sind daher Beschlüsse, bei deren Ausführung die Geschäftsführer gegen § 25 Abs 3 verstoßen würden, als absolut nichtig anzusehen; sie bedürfen keiner Anfechtung. Andere Autoren wenden zur Abgrenzung nichtiger und anfechtbarer Beschlüsse die aktienrechtlichen Grundsätze an (vgl § 199 AktG; ⇨ S 80 unter 5. b)). Von besonderer Bedeutung ist dabei eine analoge Heranziehung des § 199 Abs 1 Z 3, 4 AktG: Absolut nichtig sind Beschlüsse, die **mit dem „Wesen" der GmbH unvereinbar** sind oder **Vorschriften des Gläubigerschutzes** oder solche, die **öffentliche Interessen schützen**, verletzen (zB Verteilung des Gesellschaftsvermögens außerhalb einer Liquidation, Ausschluss der Kaduzierungshaftung [⇨ S 43], Statuierung einer unbeschränkten Gesellschafterhaftung etc). Dazu kommen **sittenwidrige Beschlüsse**.

> **Beachte**: Beschlüsse, die wegen gravierender Mängel rechtlich nicht existent werden (zB Beschlüsse von Nichtgesellschaftern oder der Minderheit) bedürfen keiner Anfechtung; man spricht hier manchmal von **Scheinbeschlüssen** (Nichtbeschlüssen). Die Abgrenzung ist schwierig; nach der neueren Rsp ist zB ein im Widerspruch zu § 34 gefasster Beschluss (mangelhafter Umlaufbeschluss oder Beschluss ohne Einberufung einer Generalversammlung) eine rechtlich unbeachtliche Willensäußerung (also ein Scheinbeschluss). Bei Einberufungs- und Ankündigungsmängeln wurde hingegen auch ausgesprochen, dass dadurch ein Beschluss bloß anfechtbar wird (⇨ unten c) aa)).

> **Beachte außerdem**: Bei Beschlüssen, die inhaltlich Weisungen an die Geschäftsführer darstellen, gilt, dass absolut nichtige Beschlüsse von den Geschäftsführern nicht befolgt werden müssen (vor allem bei Strafbarkeit des Weisungsvollzuges oder bei der Verletzung von Gläubigerschutzvorschriften, etwa der §§ 82 ff). Bei nur anfechtbaren Weisungsbeschlüssen ist durch den Geschäftsführer, der sich durch Beschlussausführung ersatzpflichtig oder strafbar machen würde (§ 41 Abs 3), nach überwiegender Ansicht Anfechtungsklage einzubringen (⇨ aber S 23 unter 4. a) cc) zur Frage der Haftungsentlastung bei nur anfechtbaren Weisungen).

Nichtigkeit bedeutet Unverbindlichkeit des Beschlusses für jedermann. Die Nichtigkeit kann unter den Voraussetzungen des § 228 ZPO (rechtliches Interesse!) mit Urteil festgestellt werden (einzubringen ist also eine Feststellungsklage). Zugelassen wird von der Lehre in diesem Fall auch die Klage nach § 41 Abs 1 (⇨ gleich unter c)). Die **Heilungstatbestände** des § 200 AktG (⇨ S 81 unter c)) werden allerdings auch für die GmbH analog herangezogen.

c) **Anfechtung** (rechtsgestaltende Klage auf Nichtigerklärung): Nach § 41 Abs 1 anfechtbare Beschlüsse sind:

aa) Beschlüsse, die nach dem GmbHG oder dem Gesellschaftsvertrag als **nicht zustande gekommen** anzusehen sind (§ 41 Abs 1 Z 1; zB bei Einberufungs- und Ankündigungsmängeln, Abstimmungsmängeln, Fehlen erforderlicher Mehrheiten etc: **formelle Mängel** [sofern sie nicht unter die oben unter b) genannten Nichtigkeitsgründe fallen]).

> **Beachte**: Nach der Rsp sind Beschlüsse unanfechtbar, wenn ein Einladungsmangel gegeben war, der Beschluss aber bei formgerechter Einladung (wegen der Mehrheitsverhältnisse) nicht anders zustande gekommen wäre (fehlende Kausalität des Mangels; in dieser Allgemeinheit bedenklich wegen der Verletzung der Teilnahme- und Mitspracherechte der Gesellschafter).

bb) Beschlüsse, die dem Inhalt nach gegen zwingende Normen des Gesetzes oder den Gesellschaftsvertrag verstoßen (§ 41 Abs 1 Z 2: **inhaltliche** oder **materielle Mängel**).

Beispiele: Beschlüsse, die gegen die Treuepflicht oder das Gleichbehandlungsgebot der Gesellschafter verstoßen (zB der Ausschluss von Bezugsrechten bei einer Kapitalerhöhung ohne sachlichen Grund), Abberufung eines G-GF ohne wichtigen Grund (§ 16 Abs 3), Ausdehnung des Geschäftsführer-Wettbewerbsverbotes, rechtswidriger Entzug von Sonderrechten.

Beachte: Ein Verstoß gegen den Gesellschaftsvertrag kann nur dann vorliegen, wenn die Regeln über die Satzungsänderung (qualifizierte Mehrheiten des § 50) nicht eingehalten wurden.

d) Die **Anfechtungsbefugnis** steht allen in der Generalversammlung erschienenen Gesellschaftern zu, die Widerspruch zu Protokoll gegeben haben (§ 41 Abs 2), sowie jedem nicht erschienenen Gesellschafter, der unberechtigterweise nicht zugelassen war oder durch Mängel in der Einberufung am Erscheinen gehindert war. Bei schriftlichen Beschlüssen ist jeder Gesellschafter anfechtungsbefugt, der übergangen wurde oder gegen den Beschluss gestimmt hat. Anfechtungsberechtigt sind außerdem die Gesamtheit der Geschäftsführer und der Aufsichtsrat als Kollegium. Im Fall einer Weisung durch Beschluss, durch deren Ausführung Geschäftsführer oder Aufsichtsrat ersatzpflichtig oder strafbar würden, ist jeder einzelne Geschäftsführer und jedes einzelne Aufsichtsratsmitglied klageberechtigt (§ 41 Abs 3; solche Beschlüsse sind allerdings idR entweder nichtig oder entlasten nach zutreffender Ansicht den Geschäftsführer; ⇨ oben b) und S 23 unter 4. a) cc)).

e) Die **Anfechtungsfrist** beträgt einen Monat ab Absendung des Beschlusses an die Gesellschafter (§ 41 Abs 4). Es handelt sich um eine Präklusivfrist; Fristversäumnis ist also von Amts wegen wahrzunehmen. Eine Ausnahme ist uU anzuerkennen, wenn ein Gesellschafter von einem Beschluss keine Kenntnis erlangt hat. Entsprechendes muss für die in Abs 4 nicht genannten klagebefugten Organmitglieder (Geschäftsführung, Aufsichtsrat) gelten.

f) Die Klage ist **gegen die Gesellschaft** zu richten (§ 42 Abs 1; das muss auch für die Feststellungsklage wegen Nichtigkeit [⇨ oben b)] gelten). Die Anfechtung schiebt die Wirksamkeit des Gesellschafterbeschlusses nicht hinaus, sie kann jedoch bei einem drohenden unwiederbringlichen Nachteil für die Gesellschaft nach den §§ 384 ff EO mit einer **einstweiligen Verfügung** verbunden werden (§ 42 Abs 4).

Beachte: Es liegt im Ermessen des Geschäftsführers, ob während der Anfechtbarkeit ein Beschluss ausgeführt werden muss.

Das die Nichtigkeit erklärende Urteil wirkt **für und gegen alle Gesellschafter** (§ 42 Abs 6) und führt zur **ex-tunc-Nichtigkeit** des Beschlusses. Zu den firmenbuchrechtlichen Konsequenzen einer erfolgreichen Anfechtungsklage vgl § 44.

V. Abschlussprüfer (§§ 268 ff UGB)

Nach § 268 Abs 1 UGB sind **Jahresabschluss und Lagebericht** (allenfalls Konzernabschluss und -lagebericht) von einem Abschlussprüfer zu prüfen, bevor sie dem Aufsichtsrat vorgelegt werden (das gilt nach dieser Bestimmung nicht für „kleine" [vgl § 221 UGB, ⇨ S 3 unter 4.], nicht aufsichtsratspflichtige GmbH). Bestellung, Abberufung, Auswahl, Ausschlussgründe und Aufgaben des Abschlussprüfers sind in den §§ 270 ff UGB geregelt (Wahl durch die Gesellschafter; besteht ein Aufsichtsrat, so hat dieser ein Vorschlagsrecht). Gegenstand und Umfang der Prüfung ergeben sich aus § 269 UGB.

Beachte: Der Abschlussprüfer ist der geprüften Gesellschaft nach Maßgabe des § 275 UGB verantwortlich. Nach neuerer Rsp haftet er bei Pflichtverletzungen auch „nach außen", also gegenüber den Gläubigern des geprüften Unternehmens.

D. Rechte und Pflichten der Gesellschafter

I. Beginn und Ende der Gesellschafterstellung

1. Die **Gesellschafterstellung wird erworben**

    a) entweder durch den **konstitutiven Akt**, mit dem das Mitgliedsrecht erst entsteht, nämlich der Übernahme des Geschäftsanteiles durch die Gründer der GmbH;

    > **Beachte**: Mit dem Abschluss des Gesellschaftsvertrages wird zunächst das Mitgliedsrecht an der Vorgesellschaft erworben, die GmbH entsteht erst mit der Eintragung (⇨ S 15 ff).

    b) im **Erbweg** (⇨ unten 3.);

    c) durch Eintritt in die Gesellschaft im Zuge einer **effektiven Kapitalerhöhung** (⇨ S 47 ff);

    d) oder durch **Übertragung der Gesellschafterstellung**: Die Übertragung ist nach § 76 Abs 2 durch Notariatsakt erschwert (Zweck: „Immobilisierung" der GmbH-Geschäftsanteile, daneben Klarstellung der Gesellschaftereigenschaft). Formpflichtig sind nach neuerer Rsp sowohl das Verpflichtungs- als auch das Verfügungsgeschäft. Formpflichtig sind auch Vereinbarungen, die den Gesellschafter zur künftigen Übertragung seines Geschäftsanteils verpflichten.

    Die formgültige Übertragung wirkt auch ohne die (gleichwohl erforderliche) Eintragung im Firmenbuch. Zu beachten ist aber § 78 Abs 1: Der Gesellschaft gegenüber gilt nur **der im Firmenbuch Eingetragene als Gesellschafter**.

    > **Beachte**: Die Regel des § 78 Abs 1 ist deshalb nicht unproblematisch, weil der neue Gesellschafter keine direkte Möglichkeit hat, die Anmeldung zum Firmenbuch selbst zu erwirken (er kann nur die Gesellschaft auf Durchführung der Anmeldung klagen). Die Gesellschaft kann dem neuen Gesellschafter bereits vor Eintragung die Mitverwaltungsrechte zugestehen; hinsichtlich der Vermögensrechte ist Zession anzunehmen.

    Zu beachten ist außerdem: Die Gesellschaft selbst kann **eigene Geschäftsanteile nicht gültig erwerben** (§ 81), auch nicht als Pfand. Dieses Verbot hat seinen Grund in der Umgehungsmöglichkeit der Regel über die Unzulässigkeit der Rückzahlung von Stammeinlagen (§ 82; ⇨ S 39 unter 1. c)). Es bestehen allerdings folgende **Ausnahmen**:

    ➢ Exekution zur **Hereinbringung von Forderungen** gegen einen Gesellschafter (§ 81 S 2)

    ➢ Seit dem GesRÄG 2007 sind zudem auf den **unentgeltlichen Erwerb** eigener Anteile, den Erwerb eigener Anteile im Weg der **Gesamtrechtsnachfolge** und zur **Entschädigung von Minderheitsgesellschaftern** (zB bei Verschmelzungs- oder Spaltungsvorgängen; ⇨ S 53 unter b) oder S 55 unter a)) die aktienrechtlichen Regeln über den Erwerb eigener Aktien sinngemäß anzuwenden (⇨ S 63 f unter h)), was in diesen Grenzen den Erwerb eigener Anteile gestattet (§ 81 S 3).

    Zulässig erworbene eigene Anteile sind wieder zu veräußern; die Rechte daraus ruhen (vgl § 81 S 3 iVm §§ 65 Abs 5, 65a AktG).

2. Im Gesellschaftsvertrag kann zudem vereinbart werden, dass die Übertragung eines Geschäftsanteiles von **bestimmten Voraussetzungen** (zB besondere Qualifikationen eines Erwerbers) oder einer **Zustimmung der Gesellschafter oder der Gesellschaft** abhängig gemacht wird (**Vinkulierung** [§ 76 Abs 2 S 3] als „personalisti-

sches Element" der GmbH). Möglich sind auch **Vorkaufs-** oder andere **Aufgriffsrechte** der anderen schafter.

Wird **im Fall der Vinkulierung** die Zustimmung der Gesellschaft für eine Übertragung des Anteils nicht erteilt, so kann nach § 77 **das Gericht** dem betreffenden Gesellschafter die Übertragung gestatten. Dies ist unter **folgenden Voraussetzungen** möglich: Die Stammeinlage ist voll eingezahlt, die Zustimmung wurde ohne ausreichende Begründung verweigert und die Übertragung kann ohne Schädigung der Gesellschaft, der übrigen Gesellschafter und der Gläubiger erfolgen. In diesem Fall hat die Gesellschaft allerdings ein gesetzliches Nominierungsrecht hinsichtlich eines anderen Erwerbers (§ 77 S 3).

3. Die Geschäftsanteile sind grundsätzlich **vererblich** (§ 76 Abs 1). Der Gesellschaftsvertrag kann hier allerdings abweichende Regelungen treffen.

> **Beispiele**: Übergang des Anteils an andere Gesellschafter, Aufgriffsrechte, Übertragungsverpflichtungen der Erben.

4. Die **Teilung** eines Geschäftsanteiles ist nur dann zulässig, wenn dies im Gesellschaftsvertrag vorgesehen ist (§ 79 Abs 1; zusätzlich kann dort eine Zustimmung der Gesellschaft im Einzelfall vorgesehen werden). Ausgenommen von dieser Regel ist die Teilung im Erbfall, auch hier kann jedoch im Gesellschaftsvertrag die Zustimmung der Gesellschaft vorbehalten werden (§ 79 Abs 2). Die Vorschriften über den Mindestbetrag einer Stammeinlage und über die Mindesteinzahlung finden auch bei der Teilung Anwendung (§ 79 Abs 4).

> **Beachte: Miteigentum an Geschäftsanteilen** ist möglich (dies kann sich etwa im Erbfall ergeben, wenn der Gesellschaftsvertrag Unteilbarkeit der Anteile vorsieht). Für diesen Fall bestimmt § 80, dass die Rechte aus dem Geschäftsanteil (gemeint sind vor allem die Verwaltungsrechte, wie das Stimmrecht) nur gemeinschaftlich ausgeübt werden können. Die Mitberechtigten haften zur ungeteilten Hand für die Leistungen, die auf den Geschäftsanteil zu bewirken sind. Die Bestimmung ist nicht anzuwenden, wenn eine OG oder KG GmbH-Gesellschafter ist (Personengesellschaften sind wegen § 105 UGB selbst als Gesellschafter aufzufassen), ebenso nicht bei Unterbeteiligungen (hier liegen regelmäßig Treuhandverhältnisse vor).

5. Für den Fall der **Pfändung** eines vinkulierten Geschäftsanteiles enthält § 76 Abs 4 eine Sonderregel über die exekutive Verwertung: Das Exekutionsgericht hat die Gesellschaft sowie die Gläubiger von der Bewilligung des Verkaufes zu benachrichtigen; der Geschäftsanteil, der vom Gericht auch zu bewerten ist, kann sodann binnen 14 Tagen durch einen von der Gesellschaft zugelassenen Käufer gegen diesen Wert übernommen werden. Geschieht dies nicht, so erfolgt die Verwertung des Anteils nach den Bestimmungen der EO.

6. Zur **Verpfändung** eines Geschäftsanteiles ist kein Notariatsakt erforderlich (§ 76 Abs 3). Sie kann aber ebenfalls von einer Zustimmung der Gesellschaft abhängig gemacht werden.

7. Die **Beendigung** der Gesellschafterstellung erfolgt

   a) durch **Übertragung** des Geschäftsanteils (s oben 1. d) und 2.): Im Fall der Übertragung haftet der ausscheidende Gesellschafter vom Tag der Anmeldung des Erwerbers fünf Jahre für rückständige Einlagen (§ 78 Abs 2, 3) oder Nachschüsse (§ 73 Abs 2). Auch der Neugesellschafter haftet für die Rückstände (§ 78 Abs 2).

   b) durch **Kapitalherabsetzung** (⇨ S 48 ff)

   c) durch **Beendigung** und **Liquidation der Gesellschaft** (⇨ S 51 ff) oder im Zug von Umgründungen (⇨ S 52 ff)

d)   durch **Ausschluss** im Wege des Kaduzierungsverfahrens (⇨ S 43 unter b), c))

e)   durch **Ausschluss** nach dem **Gesellschafterausschlussgesetz** (GesAusG; Art VI BGBl I 2006/75; „**Squeeze-out**"): Danach kann auf Verlangen eines „Hauptgesellschafters" (= ein Gesellschafter mit einer Beteiligung von mindestens 90%, vgl im Detail § 1 Abs 2, 3), sofern der Gesellschaftsvertrag nichts anderes vorsieht, von der Generalversammlung die Übertragung der Anteile der übrigen Gesellschafter auf den Hauptgesellschafter gegen Gewährung einer angemessenen Barabfindung beschlossen werden. Zum Verfahren vgl die §§ 3 ff GesAusG.

f)   Die Möglichkeit eines **Ausschlusses** eines Gesellschafters aus wichtigem Grund ist vom Gesetz ebenso wenig vorgesehen wie ein **Austritt** oder eine **Kündigung eines Gesellschafters**. Dazu kann (und sollte) der Gesellschaftsvertrag eine Regelung enthalten. Die hL nimmt – gegen die Rsp, die sich auf das Schweigen des Gesetzgebers beruft – aber auch sonst ein **Ausschließungsrecht** hinsichtlich eines Gesellschafters aus wichtigem Grund an (in Anwendung der Wertungen der §§ 140 ff UGB zur OG [Ausschließungsklage]). Da die Gesellschaft keine eigenen Anteile erwerben kann (§ 81; ⇨ S 36 unter 1. d)), ist allerdings entweder die Durchführung einer Kapitalherabsetzung (⇨ S 48 ff) oder aber die Bereitschaft eines anderen Gesellschafters zur Übernahme der Anteile des Ausscheidenden Voraussetzung (eine Abtretungsverpflichtung kann ebenfalls bereits der Gesellschaftsvertrag vorsehen).

Zugelassen wird daneben von der überwiegenden Lehre eine außerordentliche Gesellschafterkündigung aus wichtigem Grund, die (nach dem Vorbild des § 133 UGB) zur **Auflösung** und nachfolgenden Liquidation der Gesellschaft führt, wenn die übrigen Gesellschafter die Anteile des Ausscheidenden nicht gegen Abfindung übernehmen wollen (eine Auflösungsklage wird allerdings vom OGH in neuerer Rsp ausdrücklich abgelehnt).

II. Gesellschafterrechte

1. **Vermögensrechte**

a)   **Bilanzgewinnanspruch**: Nach § 82 Abs 1 haben die Gesellschafter Anspruch auf den sich nach dem Jahresabschluss als Überschuss der Aktiva über die Passiva ergebenden Bilanzgewinn, soweit dieser nicht aus dem Gesellschaftsvertrag oder durch Gesellschafterbeschluss von der Verteilung ausgeschlossen ist. Meist ist im Gesellschaftsvertrag ein Gesellschafterbeschluss für die Gewinnverwendung vorgesehen (um etwa eine Bildung von Rücklagen anstelle der Ausschüttung zu ermöglichen). Ist das nicht der Fall, so ist der festgestellte Bilanzgewinn auszuschütten (nur die gesetzlichen Rücklagen dürfen gebildet werden, dazu gleich unten). Die Gewinnanteile sind im Gesellschaftsvertrag ebenfalls frei regelbar, bei Nichtregelung wird der Gewinn im Verhältnis der eingezahlten Stammeinlagen ausgeschüttet (§ 82 Abs 2).

> **Beachte die Gewinnvortragsregelung** des § 82 Abs 5: Bei erheblicher Verschlechterung der Vermögenslage zwischen Bilanzstichtag und dem Beschluss über den Jahresabschluss ist ein entsprechender Teil oder der ganze Gewinn in die Rechnung des laufenden Geschäftsjahres zu übertragen und damit von der Verteilung ausgeschlossen.

> **Beachte außerdem**: Auf „große" GmbH (vgl § 221 UGB) ist nach § 23 der § 130 AktG sinngemäß anzuwenden (Bildung einer gesetzlichen Rücklage aus jeweils 5% des Jahresgewinnes bis zu 10% des Stammkapitals [zusammen mit anderen gebundenen Rücklagen, vgl § 229 Abs 2 Z 1-4 UGB]). Dieser Verweis bezieht sich nunmehr (seit dem AktRÄG 2009, Neufassung des § 130 AktG) auf § 229 Abs 4-7 UGB.

b)   Anspruch auf **Anteil am Liquidationserlös** (⇨ S 51 f).

c)   Zu beachten ist ansonsten das einen wesentlichen Grundsatz des GmbH-Rechts darstellende **generelle Verbot der Einlagenrückgewähr** (§ 82 Abs 1). Neben der Gewinnausschüttung dürfen während aufrechter Gesellschaft nur Nachschüsse zurückgezahlt (§ 74, unter Beachtung des dort normierten Verfahrens; ⇨ S 45 unter 2. d)), ein angemessenes Entgelt für Leistungen nach § 8 Abs 1 (wiederkehrende, nicht in Geld bestehende Leistungen des Gesellschafters) geleistet (§ 82 Abs 4) und Stammeinlagen bei der Kapitalherabsetzung (§§ 54 ff; ⇨ dazu S 48 ff) an die Gesellschafter ausbezahlt werden. Um Umgehungen des § 82 Abs 1 zu vermeiden, verbietet Abs 3 auch eine Zinsenvereinbarung zwischen Gesellschafter und Gesellschaft; das Verbot bezieht sich auf Stammeinlagenleistungen der Gesellschafter.

Bei verbotenen Zahlungen besteht ein **Rückersatzanspruch der Gesellschaft nach § 83 Abs 1**. Dieser Anspruch besteht nicht, wenn ein Gesellschafter einen Betrag in gutem Glauben als Gewinnanteil bezogen hat. Ist die Erstattung vom Empfänger und von den Geschäftsführern (Haftung nach § 25 Abs 3 Z 1!) nicht zu erlangen, so haften, insoweit durch die Zahlung das Stammkapital vermindert ist, die anderen Gesellschafter im Verhältnis ihrer Stammeinlagen für den Abgang am Stammkapital (§ 83 Abs 2, 3; **Ausfallshaftung**). Diese Ansprüche können den Verpflichteten nicht erlassen werden. Sie verjähren in fünf Jahren (bei Kenntnis des Gesellschafters von der Widerrechtlichkeit der Zahlung erst in 30 Jahren).

> **Ratio** dieser strengen Regeln ist der **Gläubigerschutz**: Das Stammkapital soll vor einer Schmälerung durch Leistungen an die Gesellschafter gesichert werden.

d)   **Sonderproblem 1: Verdeckte Gewinnausschüttungen** bzw **Einlagenrückzahlungen** sind **Begünstigungen** eines Gesellschafters, die entgegen der Auszahlungsbeschränkung auf den Bilanzgewinn bzw dem Verbot der Einlagenrückgewähr gewährt werden, äußerlich aber nicht als unzulässige Zahlungen erkennbar sind. Das können etwa Leistungen aus anderen Rechtsverhältnissen – wie schuldrechtlichen Verträgen zwischen Gesellschafter und Gesellschaft – sein. Es handelt sich um Vorteile, welche die Gesellschaft einem Gesellschafter, nicht aber einem Dritten gewähren würde (dieser sog **Fremdvergleich** wird vor allem im Steuerrecht herangezogen, kann aber auch hier als Kriterium eingesetzt und verwendet werden). Fälle dieser Art sind als unzulässige Einlagenrückzahlung nach § 83 zu behandeln.

Rechtsfolgen: Nichtigkeit des verbotswidrigen Geschäfts zwischen Gesellschafter und Gesellschaft, Rückzahlungsanspruch der Gesellschaft (nicht der Gläubiger; diese können den Rückersatzanspruch der Gesellschaft aber nach exekutionsrechtlichen Grundsätzen pfänden und sich überweisen lassen), Geschäftsführerhaftung, Ausfallshaftung der anderen Gesellschafter (⇨ oben c). Verstöße gegen das Verbot der Einlagenrückgewähr sind nach stRsp von Amts wegen wahrzunehmen.

> **Beispiele**: Abschluss eines Mietvertrages mit einem Gesellschafter, in dessen Rahmen ein unüblich hoher Mietzins bezahlt wird; überhöhte Gehälter für G-GF; überhöhte Zahlungen bei Sacheinbringungen; zinslose Darlehen an Gesellschafter oder ihre Familienmitglieder; Übernahme einer Sicherheit für eine Gesellschafterschuld durch die Gesellschaft oder auch die Übernahme einer Sicherheit zugunsten eines dem Gesellschafter nahe stehenden Dritten.

> **Dritte**, die aus einem solchen Geschäft einen Vorteil erlangen, müssen sich das Verbot der Einlagenrückgewähr (das ja primär nur die Gesellschafter trifft) jedenfalls bei Kollusion (absichtliches Zusammenwirken von Gesellschaftsvertreter und Drittem; zum Begriff BR AT[7] S 98 unter 2.) entgegenhalten lassen (nach der Rsp genügt auch Kenntnis oder grob fahrlässige Unkenntnis des Dritten).

e) **Sonderproblem 2**: Eigenkapitalersetzende Gesellschafterleistungen

aa) **Ausgangspunkt**: Anstatt einer Gesellschaft in einer Krisensituation (Kreditunwürdigkeit oder Sanierungsbedarf) neues Eigenkapital (zB durch Nachschüsse oder eine Kapitalerhöhung) zuzuführen, können durch die Gesellschafter **Kredite** gewährt werden, welche die Gesellschafter dann als schuldrechtliche Forderungen gegen die Gesellschaft vor dem endgültigen Zusammenbruch abziehen oder samt allfälliger Sicherheiten in der Insolvenz der Gesellschaft geltend machen (mit der Wirkung einer Schmälerung des Haftungsfonds zu Ungunsten der Gläubiger). Solche Gesellschafterkredite waren schon bisher nach hA (Rechtsfortbildung!) **wie Eigenkapital zu behandeln** und können daher, solange die Krise dauert, nicht zurückgefordert werden; dementsprechend ist auch eine Geltendmachung in der Insolvenz nicht möglich. Leistet die Gesellschaft dennoch an den Gesellschafter, ist die Zahlung wie eine unzulässige Einlagenrückzahlung nach den §§ 82 f zu behandeln.

> **Beachte**: Freiwillige Zuzahlungen von Gesellschaftern an die Gesellschaft (Zahlungen außerhalb des Gesellschaftsvertrages) sind zulässig und formfrei wirksam. Der Sinn ist die Verlustabdeckung der Gesellschaft; im Zweifel ist eine Rückzahlung ausgeschlossen (sog **verlorene Gesellschafterzuschüsse**). Bei sog Besserungsvereinbarungen wird die Rückzahlung von einer Verbesserung der Ertragslage abhängig gemacht.

bb) **Rechtsgrundlage**: Begründet wurde das Eigenkapitalersatzrecht ursprünglich mittels Rechtsfortbildung (die normative Grundlage wurde vom OGH ua in einer Analogie zu § 74 [Rückzahlungsvoraussetzungen von Nachschüssen] gesehen). Eine Anerkennung durch den Gesetzgeber hat das „Eigenkapitalersatzrecht" vorerst in § 21 URG gefunden (nach dieser Norm unterliegen Reorganisationsmaßnahmen nach dem URG nicht den Regeln des Eigenkapitalersatzrechts). Seit 1. 1. 2004 ist das **Eigenkapitalersatz-Gesetz** (**EKEG**) in Kraft (gleichzeitig fand das Eigenkapitalersatzrecht Eingang in das Insolvenzrecht und das Übernahmegesetz). Das EKEG erfasst Kapitalgesellschaften, Genossenschaften mbH und Personengesellschaften, bei denen kein persönlich haftender Gesellschafter eine natürliche Person ist (vgl § 4). Erfasst sind in den § 7 ff zudem einige Sonderkonstellationen (Treuhandschaft, verbundene Unternehmen, Konzernverhältnisse).

cc) **Voraussetzungen**:

> ➢ Der Kreditgeber muss idR **Gesellschafter** sein. § 5 Abs 1 EKEG verlangt eine „kontrollierende Beteiligung" oder einen Anteil von zumindest 25% oder einen „beherrschenden Einfluss" (also einen faktischer Einfluss auch ohne Beteiligung, damit können auch Nichtgesellschafter erfasst sein). Kreditvertragstypische Informations- und Einflussrechte sowie Sicherheiten bleiben bei der Beurteilung eines „beherrschenden Einflusses" außer Betracht.

> ➢ Relevant sind Kredite, die der Gesellschaft **in der Krise** gewährt werden. Nach § 2 EKEG liegt eine Krise bei Zahlungsunfähigkeit (§ 66 IO), Überschuldung (§ 67 IO) oder Reorganisationsbedarf nach den Bestimmungen des URG vor. Im zuletzt genannten Fall müssen die maßgeblichen Umstände für den Kreditgeber zumindest erkennbar sein (Details in § 2 Abs 2 EKEG).

> ➢ Der Begriff des **Kredites** wird im EKEG nicht definiert; § 3 EKEG enthält andererseits Ausnahmebestimmungen (zB für Kurzzeitkredite). Einem Kredit gleich gestellt werden von § 10 EKEG eine zusätzliche stille Einlage durch einen „erfassten Gesellschafter" iSd § 5 oder bestimmte Fälle von Einlagen nur stiller Gesellschafter. Wird der Gesellschaft eine Sache zum Gebrauch überlassen oder ihr eine Dienstleistung erbracht, so kann eine Kreditgewährung nur das Entgelt dafür betreffen (die Nutzungsüberlassung/Dienstleistung selbst gilt [entgegen früherer Rsp] also nicht

als Kredit, § 3 Abs 3 EKEG). Erfasst sind nach den §§ 15 f EKEG auch von einem Gesellschafter bestellte **Kreditsicherheiten**. Das Gesetz hat damit einige (aber nicht alle) der von der Rsp entwickelten Grundsätze kodifiziert.

Beachte: Das „Stehenlassen" eines vor der Krise gewährten Gesellschafterkredites nach Eintritt der Krise gilt (entgegen früherer Rsp) nach § 3 Abs 1 Z 3 EKEG nicht mehr als eigenkapitalersetzend.

dd) **Rechtsfolgen**:

➢ Es besteht eine **Rückzahlungssperre** (§ 14 Abs 1 S 1 EKEG), dh es besteht kein Rückforderungsrecht betreffend Eigenkapital ersetzender Kredite in der Krise. Für diese Sperre wird nur auf das Fortbestehen der Krise abgestellt. Die Rückzahlungssperre gilt auch für Zinsen.

➢ Die Gesellschaft hat einen **Rückerstattungsanspruch** bei verbotener Zahlung oder sonstiger Art der Befriedigung (§ 14 Abs 1 S 2, 3 EKEG). Bei einem Kontokorrentkredit besteht der Rückerstattungsanspruch nur in der Höhe der tatsächlichen Saldoreduzierung (§ 14 Abs 2 EKEG). Der Rückerstattungsanspruch verjährt in 5 Jahren ab Zahlung oder sonstiger Befriedigung (§ 14 Abs 3 EKEG).

➢ **Nachrangigkeit im Insolvenzverfahren**: Eigenkapitalersetzende Forderungen stellen keine Insolvenzforderungen iSd §§ 51 ff IO dar und werden erst nach diesen befriedigt (§ 57a IO).

2. **Herrschafts- (Mitverwaltungs-)rechte**

a) **Teilnahme**-, **Auskunfts**- und **Stimmrecht** in der Generalversammlung (§ 39); außerdem das Recht zur Anfechtung fehlerhafter Generalversammlungsbeschlüsse (Klage auf Nichtigerklärung nach § 41; ⇨ S 33 unter 5.). Zu Stimmrechtsausübung und Beschlussmehrheiten ⇨ oben S 30 unter 3.

b) **Bucheinsichtsrecht** (§ 22 Abs 2 S 2 [vgl auch § 93 Abs 4 zum Liquidationsstadium]): Das Einsichtsrecht steht nach dieser Norm 14 Tage vor der zur Prüfung des Jahresabschlusses berufenen Versammlung oder vor Ablauf der für eine schriftliche Abstimmung festgesetzten Frist zu. Es ist grundsätzlich umfassend; in inhaltlicher Hinsicht werden von der hA Grenzen des Einsichtsrechts nur dort anerkannt, wo Konkurrenzbeziehungen des Gesellschafters zur Gesellschaft bestehen. Das Einsichtsrecht kann im Gesellschaftsvertrag allerdings ausgeschlossen oder eingeschränkt werden, wenn für die Gesellschaft ein Aufsichtsrat zu bestellen ist (§ 22 Abs 2 S 3).

Das Einsichtsrecht steht nach der Rsp auch dem ausgeschiedenen Gesellschafter zu, wenn er wegen noch aufrechter Vermögensrechte sein Interesse an der Bucheinsicht dartun kann.

Umstritten ist, ob den Gesellschaftern auch außerhalb der Generalversammlung Informationsrechte zustehen. Der OGH bejaht dies und anerkennt neben dem Recht aus § 22 Abs 2 auch einen allgemeinen, umfassenden Informationsanspruch gegenüber der Gesellschaft (kritisch dazu ein Teil der neueren Lit).

c) Recht auf **Zusendung der Generalversammlungsbeschlüsse** (§ 40 Abs 2), des **Jahresabschlusses samt Lagebericht** (allenfalls auch des Konzernabschlusses samt Konzernlagebericht), bei Ausschluss des Einsichtsrechts (oben b)) zudem des **Gewinnverteilungsvorschlages** und des **Prüfungsberichtes** des Abschlussprüfers nach § 273 UGB (gegebenenfalls des Konzernprüfungsberichtes, § 22 Abs 2, 3).

d) **Minderheitenrechte**

aa) Gesellschafter mit 10% des Stammkapitals oder mit Stammeinlagen im Nennbetrag von mindestens € 700.000,– können nach einem ablehnenden Gesellschafterbeschluss eine **Revisorenbestellung** durch Gerichtsbeschluss erwirken (zur Prüfung des letzten Jahresabschlusses), nötig ist die Glaubhaftmachung von Unredlichkeiten oder grober Verletzung gesetzlicher oder vertraglicher Bestimmungen (§ 45 Abs 1). Die Sonderprüfung ist nach den §§ 45-47 vorzunehmen, mit dem Ergebnis ist die Generalversammlung zu befassen.

bb) Gesellschafter mit 10% des Stammkapitals oder mit Stammeinlagen im Nennbetrag von mindestens € 700.000,– oder mit einem im Gesellschaftsvertrag festgesetzten geringeren Betrag können **Ersatzansprüche** gegen **Gesellschafter** (zB aus Treuepflichtverletzungen), **Geschäftsführer** oder **Aufsichtsratsmitglieder** geltend machen, wenn dies durch Gesellschafterbeschluss abgelehnt oder über einen entsprechenden Antrag nicht abgestimmt wurde (§ 48 Abs 1).

cc) Gesellschafter mit 10% des Stammkapitals (oder ein im Gesellschaftsvertrag bestimmter geringerer Teil) können eine **Generalversammlung einberufen** oder **Tagesordnungspunkte** aufnehmen lassen (§§ 37, 38 Abs 3).

dd) Gesellschafter mit 10% des Stammkapitals oder mit Stammeinlagen im Nennbetrag von mindestens € 700.000,– oder mit einem im Gesellschaftsvertrag festgesetzten geringeren Betrag können in der Liquidationsphase aus wichtigen Gründen die **Bestellung besonderer Liquidatoren** verlangen (§ 89 Abs 2).

ee) Gesellschafter mit 10% des Stammkapitals oder einem Stammkapital von mindestens € 1,400.000,– können bei „kleinen" GmbH (vgl § 221 Abs 1 UGB) die Erstellung eines vollständigen **Anhanges zur Bilanz** verlangen (§ 242 Abs 2 UGB).

ff) Ein Drittel des Stammkapitals kann ein **Aufsichtsratsmitglied** entsenden (nach dem Wahlmodus des § 30b Abs 1).

gg) Gesellschafter mit 10% des Stammkapitals können ein **Aufsichtsratsmitglied** bei Vorliegen eines wichtigen Grundes durch das Gericht **abberufen lassen** (§ 30b Abs 5).

hh) **Negative Minderheitenrechte** (sog Sperrminoritäten) ergeben sich aus den Mehrheitsregeln (zB: 25% plus eine Stimme bei Satzungsänderungen, für die nach § 50 Abs 1 eine Mehrheit von 75% erforderlich ist).

e) **Bezugsrecht** bei der ordentlichen Kapitalerhöhung (§ 52 Abs 3; ⇨ S 47 unter 2. b)).

III. Gesellschafterpflichten

1. **Leistung der übernommenen Einlage**

a) Die Leistung der übernommenen Einlage (§§ 10, 63 ff) ist die **vermögensrechtliche Hauptverpflichtung** des Gesellschafters. Die Verpflichtung ergibt sich entweder aus dem Gesellschaftsvertrag oder aus der Übernahme einer Stammeinlage im Zuge einer Kapitalerhöhung (⇨ S 47 f). Zulässig ist die Vereinbarung eines Aufgeldes (Agio = Mehrbetrag, der über den Nennbetrag der übernommenen Einlage hinaus zu bezahlen ist): Dies ist als gesellschaftsrechtliche Nebenverpflichtung zu werten; der Mehrbetrag ist in die Rücklage zu stellen (vgl § 229 Abs 2 Z 1 UGB).

> **Beachte**: Im Gegensatz zu einer solchen „Überpari-Emission" ist eine „Unterpari-Emission" (Vereinbarung einer unter dem Betrag der Stammeinlage liegenden Einlageverpflichtung) unzulässig. Bei Sacheinlagen haftet der Gesellschafter im Fall ihrer Überbewertung (⇨ S 14 unter 2.).

Zur **Einzahlungspflicht** von **Bareinlagen** bei der Gründung ⇨ S 11 unter e). **Sacheinlagen** sind grundsätzlich sofort bei der Gründung einzubringen.

> **Nicht bar erbrachte Leistungen** befreien den Gesellschafter im Übrigen nur dann von seiner Einlageverpflichtung, wenn sie durch den Gesellschaftsvertrag gedeckt sind (vgl die §§ 63 Abs 5 und 6 Abs 4; ⇨ auch oben S 13 zur Gründung mit Sacheinbringung). Die Erfüllung einer Einlageverpflichtung durch **Verzicht** eines Gesellschafters auf eine Forderung gegen die Gesellschaft wird von der Praxis (entgegen der Wertung des § 63 Abs 3 S 2) zugelassen; es handelt sich dabei aber um eine Sacheinlage (und ist damit nur möglich, wenn dies im Gesellschaftsvertrag so vorgesehen ist).

Der **Rest der Einlage** ist nach der **gesellschaftsvertraglichen Vereinbarung** einzubringen (Festlegung eines festen Zeitpunktes oder Einforderung durch Gesellschafterbeschluss). Die Einlagepflicht kann dem Gesellschafter weder gestundet noch erlassen werden (§ 63 Abs 3, Gläubigerschutzbestimmung). Der Gesellschafter ist nach § 65 Abs 1 zur Zahlung von Verzugszinsen verpflichtet (idR 4% nach § 1000 Abs 1 ABGB; ist der Gesellschafter seinerseits Unternehmer, so kommt wohl auch der höhere Verzugszinssatz nach § 352 UGB in Betracht). Aufrechnung ist nur durch die Gesellschaft, nicht auch durch den Gesellschafter zulässig (hA zu § 63 Abs 3 S 2).

Eine Einforderung durch Gesellschafterbeschluss ist **anzumelden** und wird vom Firmenbuchgericht **veröffentlicht** (§ 64 Abs 1). Für Schäden aus falscher oder unterlassener Anmeldung haften die Geschäftsführer den Gesellschaftsgläubigern direkt (§ 64 Abs 2).

> **Beachte**: Im Firmenbuch **eingetragen** wird nicht die Einforderung, sondern die erfolgte Zahlung (neuerliche Anmeldungspflicht aus den §§ 10 FBG, 26 GmbHG).

b) Erfüllt ein Gesellschafter seine Einlageverpflichtung nicht, so kann die ausständige Einlage von der Gesellschaft entweder **klagsweise eingefordert** werden oder aber das **Kaduzierungsverfahren** (§§ 66 ff) eingeleitet werden: Hier wird dem säumigen Gesellschafter (mittels eingeschriebenem Brief) der Ausschluss angedroht, wobei ihm eine Nachfrist von mindestens einem Monat zu setzen ist. Nach fruchtlosem Ablauf der Nachfrist ist der säumige Gesellschafter durch die Geschäftsführung als ausgeschlossen zu erklären. Mit der Zustellung dieser Erklärung (eingeschriebener Brief) an den Gesellschafter tritt der **Verlust sämtlicher Rechte** aus dem Geschäftsanteil (auch der darauf geleisteten Einzahlungen) ein.

> **Beachte**: Wegen des Gleichbehandlungsgrundsatzes muss das Kaduzierungsverfahren gegen alle säumigen Gesellschafter eingeleitet werden (§ 66 Abs 1 S 3). Zulässig ist nach der Rsp auch eine Kaduzierung des Alleingesellschafters.

> **Beachte außerdem**: Ein Kaduzierungsverfahren kommt nach hA auch in Betracht, wenn es um andere Ansprüche geht, die sich auf die Aufbringung eines dem Stammkapital entsprechenden Gesellschaftsvermögens beziehen (zB Gewährleistungsansprüche aus Sacheinlagen oder der Differenzanspruch nach § 10a gegen den Gesellschafter bei Überbewertung; ⇨ S 14 unter 2.).

c) **Rechtsfolgen der Kaduzierung**:

aa) Der **Gesellschafter verliert sämtliche Rechte** aus der Gesellschaft.

bb) Der **Gesellschafter haftet weiter** für den unberichtigten Teil der Stammeinlage.

cc) Daneben besteht (ab Ausschluss des säumigen Gesellschafters) eine **Haftung aller Rechtsvorgänger** des ausgeschlossenen Gesellschafters, die innerhalb der letzten fünf Jahre vor Erlassung der Einzahlungsaufforderung (bzw vor dem gesellschaftsvertraglich festgelegten Zeitpunkt der Zahlungsverpflichtung) als Gesellschafter im Firmenbuch verzeichnet waren (§ 67 Abs 1). Die Inanspruchnahme erfolgt in Form des sog **Reihenregresses** (§ 67 Abs 2): Der unmittelbare Rechtsvorgänger ist zur Zahlung aufzufordern; leistet er innerhalb eines Monates keine Zahlung, so wird vermutet, dass von ihm keine Zahlung zu erlangen ist und es haftet sein Rechtsvorgänger (innerhalb des Fünfjahreszeitraumes). Mit der Zahlung erwirbt der Vormann ipso iure den Geschäftsanteil, ohne weitere Vergütungen leisten zu müssen (§ 67 Abs 3).

> **Beachte**: Die Voraussetzung „Eintragung im Firmenbuch" ist für diese „Vormännerhaftung" nach hA nicht wörtlich zu nehmen. Es kommt auf die tatsächliche Gesellschaftereigenschaft im fraglichen Zeitraum an.

> **Beachte außerdem**: Die Haftung der Vormänner ist nicht auf die zum Zeitpunkt der Kaduzierung aushaftenden Beträge beschränkt, sondern erstreckt sich auch auf später (bis zur Inanspruchnahme der Rechtsvorgänger) fällig gewordene, weitere Bareinlagenbeträge.

> Die Kaduzierung kann auch durch einen Gesellschaftsgläubiger im Wege des Exekutionsverfahrens (Pfändung und Überweisung nach den §§ 331 ff EO) vorgenommen werden.

dd) Zahlt keiner der Vormänner oder ist kein Vormann vorhanden, so ist nach § 68 der **Anteil zu verwerten** (Verkauf durch die Gesellschaft mindestens zum Bilanzwert, oder Versteigerung nach einem Monat). Übersteigt der Erlös den geschuldeten Betrag, so ist er auf den noch unberichtigten Teil der Stammeinlage anzurechnen. Ein weiterer Überschuss fließt dem ausgeschlossenen Gesellschafter zu (§ 68 Abs 5).

> **Beachte**: Die Gesellschaft verkauft in diesem Fall, obwohl sie nicht Eigentümerin des Anteils ist. Sie handelt für Rechnung des ausgeschlossenen Gesellschafters. Der Erwerber wird Gesellschafter mit allen Rechten und Pflichten.

ee) Wenn eine Stammeinlage nicht von den bezeichneten Zahlungspflichtigen eingebracht und auch durch Verwertung des Geschäftsanteiles nicht gedeckt werden kann, so haben **die übrigen Gesellschafter den Fehlbetrag nach dem Verhältnis der Stammeinlagen aufzubringen** (anteilige Ausfallshaftung der anderen Gesellschafter, § 70). Mit der Zahlung des Fehlbetrages erwerben die anderen Gesellschafter zwar nicht den Anteil, haben aber Anspruch auf den entsprechenden Gewinn und Liquidationserlös. Ist ein Verkauf nachträglich möglich, so sind aus dem Erlös den Gesellschaftern die geleisteten Beträge zurückzuerstatten.

ff) Der Ausgeschlossene verliert also den Geschäftsanteil und die bisherigen Einzahlungen (ohne Vergütung!). Er **haftet** außerdem (neben seinen Rechtsvorgängern und dem Anteilserwerber) weiter für den rückständigen Betrag (§ 69 Abs 1); daneben auch für in Zukunft fällig werdende Einzahlungen (§ 69 Abs 2).

Beachte: Diese überaus strenge Ausgestaltung der Haftung für die Verpflichtung zur Erbringung der Stammeinlage hat den Zweck, im Interesse der Gesellschaft und ihrer Gläubiger die Aufbringung des Stammkapitals so gut wie möglich abzusichern.

2. Nachschusspflicht (§§ 72 ff)

a) Im Gesellschaftsvertrag kann bestimmt werden, dass **Nachschüsse durch Gesellschafterbeschluss eingefordert** werden können (in der Praxis ist dies eher selten). **Nachschüsse** sind ein Investitionsdarlehen der Gesellschafter an die Gesellschaft, um ihr vorübergehend Betriebsmittel zur Verfügung zu stellen. Die Einforderung von Nachschüssen kann etwa zur Deckung von Bilanzverlusten erfolgen. Sie führt zu **keiner Erhöhung des Geschäftsanteiles**. Die Nachschusspflicht muss auf einen nach dem Verhältnis der Stammeinlagen bestimmten Betrag beschränkt werden (bei sonstiger Wirkungslosigkeit).

b) Eine **spätere Einführung einer Nachschusspflicht** ist durch eine Änderung des Gesellschaftsvertrages möglich. Diese bedarf allerdings der Zustimmung aller Gesellschafter (vgl § 50 Abs 4).

c) Die Einforderung von Nachschüssen bedarf eines **Gesellschafterbeschlusses** (einfache Mehrheit). Wird der Gesellschafter mit der Einzahlung von Nachschüssen **säumig**, so kann auch hier entweder mit Klage oder mit Kaduzierung vorgegangen werden (§ 73 Abs 1 verweist auf die §§ 66-69). Die Vormänner des Gesellschafters haften – mit der Einschränkung des § 73 Abs 2 – iSd § 67.

> **Beachte**: § 70 (Ausfallhaftung der übrigen Gesellschafter) ist auf rückständige Nachschüsse andererseits nicht anzuwenden.

d) Eine **Rückzahlung von Nachschüssen** ist möglich (§ 74), wenn und soweit die Nachschüsse nicht zur Verlustabdeckung erforderlich sind (kein bilanzmäßiger Verlust am Stammkapital). Das Rückzahlungsverfahren ist im Gläubigerinteresse an strenge Formalvorschriften gebunden: Der Rückzahlungsbeschluss muss veröffentlicht werden; die Rückzahlung kann dann nicht vor Ablauf von drei Monaten erfolgen (Sperrfrist; § 74 Abs 2). Eine Rückzahlung ist zudem nur möglich, wenn das Stammkapital bereits voll eingezahlt ist.

Rückzahlungen, die unter Verstoß gegen diese Vorschriften vorgenommen werden, machen den Empfänger, die Organe der Geschäftsführung und die anderen Gesellschafter nach den §§ 25, 83 **haftbar**.

3. Treuepflicht

Auch bei der GmbH treffen den einzelnen Gesellschafter (sowohl der Gesellschaft als auch den anderen Gesellschaftern gegenüber) Treuepflichten. Es handelt sich dabei um einen allgemeinen gesellschaftsrechtlichen Grundsatz, der allerdings bei Personengesellschaften zu stärkeren Bindungen führt als bei Kapitalgesellschaften. Der **Inhalt der Treuepflicht** lässt sich abstrakt nur unvollständig beschreiben (Wahrung der Interessen der Gesellschaft, Pflicht, sie nicht zu schädigen, Wahrung der Interessen der anderen Gesellschafter). Zu Konkretisierungen ⇨ S 30 unter d); eine Treuepflichtenverletzung kann etwa auch bei Kundenabwerbung gegeben sein). Treuwidrige Beschlüsse sind **anfechtbar**; treuwidriges Verhalten kann daneben zu **Schadenersatzverpflichtungen** eines Gesellschafters führen.

> **Beachte**: Bei der Einmann-GmbH werden Treuepflichten überwiegend nicht angenommen, dies mit der Begründung, dass hier keine Gesellschaftsinteressen vorhanden sein könnten, die von jenen des Alleingesellschafters zu unterscheiden wären.

4. **Sonderpflichten**

Besondere Pflichten können sich aus dem Gesellschaftsvertrag ergeben (nicht in Geld bestehende, aber einen Vermögenswert darstellende Nebenleistungen nach § 8). Nebenleistungsverpflichtungen nach § 8 sind mit bestimmten Geschäftsanteilen verbunden und treffen den jeweiligen Inhaber des Anteils.

> **Beispiele**: Abtretung künftiger Erfindungen eines Gesellschafters, Lieferung bestimmter Erzeugnisse, Übernahme von Geschäftsführungspflichten.

5. **„Durchgriff"**

a) Für Schulden der GmbH **haften die Gesellschafter grundsätzlich nicht** (§ 61 Abs 2). Unter besonderen Voraussetzungen wird jedoch die Möglichkeit eines **Haftungsdurchgriffes** auf den/die Gesellschafter erörtert und zugelassen (Durchbrechung des Trennungsprinzips, im Einzelnen ist hier allerdings vieles strittig). Die wichtigsten, in diesem Zusammenhang diskutierten Fallgruppen sind:

aa) **Qualifizierte Unterkapitalisierung** der Gesellschaft, dh eine Eigenkapitalausstattung durch die Gesellschafter, die im Verhältnis zum Geschäftsumfang von vornherein eindeutig unzureichend ist, so dass eine besondere Gefährdung der Gläubiger gegeben ist.

bb) **Vermögens- bzw Sphärenvermischung**: Dieser Tatbestand ist gegeben, wenn sich Gesellschafts- und Gesellschaftervermögen nicht eindeutig trennen lassen (also zB Vermögensgegenstände bzw Kontobewegungen nicht eindeutig zuordenbar sind).

cc) Allgemein **„missbräuchliche Verwendung"** der juristischen Person (etwa in Form der künstlichen Aufspaltung eines Unternehmens in mehrere Gesellschaften). Damit ist das allgemeinere Problem der Gesetzesumgehung angesprochen. Es ist bisher allerdings nicht wirklich gelungen, diesem Tatbestand feste Konturen zu verleihen.

dd) Haftung als **„faktischer Geschäftsführer"**: Nach diesem Ansatz sollen Gesellschafter, die sich faktisch oder kraft ihres Weisungsrechts in die Geschäftsführung einmischen, in analoger Anwendung des § 25 (Geschäftsführerhaftung; ⇨ S 23 ff unter 4.) bei Sorgfaltswidrigkeit haften (Haftung „kraft Beherrschung" der GmbH; so auch die neuere Rsp). Daran ist allerdings problematisch, dass das Gesetz ein Weisungsrecht der Gesellschafter gegenüber der Geschäftsführung vorsieht, ohne daran Haftungsfolgen zu knüpfen.

> **Beachte allerdings**: Nach § 69 IO trifft die Geschäftsführer die Pflicht, bei gegebenen Voraussetzungen (vgl die §§ 66, 67 IO) einen Antrag auf Eröffnung des Insolvenzverfahrens zu stellen. Eine Haftung von Gesellschaftern (besonders Alleingesellschaftern), die zu einer Verschuldenshaftung nach Schadenersatzrecht führen kann, wird in diesem Zusammenhang (über § 1311 ABGB [Schutzgesetzverletzung]) zu Recht anerkannt, wenn sie den Geschäftsführer veranlassen, den erforderlichen Antrag nicht zu stellen (oder der Geschäftsführer nur Strohmann des/der Gesellschafter/s ist).

> **Unterscheide** die ausnahmsweise „Durchgriffshaftung" des Gesellschafters von der gesetzlich angeordneten Haftung des Geschäftsführers besonders nach § 25 (⇨ S 23 ff unter 4.).

ee) **Existenzvernichtungshaftung**: Nach diesem (vom deutschen BGH entwickelten) Ansatz haftet ein Gesellschafter bei einem ihm zurechenbaren Eingriff in das Gesellschaftsvermögen, der die Zahlungsunfähigkeit der Gesellschaft herbeiführt (Beeinträchtigung der Vermögens- oder Liquiditätslage der Gesellschaft durch einen gezielten, betriebsfremden Zwecken dienenden Entzug von Vermögen oder Geschäftschancen; nicht ausreichend ist ein bloßer Managementfehler). Der BGH sieht in diesem Zusammenhang eine missbräuchliche Schädigung des im Gläubigerinteresse zweckgebundenen Gesellschaftsvermögens als Anwendungsfall einer sittenwidrigen vorsätzlichen Schädigung.

b) Verwandt (aber zu unterscheiden) ist die Frage der **Zurechnung** von Verhältnissen der Gesellschafter zur Gesellschaft und umgekehrt: Hier ist anerkannt, dass ein „Durchgriff" in bestimmten Fällen erfolgen kann.

> **Beispiele** (OGH): Ein die Gesellschafter treffendes Wettbewerbsverbot zugunsten eines Dritten kann auch die Gesellschaft binden; ein Mietvertrag mit einer GmbH kann gekündigt werden, wenn ein Kündigungsgrund durch einen Gesellschafter gesetzt wurde; ein Gesellschafter ist nicht als „Dritter" iSd § 15 UGB anzusehen.

6. Haftung nach § 25 S 2 URG

Nach dieser Bestimmung haften Gesellschafter, welche die Geschäftsführung angewiesen haben, trotz Vorliegens der Reorganisationsvoraussetzungen ein Reorganisationsverfahren nicht einzuleiten oder einem darauf abzielenden Vorschlag der Geschäftsführung nicht zugestimmt haben, zur ungeteilten Hand iS und unter den Voraussetzungen des § 22 Abs 1 URG (nachlesen!) gegenüber der Gesellschaft. Diese Haftung tritt an Stelle der (primär vorgesehenen) Haftung der Geschäftsführer nach § 22 Abs 1 URG (⇨ S 25 unter f)) und ist auf die sich aus dieser Bestimmung ergebende Höhe (€ 100.000,- je Person) beschränkt.

E. Kapitalerhöhung und Kapitalherabsetzung

I. Kapitalerhöhung

1. Begriff

Die Kapitalerhöhung ist eine Änderung des Gesellschaftsvertrages, bei der das Stammkapital der Gesellschaft erhöht wird (§§ 52 ff). Man unterscheidet die effektive Kapitalerhöhung durch Einbringung zusätzlicher Mittel (⇨ unten 2.) und die nominelle Kapitalerhöhung (⇨ unten 3.).

2. Ordentliche (effektive) Kapitalerhöhung (§§ 52 f)

a) Die Erhöhung des Stammkapitals setzt einen **Beschluss mit Dreiviertelmehrheit** voraus, der notariell beurkundet werden muss (§§ 49, 52). Die Erhöhung kann auf einen **festen Betrag** lauten, es kann aber auch ein **Höchstbetrag** festgesetzt werden. Die Gründungsvorschriften der §§ 6, 6a, 10 und 10a sind sinngemäß anzuwenden (vgl § 52 Abs 6). Die Zulässigkeit von Sacheinlagen bzw -übernahmen bei einer Kapitalerhöhung richtet sich also nach § 6a; zudem muss die Einbringung von Sacheinlagen ausdrücklich und fristgemäß angekündigt worden sein.

b) Zur Übernahme der neuen Stammeinlagen können Gesellschafter oder auch andere Personen zugelassen werden. Nach § 52 Abs 3 besteht zunächst ein **vorrangiges Bezugsrecht** (keine Pflicht!) der Gesellschafter nach Maßgabe ihrer bisherigen Beteiligungsquote (zur Wahrung dieser Quote nach der Erhöhung). Wird es nicht ausgeübt, wächst es nach hA anteilig den anderen Gesellschaftern zu.

Das Bezugsrecht kann allerdings durch **Gesellschafterbeschluss ausgeschlossen** werden. Der Bezugsrechtsausschluss ist als Eingriff in die Mitgliedschaftsrechte der Gesellschafter aber nur unter Wahrung des Gleichbehandlungs- und Verhältnismäßigkeitsgrundsatzes möglich (ein Ausschluss einzelner Gesellschafter ist daher nur bei sachlichem Grund möglich, der Eingriff in das Recht muss zudem so gering wie möglich sein). Ein Ausschluss aller Gesellschafter (also zugunsten eines Dritten) kann zwar den Gleichbehandlungsgrundsatz nicht verletzen, muss aber ansonsten erforderlich und verhältnismäßig sein. Gegebenenfalls ist eine Anfechtungsklage möglich.

> **Beispiel**: Ein Bezugsrechtsausschluss kann gerechtfertigt sein, wenn die Gesellschaft etwa ein bestimmtes Grundstück dringend benötigt, dessen Eigentümer zur Veräußerung nur gegen Beteiligung an der Gesellschaft bereit ist oder wenn zu Sanierungszwecken weiteres Kapital erforderlich ist, das ein Dritter nur dann zur Verfügung stellt, wenn er eine entsprechende Machtposition in der Gesellschaft erhält.

c) Die Übernahme erfolgt aufgrund eines Übernahmevertrages zwischen Übernehmer und Gesellschaft durch **Übernahmserklärung** in Form eines Notariatsakts (Dritte müssen eine ausdrückliche Beitrittserklärung abgeben) und die Einzahlung des erforderlichen Mindestbetrages (§ 10). Die Kapitalerhöhung ist anzumelden (§ 53; erforderlich ist auch eine § 10-Erklärung) und wird im Firmenbuch eingetragen. Sie wird **mit der Eintragung wirksam.** Bei Übernahme durch Gesellschafter erhöhen sich die bestehenden Geschäftsanteile (§ 75 Abs 2), ansonsten entstehen neue.

3. **Nominelle Kapitalerhöhung** (Kapitalberichtigung nach dem KapBG)

a) Die nominelle Kapitalerhöhung oder Kapitalberichtigung bewirkt eine **Kapitalerhöhung aus Gesellschaftsmitteln**. **Rechtsgrundlage** ist das KapBG 1967 (idF BGBl I 2009/71); subsidiär gelten die Regeln des GmbHG (§ 1 KapBG). Die nominelle Kapitalerhöhung hat den **Zweck**, das Stammkapital aus in der Gesellschaft selbst vorhandenen Mitteln zu erhöhen, was idR die Kreditwürdigkeit der Gesellschaft vergrößert. Für die Gesellschaftsgläubiger bietet sie den Vorteil, dass Gesellschaftsmittel, die als Rücklagen aufgelöst werden könnten, so in der Gesellschaft gebunden bleiben.

b) Die nominelle Kapitalerhöhung erfolgt durch die **Umwandlung offener Rücklagen** (einschließlich eines Gewinnvortrages [vgl § 2 Abs 3 KapBG]; nicht aber durch Umwandlung von Bilanzgewinn) **in Stammkapital der Gesellschaft**. Das Gesellschaftsvermögen bleibt also unverändert (auf der Passivseite der Bilanz werden Rücklagen durch Stammkapital ersetzt). Angewachsene Rücklagen können dadurch in der Gesellschaft gebunden werden. Die neuen Anteilsrechte wachsen zwingend den Gesellschaftern im Verhältnis ihrer bisherigen Beteiligung zu (§ 3 Abs 4 KapBG; Erhöhung der bestehenden Geschäftsanteile nach § 75 Abs 2 GmbHG). Die Umwandlung in Stammkapital muss aber mit einer allfälligen Zweckbestimmung der Rücklagen vereinbar sein; die gesetzliche Rücklage muss mit der Mindestquote (10% oder höher laut Gesellschaftsvertrag) erhalten bleiben.

c) Die Kapitalberichtigung ist zum Firmenbuch **anzumelden** und wird **mit der Eintragung wirksam.**

II. Kapitalherabsetzung

1. **Begriff**

Unter Kapitalherabsetzung versteht man die **Verminderung des Stammkapitals** einer Gesellschaft. Sie kann verschiedenen Zwecken dienen: Ausschüttung überflüssiger Eigenmittel der GmbH an die Gesellschafter, Abfindung eines ausscheidenden Gesellschafters (ordentliche Kapitalherabsetzung; ➪ unten 2.); in der Form der nominellen Kapitalherabsetzung (➪ unten 3. und 4.) dient sie der Beseitigung einer Unterbilanz. Einen Sonderfall enthält § 58 (➪ unten 5.).

2. **Ordentliche (effektive) Kapitalherabsetzung** (§§ 54 ff)

a) Die ordentliche Kapitalherabsetzung ist eine effektive: sie führt zur **Rückzahlung von Stammeinlagen** an die Gesellschafter oder zu einer **Befreiung von Einlageverpflichtungen**. Auch sie ist eine Änderung des Gesellschaftsvertrages und bedarf damit eines Gesellschafterbeschlusses mit Dreiviertelmehrheit. Der Herabsetzungsbeschluss hat die Art der Durchführung festzusetzen. Da bei der ordentlichen Kapitalherabsetzung das Gesellschaftsvermögen vermindert wird, ist ein besonderes Verfahren aus Gründen des **Gläubigerschutzes** erforderlich.

> **Beachte:** Auch beim Beschluss über eine Kapitalherabsetzung ist der Gleichbehandlungsgrundsatz zu beachten: Soll die Reduktion der Stammeinlagen nicht proportional (also im Verhältnis der bestehenden Stammeinlagen, so dass die Beteiligungsquoten erhalten bleiben) erfolgen, muss dafür ein sachlicher Grund gegeben sein (zB notwendige Herabsetzung in Zusammenhang mit dem Ausschluss eines Gesellschafters aus wichtigem Grund).

b) **Das Verfahren im Einzelnen** (Überblick):

aa) **Herabsetzungsbeschluss** mit Dreiviertelmehrheit (§ 54 Abs 1; Satzungsänderung). Zu beachten ist die Grenze des § 6 Abs 1 (€ 35.000,–); zudem darf der verbleibende Betrag der einzelnen Stammeinlage nicht unter € 70,– herabgesetzt werden (vgl § 54 Abs 3).

> **Beachte:** Das Stammkapital kann aber unter den Mindestnennbetrag nach § 6 Abs 1 herabgesetzt werden, wenn dieser durch eine zugleich mit der Herabsetzung beschlossenen Kapitalerhöhung, bei der keine Sacheinlagen vereinbart wurden, wieder erreicht wird (§ 54 Abs 4).

bb) **Anmeldung** der beabsichtigten Herabsetzung zum Firmenbuch und Eintragung (§ 55 Abs 1).

cc) **Bekanntmachung** der beabsichtigten Kapitalherabsetzung und **Gläubigeraufruf** (§ 55 Abs 2): Die Gesellschaft erklärt gegenüber ihren Gläubigern, alle bestehenden Forderungen zu befriedigen (sofern sie fällig sind) oder nicht fällige Forderungen sicherzustellen. Bekannten Gläubigern ist die Mitteilung der Herabsetzung unmittelbar zu machen. Die Gläubiger können sich binnen drei Monaten melden und werden auf Verlangen befriedigt oder sichergestellt; melden sie sich nicht, so gilt dies als Zustimmung zur Kapitalherabsetzung. Dieses Verfahren dient der Absicherung der Gläubiger, deren Haftungsfonds ja durch die Herabsetzung vermindert wird.

dd) Nach Fristablauf **Anmeldung der Herabsetzung zum Firmenbuch** und Eintragung (§ 56 Abs 1). Mit der Eintragung wird die Kapitalherabsetzung wirksam (§ 49 Abs 2). Die Auszahlung der Beträge an die Gesellschafter ist erst nach der Eintragung zulässig (§ 57 Abs 1).

> **Beachte:** Bei falschen Angaben über die Befriedigung oder Sicherstellung von Gläubigern haften die Geschäftsführer den Gläubigern unmittelbar für den ihnen dadurch verursachten Schaden bis zu dem Betrag, für den nicht aus dem Gesellschaftsvermögen Befriedigung erlangt werden kann (§ 56 Abs 3).

3. **Nominelle Kapitalherabsetzung**

a) Bei der nominellen Kapitalherabsetzung erfolgt eine (proportionale) **Herabsetzung des Nennbetrages der Stammeinlagen** (vgl § 54 Abs 2) und damit des **Stammkapitals**, um Gesellschaftsverluste auszugleichen. Es erfolgt keine Auszahlung an die Gesellschafter bzw keine Befreiung von Einlageverpflichtungen. Die §§ 54 ff (also insbesondere die Gläubigerschutzvorschriften) sind anwendbar. Der verbleibende Betrag der einzelnen Stammeinlage darf hier die Grenze von € 70,– unterschreiten (§ 54 Abs 3 e contrario).

b)   Häufig wird zur Sanierung einer Gesellschaft eine nominelle Kapitalherabsetzung mit einer **effektiven Kapitalerhöhung** (Aufnahme eines neuen Kapitalgebers) **verbunden** (in diesen Fällen ist strittig, ob die Durchführung des Aufgebotsverfahrens erforderlich ist; idR entsteht ja kein Nachteil für die Gesellschaftsgläubiger).

> Seit der Einführung der vereinfachten nominellen Kapitalherabsetzung durch das IRÄG 1997 (⇨ sogleich unter 4.) wird andererseits meist zu diesem Instrument gegriffen.

4.   **Vereinfachte nominelle Kapitalherabsetzung** (§§ 59 f)

a)   **Begriff**: Die vereinfachte Kapitalherabsetzung (die bei der AG schon länger bekannt ist; ⇨ S 90 unter 2.), ist 1997 auch für die GmbH eingeführt und dem AG-Recht angeglichen worden (vgl die Verweise auf das AktG in § 59 Abs 1). Es handelt sich dabei um eine **nominelle Kapitalherabsetzung**, weil dabei das Stammkapital an das Gesellschaftsvermögen angeglichen wird.

b)   **Zweck**: Die vereinfachte Kapitalherabsetzung kann (nur) beschlossen werden, wenn bei der GmbH ein sonst auszuweisender Bilanzverlust zu decken und allenfalls – als Begleitmaßnahme – Beträge in die gebundene Kapitalrücklage einzustellen sind (§ 59 Abs 1). Sie ist nur zulässig, nachdem der 10% des nach der Herabsetzung verbleibenden Grundkapitals übersteigende Teil der gebundenen Rücklagen (gilt für „große" GmbH [⇨ S 3]) und alle freien Rücklagen vorweg aufgelöst sind (vgl § 59 Abs 1 iVm § 183 AktG). Die freiwerdenden Beträge dürfen nur für den im Herabsetzungsbeschluss angegebenen Zweck verwendet werden (vgl § 59 Abs 2). An die Gesellschafter erfolgt keine Rückzahlung bzw Befreiung von Einlageverpflichtungen.

> Auch hier ist zu beachten, dass eine nominelle Kapitalherabsetzung zu Zwecken einer Sanierung der Gesellschaft häufig mit einer **ordentlichen Kapitalerhöhung** (Zuführung neuen Eigenkapitals) verbunden wird. Auch in diesem Fall ist § 54 Abs 4 (⇨ oben unter 2. b) aa)) wohl anwendbar, so dass das Stammkapital unter den Mindestnennbetrag nach § 6 Abs 1 herabgesetzt werden kann, wenn dieser durch eine zugleich mit der Herabsetzung beschlossenen Kapitalerhöhung, bei der Sacheinlagen nicht bedungen sind, wieder erreicht wird.

c)   **Verfahren**: Der Herabsetzungsbeschluss ist eine Änderung des Gesellschaftsvertrages, er ist von sämtlichen Geschäftsführern zum Firmenbuch anzumelden. Der Gläubigerschutz ist bei der vereinfachten Kapitalherabsetzung gelockert, da keine Zahlungen an die Gesellschafter geleistet werden und das Gesellschaftsvermögen damit nicht vermindert wird. Gläubigerrechte entsprechend § 55 Abs 2 (⇨ oben 2. b) cc)) sind daher im Regelfall nicht vorgesehen. Als Ersatz gilt aber eine Beschränkung künftiger Gewinnausschüttungen (Einzelheiten in § 187 AktG). Mit der Eintragung durch das Firmenbuchgericht ist das Kapital herabgesetzt.

> **Beachte**: § 187 AktG gilt nach den Materialien zum IRÄG 1997 (sinngemäß) allerdings nur für die „große" GmbH, da nur für diese eine gebundene Rücklage vorgesehen ist. Im Ergebnis gibt es damit bei mittleren und kleinen GmbH wohl keine Beschränkungen der Gewinnausschüttung.

5.   **Kapitalherabsetzung durch Einziehung von Geschäftsanteilen** (§ 58)

a)   Diese Form der Kapitalherabsetzung bildet einen Sonderfall für **„Substanzgesellschaften"** (das sind Gesellschaften, deren Vermögenssubstanz durch den Geschäftsbetrieb naturgemäß aufgezehrt wird, wie etwa bei einem Bergwerksbetrieb) und Gesellschaften, deren Vermögen aus zeitlich beschränkten Rechten besteht (etwa Patentverwertungsgesellschaften).

b) Für diesen Fall besteht ein **vereinfachtes Herabsetzungsverfahren**, das im Gesellschaftsvertrag vorgesehen werden kann: Ein Aufgebotsverfahren ist nicht nötig, die Mindesthöhe des Stammkapitals kann hier auch unterschritten werden (im Fall einer teilweisen Zurückzahlung darf die einzelne Stammeinlage aber nicht unter € 70,– herabgesetzt werden). Die Rückzahlung kann aber nur nach vollständiger Einzahlung der Stammeinlagen und nur aus Bilanzgewinnen bzw Rücklagen erfolgen. Ein gleicher Betrag muss als Passivposten in die Bilanz aufgenommen werden.

> **Anmerkung**: Diese besondere Kapitalherabsetzungsform hat allerdings keine besondere praktische Bedeutung.

F. Die Beendigung der GmbH

I. Auflösung und Liquidation (§§ 84 ff)

1. Die **Auflösung der GmbH** erfolgt durch gesetzliche oder vertragliche Auflösungsgründe. Zu den **gesetzlichen Auflösungsgründen** vgl § 84:

> ➤ **Zeitablauf** bei Gesellschaften auf Zeit
> ➤ **Gesellschafterbeschluss** (einfache Mehrheit, notarielle Beurkundung erforderlich)
> ➤ **Verschmelzung** (dazu unten II. 1.)
> ➤ **Konkurseröffnung** bzw Nichteröffnung oder Aufhebung des Insolvenzverfahrens
> ➤ **verwaltungsbehördliche Verfügung** (vgl § 86)
> ➤ **amtswegige Löschung** durch das Firmenbuchgericht (nach den §§ 10 Abs 2 FBG).

Dazu kommen (nach anderen Rechtsgrundlagen):

> ➤ **Nichteröffnung** bzw **Aufhebung des Insolvenzvermögens** mangels kostendeckenden Vermögens (§ 39 FBG)
> ➤ **Löschung wegen Vermögenslosigkeit** (§ 40 FBG)
> ➤ **Verstaatlichung** (§ 95)
> ➤ **Umgründungen** (Umwandlung, Spaltung; ⇨ unten II. 2. und 3.)
> ➤ Anerkannt ist daneben eine **Klage auf Nichtigerklärung** analog §§ 216 ff AktG (vgl § 10 Abs 3 FBG), umstritten ist hingegen die Zulässigkeit einer **Auflösungsklage** aus wichtigem Grund (Rechtsgestaltungsklage entsprechend § 133 UGB; dagegen allerdings die Rsp).

Als **gesellschaftsvertragliche Auflösungsgründe** kommen in der Praxis etwa eingeräumte Kündigungsrechte oder die Insolvenz eines Gesellschafters vor.

2. Die GmbH ist im Auflösungszeitpunkt idR **noch nicht beendet**, es schließt sich das **Liquidationsstadium** an (§§ 89 ff; außer bei völliger Vermögenslosigkeit, Konkurs [hier Verwertung nach den Vorschriften der IO] und in den Fällen der Gesamtrechtsnachfolge: Verschmelzung, Verstaatlichung, Spaltung oder übertragende Umwandlung). Die Auflösung ist von den Geschäftsführern beim Firmenbuchgericht **anzumelden**; bei Unterlassung der Anmeldung oder amtswegiger Kenntnisnahme ist die Auflösung von Amts wegen einzutragen (§ 88).

Mit Beginn des Liquidationsstadiums tritt eine **Änderung des Gesellschaftszweckes** ein (Abwicklungszweck). **Liquidatoren** sind die Geschäftsführer, wenn der Gesellschaftsvertrag oder ein Gesellschafterbeschluss nichts anderes bestimmt (s auch das Minderheitenrecht nach § 89 Abs 2). Bei Eintragung der Auflösung von Amts wegen können Liquidatoren vom Firmenbuchgericht bestellt werden. Die Tätigkeit der übrigen Organe (Aufsichtsrat, Generalversammlung) wird auch während der Liquidation fortgesetzt. Die Abwickler haben die laufenden Geschäfte zu beenden und das Gesellschaftsvermögen zu verwerten (§§ 90 ff).

> **Beachte**: Eine **Fortsetzung** der aufgelösten Gesellschaft wird von der hA bei Wegfall des Auflösungsgrundes zugelassen. Die Fortsetzung bedarf im Regelfall eines Gesellschafterbeschlusses und ist – wegen der Eintragung der Auflösung – zum Firmenbuch anzumelden. Nach der Rsp ist § 215 AktG (Fortsetzung einer aufgelösten Gesellschaft) grundsätzlich analog auf die GmbH anwendbar.

3. **Die Liquidation im Einzelnen** (Übersicht):

a) Erstellung einer **Liquidationseröffnungsbilanz** (§ 91 Abs 1)

b) **Gläubigeraufruf** in den Gesellschaftsblättern, bekannte Gläubiger sind direkt zu verständigen (§ 91 Abs 1)

c) **Verwertung** des Gesellschaftsvermögens und **Beendigung der laufenden Geschäfte**

d) **Befriedigung** bzw **Sicherstellung der Gläubiger** (§ 91 Abs 2, 3)

e) **Aufteilung** des Restvermögens unter den Gesellschaftern (im Verhältnis der eingezahlten Stammeinlagen; zu beachten ist die dreimonatige Wartefrist des § 91 Abs 3), Entlastung der Liquidatoren (§ 93 Abs 1)

f) Nach Beendigung der Liquidation erfolgt die **Löschung** der Gesellschaft in Liquidation im Firmenbuch (§ 93). Die **Vollbeendigung** der Gesellschaft ist gegeben, wenn sie gelöscht ist und wenn kein Vermögen mehr vorhanden ist (hM).

II. Verschmelzung, Umwandlung und Spaltung

1. **Verschmelzung**

Verschmelzung (Fusion) bedeutet die Vereinigung von Gesellschaften mit eigener Rechtspersönlichkeit unter Ausschluss der Liquidation im Wege der Gesamtrechtsnachfolge (Universalsukzession). Es gibt folgende Varianten:

a) **Verschmelzung von GmbH**: Diese kann erfolgen

> ➤ in Form der Verschmelzung durch Aufnahme (§§ 96 Abs 1 Z 1)

> ➤ in Form der Verschmelzung durch Neugründung (§§ 96 Abs 1 Z 2).

aa) Im **ersten Fall** wird das Vermögen einer (oder mehrerer) übertragenden(r) GmbH auf eine übernehmende GmbH übertragen, im **zweiten Fall** wird das Vermögen zweier (oder mehrerer) übertragender GmbH auf eine neu zu bildende GmbH übertragen. Die Gesellschafter der übertragenden Gesellschaft(en) werden durch die Gewährung von Geschäftsanteilen an der übernehmenden bzw neu gebildeten Gesellschaft abgegolten. Sinngemäß anzuwenden sind nach § 96 Abs 2 auf diesen Vorgang die §§ 220-233 AktG (Verschmelzung von AG; ⇨ S 92 f unter 1. b)); die §§ 97 ff GmbHG enthalten einige Sonderregeln.

> **Beachte**: Von einem **Down-Stream-Merger** spricht man, wenn eine Muttergesellschaft von ihrer Tochter übernommen wird. Die Tochter erwirbt damit eigene Geschäftsanteile (aus dem

Vermögen der Mutter, die ja Gesellschafterin der Tochter ist), dies ist trotz § 81 zulässig, wenn die Anteile mit Wirksamkeit der Verschmelzung zur Abfindung der Gesellschafter der übertragenden Muttergesellschaft verwendet werden. Der „umgekehrte" Vorgang wird als **Up-Stream-Merger** bezeichnet.

bb) **Zum Verfahren**: Erforderlich ist ein Gesellschafterbeschluss in den beteiligten GmbH mit Dreiviertelmehrheit, welcher der notariellen Beurkundung bedarf (§ 98; besondere Zustimmungserfordernisse in § 99) sowie ein Verschmelzungsvertrag, in dem das Umtauschverhältnis der Geschäftsanteile festzulegen ist. Das Umtauschverhältnis kann gerichtlich überprüft werden (§ 225c AktG). Für die übernehmende GmbH ist der Vermögenserwerb als Sacheinlage anzusehen; im Regelfall ist eine Kapitalerhöhung notwendig. Mit der Eintragung der Verschmelzung **erlischt** die jeweilige übertragende Gesellschaft; ihr Vermögen und ihre Verbindlichkeiten gehen im Wege der Universalsukzession auf die übernehmende Gesellschaft über. S im Übrigen – besonders zu den Gesellschafterschutzvorschriften – unten zur Verschmelzung von AG (⇨ S 92 f unter 1. b)).

b) **Rechtsformübergreifende Verschmelzung**

aa) Verschmelzung ist auch die Übertragung des Gesellschaftsvermögens einer **GmbH an eine übernehmende AG** (§ 234 AktG) im Wege der Gesamtrechtsnachfolge und gegen die Gewährung von Aktien der übernehmenden AG. Auch in diesem Fall unterbleibt die Liquidation der GmbH. Nötig ist ein Gesellschafterbeschluss mit Dreiviertelmehrheit. Auch § 234 AktG verweist auf die Regeln der Verschmelzung von Aktiengesellschaften (§§ 220-233 AktG); zusätzlich auch auf die §§ 97-100 GmbHG (Regeln über die Verschmelzung von GmbH; ⇨ oben unter a)).

bb) Der **umgekehrte Vorgang** (Verschmelzung einer AG in eine übernehmende GmbH) ist seit dem GesRÄG 2007 möglich (vgl §§ 234a, b AktG): Sie erfolgt durch Übertragung des Vermögens der AG im Wege der Gesamtrechtsnachfolge an die GmbH gegen Gewährung von Geschäftsanteilen der übernehmenden GmbH. Die §§ 220-233 AktG (nach Maßgabe des § 96 Abs 2 GmbHG) und § 240 AktG gelten sinngemäß. Die Geschäftsführer der übernehmenden GmbH haben die bisherigen Aktionäre als neue GmbH-Gesellschafter zum Firmenbuch anzumelden; ist die Identität von Aktionären unbekannt, so ist nach § 240 AktG vorzugehen.

cc) Für **beide Fälle** sieht § 234b AktG (idF des GesRÄG 2007) nunmehr vor, dass jedem Gesellschafter der jeweils übertragenden Gesellschaft (nicht der übernehmenden!), der gegen den Verschmelzungsbeschluss Widerspruch zur Niederschrift erklärt hat und der vom Zeitpunkt der Beschlussfassung bis zur Geltendmachung des Rechts Gesellschafter war, gegenüber der übernehmenden oder neuen Gesellschaft ein Recht auf **angemessene Barabfindung** gegen Hingabe seiner Anteile zusteht (also ein Austrittsrecht). Im GmbH-Gesellschaftsvertrag kann dieses Recht ausgeschlossen oder eingeschränkt werden (§ 234b Abs 4 AktG). Die Bedingungen der Barabfindung müssen bereits im Verschmelzungsvertrag bzw dessen Entwurf enthalten sein. Im Rahmen der Prüfung der Verschmelzung ist auch die Angemessenheit der Bedingungen dieser Barabfindung zu prüfen. Die angebotene Barabfindung kann außerdem auf Antrag der annehmenden Gesellschafter im Außerstreitverfahren überprüft werden (§ 234b Abs 5 AktG).

Beachte: Die Barabfindung kann auch von einem Dritten angeboten werden.

c)   **Grenzüberschreitende Verschmelzung**

aa)   In Umsetzung der Richtlinie 2005/56/EG über die Verschmelzung von Kapitalgesellschaften aus verschiedenen Mitgliedstaaten ist am 15. 12. 2007 das **EU-Verschmelzungsgesetz** (EU-VerschG; Art 1 des GesRÄG 2007) in Kraft getreten. Es bildet die österreichische Rechtsgrundlage für grenzüberschreitende Verschmelzungen zwischen Kapitalgesellschaften im EU- und EWR-Raum und soll besonders kleinen und mittleren Unternehmen eine solche ermöglichen. Nach § 3 EU-VerschG können österreichische AG und GmbH mit Kapitalgesellschaften, die nach dem Recht eines anderen Mitgliedstaates gegründet worden sind und Sitz, Hauptverwaltung oder Hauptniederlassung in der Gemeinschaft haben, verschmolzen werden oder aus einer grenzüberschreitenden Verschmelzung hervorgehen.

> **Beispiele:** Eine österreichische GmbH verschmilzt in eine deutsche GmbH, eine französische AG verschmilzt in eine österreichische AG, eine italienische AG und eine deutsche GmbH verschmelzen zu einer österreichischen AG. Ausgeschlossen sind nach § 4 EU-VerschG Unternehmen mit dem Zweck der Geldanlage.

bb)   § 3 Abs 2 verweist auf die Verschmelzungsregeln im GmbHG und AktG, soweit das EU-VerschG keine Sonderregeln enthält. Das **Verfahren** ist in den §§ 5 ff geregelt: Zu erstellen ist ein gemeinsamer Verschmelzungsplan der beteiligten Gesellschaften sowie ein Verschmelzungsbericht (der neben dem Umtauschverhältnis etwa auch die Auswirkungen auf die Arbeitnehmer zu erläutern hat); dieser ist von einem Sachverständigen (Verschmelzungsprüfer) zu prüfen. Die Gesellschafterversammlung jeder der sich verschmelzenden Gesellschaften hat sodann den Verschmelzungsbeschluss zu fassen (s dazu § 9 EU-VerschG); die Zustimmung der Gesellschafterversammlung der übertragenden Gesellschaft kann entfallen, wenn sich alle Anteile der übertragenden Gesellschaft in der Hand der übernehmenden Gesellschaft befinden (Up-Stream-Merger auf die Muttergesellschaft). Wann die Verschmelzung wirksam wird, bestimmt sich nach dem nationalen Recht, dem die aus der Verschmelzung hervorgehende Gesellschaft unterliegt (in Österreich ist die Firmenbucheintragung relevant, vgl § 15 EU-VerschG).

cc)   Im Fall einer „**Hinausverschmelzung**" (Verschmelzung in eine ausländische Gesellschaft) besteht (ähnlich wie nach § 234b AktG; ⇨ oben b) cc)) ein Recht der Gesellschafter der übertragenden Gesellschaft auf **angemessene Barabfindung** gegen Hingabe ihrer Anteile (Austritt). Die Barabfindung ist im Verschmelzungsplan festzusetzen und kann auch hier gerichtlich überprüft werden (§ 11 EU-VerschG). Für eine solche „Hinausverschmelzung" ist in § 13 zudem ein besonderes **Gläubigerschutzverfahren** vorgesehen (Anspruch der Gläubiger auf Befriedigung bzw Sicherstellung ihrer Ansprüche).

2.   **Umwandlung** (§§ 239 ff AktG, UmwG 1996)

a)   **Formändernde Umwandlung**: Hier erfolgt eine Änderung der Rechtsform (AG ⇨ GmbH, GmbH ⇨ AG; vgl die §§ 239 ff, 245 ff AktG). In diesen Fällen erfolgt eine Änderung der Rechtsform ohne Vermögensübertragung, an der Identität des Rechtsträgers ändert sich nichts („identitätswahrende Umwandlung"). Es bedarf keines Übertragungsaktes und keiner Liquidation.

> **Beachte**: Die §§ 244, 253 AktG sehen in diesem Fall ebenfalls ein **Austrittsrecht gegen Barabfindung** vor, wenn der Gesellschafter gegen den Umwandlungsbeschluss Widerspruch zur Niederschrift erklärt hat.

b) **Übertragende Umwandlung** (UmwG 1996): Das Unternehmen einer Kapitalgesellschaft wird im Wege der Gesamtrechtsnachfolge übertragen, ohne dass die Gesellschaft abzuwickeln ist. Hier sind zwei Varianten möglich:

aa) **Umwandlung durch Übertragung des Unternehmens auf den Hauptgesellschafter** (auch: verschmelzende Umwandlung, §§ 2 ff UmwG): Der Hauptgesellschafter muss mindestens 90% des Grundkapitals halten. Die anderen Gesellschafter der umgewandelten Gesellschaft werden angemessen (bar) abgefunden; die Kapitalgesellschaft erlischt (§ 2 Abs 2 UmwG). Auf diesen Vorgang sind nach § 2 Abs 3 UmwG die aktienrechtlichen Verschmelzungsregeln (⇨ S 92 f unter 1. b)) sowie die §§ 97, 98, 100 GmbHG teilweise und sinngemäß anzuwenden.

> **Beachte**: Auf diesem Wege konnte früher eine GmbH auch das Vermögen einer AG erwerben. Diese Möglichkeit wurde mit der Reform der rechtsformübergreifenden Verschmelzung durch das GesRÄG 2007 (⇨ oben S 53 unter b)) beseitigt: Auf eine Kapitalgesellschaft als Hauptgesellschafter kann die Übertragung nicht mehr erfolgen (vgl § 2 Abs 1 UmwG); in diesem Fall ist mittels rechtsformübergreifender Verschmelzung vorzugehen.

bb) **Errichtende Umwandlung** (§ 5 UmwG): Das Vermögen einer Kapitalgesellschaft geht auf eine OG oder KG über, die neu errichtet wird. An dieser neuen Gesellschaft müssen Gesellschafter der ursprünglichen Kapitalgesellschaft mit mindestens 90% des Grund- oder Stammkapitals wieder im gleichen Ausmaß beteiligt sein. Die Gesellschaft entsteht mit Eintragung des Umwandlungsbeschlusses im Firmenbuch.

3. **Spaltung** (SpaltG 1996)

a) Eine **Vermögensspaltung von Kapitalgesellschaften** (also auch von AG) ist in vier Grundformen möglich:

aa) Die bestehende Kapitalgesellschaft wird ohne Abwicklung beendigt, ihr Vermögen, ihre Schulden und Rechtsverhältnisse werden im Wege der Gesamtrechtsnachfolge auf andere dadurch gegründete Kapitalgesellschaften (**Aufspaltung zur Neugründung**) oder auf übernehmende Kapitalgesellschaften (**Aufspaltung zur Aufnahme**) übertragen (§ 1 Abs 2 Z 1 SpaltG).

bb) Ein oder mehrere Vermögensteile einer Kapitalgesellschaft (zB einzelne der von ihr betriebenen Unternehmen) werden im Wege der Gesamtrechtsnachfolge unter Fortbestand der übertragenden Gesellschaft auf eine oder mehrere dadurch gegründete Kapitalgesellschaften (**Abspaltung zur Neugründung**) oder auf übernehmende Kapitalgesellschaften (**Abspaltung zur Aufnahme**) übertragen (§ 1 Abs 2 Z 2 SpaltG).

> Die (Auf- bzw Ab-) Spaltung zur Aufnahme ist eine Kombination aus Spaltung und der oben unter 1. dargestellten Verschmelzung, die in einem Vorgang durchgeführt werden kann. Auch eine gleichzeitige Übertragung auf neue und übernehmende Kapitalgesellschaften ist möglich (§ 1 Abs 3 SpaltG).

Die Übertragung erfolgt **gegen Gewährung von Anteilen** (Aktien oder Geschäftsanteilen) der neuen bzw aufnehmenden Gesellschaft(en) an die Anteilsinhaber der übertragenden Gesellschaft. Möglich sind dabei auch **nicht verhältniswahrende Spaltungen** (vgl § 8 Abs 3 SpaltG: die Anteile der neuen Gesellschaft werden den Anteilsinhabern der übertragenden Gesellschaft nicht im Verhältnis der bisherigen Beteiligungen an der letzteren zugeteilt). In diesem Fall ist ein Austritt jener Gesellschafter, die der Spaltung nicht zugestimmt haben, gegen Gewährung einer angemessenen Barabfindung möglich (§ 9 SpaltG).

Bei einer **rechtsformübergreifenden Spaltung** (die neue Gesellschaft hat eine andere Rechtsform als die übertragende) steht den Anteilsinhabern unter den Voraussetzungen des § 11 SpaltG (gegen den Spaltungsbeschluss wurde Widerspruch zur Niederschrift erklärt) ebenfalls ein Anspruch auf angemessene Barabfindung zu.

b)   **Verfahren** (in Grundzügen):

aa)   Der Vorstand (die Geschäftsführer) der übertragenden Gesellschaft hat einen **Spaltungsplan** aufzustellen (§ 2 SpaltG; im Fall der Spaltung zur Aufnahme einen Spaltungs- und Übernahmsvertrag), in dem ua das Umtauschverhältnis der Anteile, die Einzelheiten des Erwerbs der Anteile an den beteiligten Gesellschaften, die Rechte der Anteilsinhaber an den neuen Gesellschaften und gegebenenfalls die angebotenen Barabfindungen festzulegen sind. Sodann ist ein **Spaltungsbericht** zu erstellen (§ 4 SpaltG).

bb)   **Prüfungen** erfolgen durch einen Spaltungsprüfer und durch den Aufsichtsrat der übertragenden Gesellschaft (§§ 5, 6 SpaltG). Bei der Spaltung zur Aufnahme gelten für die übernehmende Gesellschaft die Vorschriften über die Verschmelzung durch Aufnahme sinngemäß (§ 17 Z 5 SpaltG); wichtig sind insbesondere die Gläubiger- und Gesellschafterschutzvorschriften (für die GmbH verweist § 96 Abs 2 GmbHG diesbezüglich auf die §§ 220 ff AktG [⇨ S 92 f unter 1. b)]).

cc)   Die Spaltung bedarf nach § 8 SpaltG sodann eines **Beschlusses der Anteilsinhaber** (s die Mehrheitserfordernisse in Abs 1-3, besondere Zustimmungserfordernisse normiert § 10 SpaltG), der notariell zu beurkunden ist. Im Fall der Spaltung zur Neugründung gilt als Gründer der neu errichteten Gesellschaft(en) die übertragende Gesellschaft (sog Gründerfiktion), die allgemeinen Gründungsvorschriften sind anzuwenden (§ 3 Abs 3 SpaltG). Die Spaltung und die Errichtung der neuen Gesellschaft(en) sind zum Firmenbuch anzumelden (§§ 12 f SpaltG) und einzutragen (§ 14 SpaltG). Mit der Eintragung treten folgende Rechtswirkungen ein: Das Vermögen bzw die Vermögensteile der übertragenden Gesellschaft gehen im Wege der Gesamtrechtsnachfolge auf die neue(n) bzw übernehmende(n) Gesellschaft(en) über; die übertragende Gesellschaft erlischt (Aufspaltung) bzw die Satzungsänderungen werden wirksam (Abspaltung). Entsprechend dem Spaltungsplan werden die Anteile an den beteiligten Gesellschaften erworben (§ 14 SpaltG).

c)   **Haftung und Gläubigerschutz**

Die Mitglieder des Vorstands und des Aufsichtsrats der übertragenden Gesellschaft haften nach § 3 Abs 5 SpaltG den beteiligten Gesellschaften in sinngemäßer Anwendung des § 41 AktG, außerdem den Anteilsinhabern für den Schaden, den diese aus der Spaltung erleiden. Für die bis zur Eintragung der Spaltung begründeten Verbindlichkeiten der übertragenden Gesellschaft haften einerseits die Gesellschaft, der die Verbindlichkeit nach dem Spaltungsplan zuzuordnen ist, sowie die übrigen an der Spaltung beteiligten Gesellschaften – beschränkt auf den Wert des übernommenen Vermögens – als Gesamtschuldner (§ 15 Abs 1 SpaltG mit Einzelheiten). Den **Gläubigern** der übertragenden Gesellschaft ist überdies nach § 15 Abs 2 SpaltG bei Gefährdung ihrer Rechte Sicherheit zu leisten, soweit sie nicht Befriedigung verlangen können. Dem Gläubigerschutz dienen außerdem folgende Regeln: § 3 Abs 1 SpaltG über die Kapitalerhaltung bei Spaltung zur Neugründung (Summengrundsatz), § 17 Z 3-5 SpaltG für die Spaltung zur Aufnahme (Kapitalherabsetzung, sinngemäße Anwendung von Verschmelzungsbestimmungen) und § 16 SpaltG (Auskunftsrecht).

DRITTER ABSCHNITT

DIE AKTIENGESELLSCHAFT (AG)

§§ ohne Gesetzesangabe in diesem Abschnitt sind solche des AktG.

Lies die zitierten Gesetzesbestimmungen immer nach!

A. Allgemeines

I. Begriff und Rechtsgrundlagen

1. **Definition**: Die Aktiengesellschaft ist eine Gesellschaft mit eigener Rechtspersönlichkeit, deren Gesellschafter mit Einlagen auf das in Aktien zerlegte Grundkapital beteiligt sind, ohne persönlich für die Verbindlichkeiten der Gesellschaft zu haften (Legaldefinition des § 1).

   Die AG ist die bevorzugte Unternehmensform für Großunternehmen mit hohem Kapitalbedarf. Etwa 10% der bestehenden AG in Österreich sind börsenotiert (dh dass ihre Aktien an der Wertpapierbörse handelbar sind).

2. **Rechtsgrundlage** ist das Aktiengesetz 1965. Die letzten größeren Änderungen erfolgten durch das HaRÄG 2005 (BGBl I 2005/120), das GesRÄG 2007 (BGBl I 2007/72) und das URÄG 2008 (BGBl I 2008/70). Die vorerst letzte, hier berücksichtigte (und umfassende) Änderung erfolgte durch das AktRÄG 2009 (BGBl I 2009/71; betreffend vor allem die Umsetzung der Aktionärsrechte-RL 2007/36/EG).

   Der **österreichische Corporate Governance Kodex** (Fassung vom 1. 1. 2010, abgedruckt im LexisNexis Kodex Unternehmensrecht unter 9/3) enthält einen Ordnungsrahmen für die Leitung und Überwachung von Aktiengesellschaften nach internationalen Standards. Er richtet sich vorrangig (aber nicht nur) an börsenotierte AG. Er hat keine Normqualität; seine Geltungsgrundlage liegt in einer freiwilligen Selbstverpflichtung der Unternehmen. Enthalten sind allerdings auch Regelungen, die sich bereits aus dem österreichischen Aktienrecht ergeben.

3. (Vorwiegend) Für börsenotierte AG (vgl § 3) sind daneben die Regeln des **Kapitalmarktrechts** relevant (zB das Kapitalmarktgesetz [KMG; BGBl 1991/625 idF BGBl I 2008/89] oder das Börsegesetz [BGBl 1989/55 idF BGBl I 2010/58]). Dieser Regelungsbereich kann in diesem Skriptum nicht dargestellt werden.

   Für **börsenotierte AG** ist va das **Übernahmegesetz** 1998 (ÜbG; BGBl I 1998/127 idF BGBl I 2010/1) zu beachten. Übernahmeangebote (öffentliche Angebote an die Inhaber von Beteiligungspapieren einer AG) werden durch das ÜbG einem geregelten Verfahren unterworfen. Normiert sind Verhaltenspflichten der Beteiligten, insbesondere zum Schutz der Aktionäre der „Zielgesellschaft". Unterschieden werden im Wesentlichen freiwillige Übernahmeangebote (§§ 4 ff) und Pflichtangebote (§§ 22 ff), die ein Bieter mit kontrollierender Beteiligung (vgl § 22) an die übrigen Aktionäre der Zielgesellschaft zu stellen hat. Die Angebote sind der an der Börse eingerichteten Übernahmekommission anzuzeigen (s dazu die Informationen unter *www.takeover.at)*. Die Regeln folgen den in § 3 aufgezählten Grundsätzen der Gleichbehandlung der Aktionäre der Zielgesellschaft, ihrem Schutz bei Kontrollerlangung über die Gesellschaft, der Transparenz des Übernahmeangebotes, der Neutralität der Organe der Zielgesellschaft, dem Verbot von Marktverzerrungen und der raschen Durchführung des Übernahmeverfahrens. Das ÜbG sieht bei Verstößen zivil- und verwaltungsstrafrechtliche Sanktionen vor (§§ 34, 35; zB Ruhen der Stimmrechte des Bieters).

II. Die Hauptmerkmale der Aktiengesellschaft

1. **Grundcharakteristik**: Die Aktiengesellschaft ist juristische Person und jene Kapitalgesellschaftsform, bei der die **Kapitalsammelfunktion** im Vordergrund steht. Im Regelfall sind viele Gesellschafter vorhanden; es besteht nur eine geringe Bindung des einzelnen Gesellschafters an die Gesellschaft. Die Gesellschaftsanteile sind leicht übertragbar und können an der Börse gehandelt werden. Geschäftsführung und Vertretung der Gesellschaft liegen in der Hand des Vorstandes, der gegenüber den Gesellschaftern weisungsfrei und idR Drittorgan ist. Geldgeber- und Unternehmerfunktion sind hier am deutlichsten getrennt. Durch diese Konstruktion (zahlreiche Geldgeber ohne großen Einfluss, dazu Handeln durch Drittorgane) sind besondere Regeln zum Gesellschafter- und Gläubigerschutz notwendig. Die Aktiengesellschaft weist deshalb den **höchsten Organisationsgrad** aller Gesellschaften auf, die Bestimmungen sind **überwiegend zwingend**.

2. **Gesellschafter** können wie bei der GmbH natürliche und juristische Personen sowie Personengesellschaften sein.

3. **Gesellschaftszweck**: Die Aktiengesellschaft steht für wirtschaftliche, aber auch ideelle oder genossenschaftliche Zwecke zur Verfügung. Ihr **Gegenstand** (der konkrete Tätigkeitsbereich) ist notwendiger Inhalt der Satzung (§ 17 Z 2).

   > Bestimmte Unternehmensgegenstände können nur in Form einer AG betrieben werden (zB das Beteiligungsfonds- oder Pensionskassengeschäft oder Börsegeschäfte).

4. Die Aktiengesellschaft ist wie die GmbH **Unternehmer kraft Rechtsform** (§ 2 UGB).

5. Die Organverfassung beruht prinzipiell auf dem Grundsatz der **Drittorganschaft** (was aber nicht bedeutet, dass die Organmitglieder nicht auch Aktionäre sein dürfen). Zwingende Organe der Aktiengesellschaft sind der Vorstand, der Aufsichtsrat, der Abschlussprüfer und die Hauptversammlung. Die Organzuständigkeiten sind auf der Basis der Gleichordnung geregelt; es bestehen zahlreiche Verflechtungen, die ein Zusammenwirken erforderlich machen. Die Zuständigkeiten sind andererseits strikt getrennt; die Kompetenzverteilung ist weitgehend zwingend.

6. **Konstruktion des Gesellschaftskapitals**: Nach der „klassischen" Verfassung der AG ergeben die Anteile der einzelnen Gesellschafter (Aktien) in der Summe ihrer Nennbeträge das **Grundkapital** (⇨ unten III. 1. a)). Das Grundkapital entspricht damit dem Betrag, zu dessen Erbringung sich die Gesellschafter gemeinsam verpflichtet haben und dessen Aufbringung und Erhaltung genau und zwingend geregelt ist (auch die Rechnungslegungsvorschriften sind strenger als bei der GmbH). Es besteht auch die Pflicht zur Bildung gebundener Rücklagen (vgl § 229 Abs 4-7 UGB; bei der GmbH gilt dies nur für „große" Gesellschaften, vgl § 23 GmbHG). Der Betrag des Grundkapitals kann nur durch Kapitalerhöhung oder Kapitalherabsetzung verändert werden.

   Seit der Währungsumstellung 1999 können auch **Stückaktien** (Aktien ohne Nennbetrag) ausgegeben werden (§ 8 Abs 1, 3; ⇨ dazu S 59 unter 1. a) bb)). Das Prinzip des festen Grundkapitals ändert sich dadurch aber nicht, es hat außerdem auch in diesem Fall auf einen in Euro bestimmten Nennbetrag zu lauten (§ 6).

   Das **Mindestgrundkapital** der Aktiengesellschaft beträgt € 70.000,– (§ 7). Für bestimmte Geschäftsgegenstände (zB Beteiligungsfondsgesellschaften, Glückspielgesellschaften) bestehen Sondervorschriften (höheres Mindestgrundkapital).

   > **Beachte**: Auch bei der AG ist das Grundkapital vom Gesellschaftsvermögen zu unterscheiden. Beim Grundkapital handelt es sich – ähnlich wie beim Stammkapital der GmbH (⇨ S 9 unter

6.b)) – um eine starre Rechnungsziffer, die in der Bilanz auf der Passivseite ausgewiesen wird. Vgl die §§ 224, 229 UGB zur vorgeschriebenen Bilanzgliederung.

7. Die **Firma** der AG muss nach § 4, auch wenn sie nach § 22 UGB oder anderen Vorschriften fortgeführt wird, die Bezeichnung „Aktiengesellschaft" (auch in abgekürzter Form möglich) enthalten. Abgesehen davon gelten seit 1. 1. 2007 (HaRÄG) die allgemeinen (liberalisierten) Firmenbildungsregeln der §§ 17 ff UGB; die Firma kann also Personen-, Sach-, Fantasie- oder gemischte Firma sein; möglich ist auch die Verwendung von Geschäftsbezeichnungen. Zu beachten sind auch bei der AG die allgemeinen Firmenbildungsgrundsätze der Kennzeichnungs- und Unterscheidungskraft sowie das Irreführungsverbot in § 18 UGB (⇨ Allg UR[7] im vierten Abschnitt).

8. Als **Sitz** der Aktiengesellschaft ist der Ort zu bestimmen, wo die Gesellschaft einen Betrieb hat oder wo sich die Geschäftsleitung befindet oder die Verwaltung geführt wird. Auch von dieser Vorschrift darf aus wichtigem Grund abgewichen werden (§ 5). Ausländische Gesellschaften können im Inland Zweigniederlassungen betreiben; in diesem Fall sind sie (dh die ausländische Gesellschaft, nicht die Zweigniederlassung) im Firmenbuch einzutragen (Näheres in § 12 UGB und § 254 AktG).

9. Zu den **Größenklassen** nach § 221 UGB ⇨ S 3 unter 4.

III. Die Aktie

1. Dem **Begriff der Aktie** wird von der hM eine **dreifache Bedeutung** zugeschrieben:

a) Aktie als **Anteil am Grundkapital**: Die §§ 1 und 6 sprechen von einer „Zerlegung" des Grundkapitals in Aktien. Das ist indes nur rechnerisch zu verstehen. Es bestehen folgende Möglichkeiten:

aa) Die Aktie kann auf einen **Nennbetrag in Geld** lauten (**Nennbetragsaktie**), die Summe der Nennbeträge der Aktien muss in diesem Fall dem Nennbetrag des Grundkapitals entsprechen. Zugelassen sind Nennbeträge von € 1,– oder ein Vielfaches davon (§ 8 Abs 2). Aktien über einen anderen Nennbetrag sind nichtig, die Aktien sind unteilbar (Abs 4, 5).

> **Beachte**: Der Wert der Beteiligung ist im (unveränderlichen) Nennbetrag der Aktie nicht unmittelbar ausgedrückt (bei einem florierenden Unternehmen ist der Kurs, das ist der Markt- oder Börsenpreis der Aktie, idR höher als der Nennwert). Die Aktie darf zwar nicht auf eine Quote (zB 1%) lauten, drückt aber mittelbar die Beteiligungsquote (keine Miteigentumsquote!) des einzelnen Aktionärs an der AG aus (nach dieser richten sich wesentliche Aktionärsrechte, wie etwa Gewinnbeteiligung und Stimmrecht).

bb) Seit der Währungsumstellung 1999 können – alternativ zur Nennbetragsaktie – auch **Stückaktien** begründet werden (§ 8 Abs 3). Stückaktien haben keinen Nennbetrag. Jede Stückaktie ist in gleichem Umfang am Grundkapital beteiligt, der Anteil bestimmt sich nach der Zahl der ausgegebenen Aktien. Der auf die einzelne Aktie entfallende anteilige Betrag des Grundkapitals muss aber auch in diesem Fall mindestens € 1,– betragen (bei sonstiger Nichtigkeit).

> Andere mögliche Bezeichnungen sind „**nennwertlose Aktie**" oder „**unechte Quotenaktie**" (die Aktie lautet nicht auf eine Quote, drückt aber wiederum die Beteiligungsquote am Grundkapital aus). Alle nennwertlosen Aktien sind gleich groß, also im gleichen Umfang am Grundkapital beteiligt (bei Nennbetragsaktien können hingegen Aktien mit unterschiedlichem Nennbetrag nebeneinander bestehen). Der „fiktive Nennbetrag" bzw die Quote einer Stückaktie lässt sich dadurch errechnen, dass die Summe des Grundkapitals durch die Zahl der Aktien dividiert wird.

Das Prinzip des festen Grundkapitals und seine Zerlegung in Aktien ist mit der Zulassung der Stückaktie also nicht aufgegeben worden.

Beide Aktienarten dürfen **nicht nebeneinander bestehen**. Die Satzung muss bestimmen, ob Nennbetragsaktien oder Stückaktien vorgesehen werden, außerdem die Nennbeträge bzw die Zahl der Stückaktien (§ 17 Z 4). Ob Nennbetrags- oder Stückaktien bestehen, ist auch im Firmenbuch ersichtlich (vgl § 5 Z 2 FBG).

b) **Zweite Bedeutung des Begriffes**: „Aktie" bedeutet auch die **Mitgliedschaft** an der Aktiengesellschaft iSd damit verbundenen Aktionärsrechte und -pflichten (vor allem der Einlageverpflichtung). Das Anteilsrecht manifestiert sich auch hier in verschiedenen Rechtspositionen: einerseits in Vermögensrechten (Dividendenanspruch, Anteil am Liquidationsergebnis), andererseits in Herrschaftsrechten (Mitverwaltungsrechten, zB Stimmrecht, Auskunftsrecht, Minderheitenrechte). Dazu kommt das Bezugsrecht des Aktionärs bei der Kapitalerhöhung (⇨ S 87 unter I. 1. b)). Die Aktien sind unteilbar, Miteigentum an Aktien ist jedoch möglich (nach § 63 sind die Rechte aus der Aktie dann von einem gemeinschaftlichen Vertreter auszuüben; für die Leistungen auf die Aktie haften mehrere Berechtigte als Gesamtschuldner).

> **Unterscheide** von der Aktie in Miteigentum die **Unterbeteiligung** (Beteiligung an einer Gesellschaftsbeteiligung). Es handelt sich dabei um eine rein schuldrechtliche Beziehung zwischen einem Aktionär und dem Unterbeteiligten, der selbst nicht Mitglied der AG ist und daher auch keine Aktionärsrechte hat. Es besteht lediglich eine Rechtsbeziehung zum Aktionär. Unterbeteiligungsverträge sind häufig als GesBR anzusehen.

> **Beachte weiters**: Die Mitgliedschaftsrechte können verschieden ausgestaltet sein (verschiedene Aktiengattungen; ⇨ unten 2.). In der Satzung können außerdem Nebenverpflichtungen von Aktionären vorgesehen sein (vgl § 50; ⇨ S 61 unter 2. c)).

c) **Dritte Bedeutung des Begriffes**: Aktie als **Wertpapier im engeren Sinn** (**Aktienurkunde**, also das Wertpapier über die Mitgliedschaft). Möglich sind folgende Varianten:

aa) **Inhaberaktien**: Die Aktie kann auf Inhaber lauten; in diesem Fall ist sie echtes Inhaberpapier (die Inhaberschaft am Papier bewirkt die Legitimation des Aktionärs). Dies ist nur zulässig, wenn der Ausgabebetrag voll einbezahlt ist (§ 10 Abs 2). Die Übereignung der Urkunde (nach allgemeinen sachenrechtlichen Grundsätzen) überträgt die Mitgliedschaft. Vor der Volleinzahlung können in diesem Fall **Zwischenscheine** ausgegeben werden, wenn die Satzung dies vorsieht. Zwischenscheine müssen auf Namen lauten und sind (wie Namensaktien) Orderpapiere.

> Zu den Besonderheiten bei **depotverwahrten Inhaberaktien** ⇨ S 78 unter d) aa)).

bb) **Namensaktien**: Die Namensaktie ist ein (geborenes) Orderpapier (sie lautet auf einen Namen oder dessen Order) und damit ein indossables Wertpapier (vgl § 62). Der Übergang ist damit nach allgemeinen wertpapierrechtlichen Grundsätzen durch Indossament, Zession (iVm mit der Übergabe der Urkunde) oder Gesamtrechtsnachfolge möglich. Eine Rektaklausel (sog negative Orderklausel: Ausschluss der Übertragung per Indossament) ist nach hA ohne Wirkung.

Ob Inhaber- oder Namensaktien ausgegeben werden, ist bereits in der **Satzung festzulegen** (§ 17 Z 3). Namensaktien kommen vor allem bei Familien-AG vor; für bestimmte Unternehmensgegenstände (zB das Beteiligungsfondsgeschäft) sind sie vorgeschrieben.

> **Beachte**: Die Mitgliedschaft an der AG besteht grundsätzlich unabhängig von der Ausgabe einer Urkunde (Aktie als deklaratives Wertpapier). Der Aktionär hat aber nach hA Anspruch auf

Ausstellung einer Aktienurkunde (Zwischenschein oder – nach Volleinzahlung – Inhaberaktie, wenn die Satzung nicht Namensaktien vorsieht). Nach § 10 Abs 6 kann allerdings in der Satzung oder durch Satzungsänderung der Anspruch des Aktionärs auf Verbriefung seines Anteils ausgeschlossen oder eingeschränkt werden (damit können sämtliche Aktien einer AG in einer einzigen „Globalaktie" verbrieft werden).

Beachte weiters: Namensaktien (und Zwischenscheine) sind in das **Aktienbuch** der Gesellschaft einzutragen (§ 61 Abs 1), das vom Vorstand zu führen ist. Im Verhältnis zur Gesellschaft gilt nur der Eingetragene als Aktionär, der die Aktionärsrechte ausüben kann (§ 61 Abs 2). Bei Übertragung der Namensaktie erfolgen Löschung des bisherigen Aktionärs und Neueintragung des Erwerbers im Aktienbuch auf Mitteilung und Nachweis; die Aktie ist bei der Anmeldung zur Eintragung des Erwerbers vorzulegen (§§ 61 Abs 3, 62 Abs 1; s hier auch zur Prüfpflicht der AG). Trotz dieser Regelung wirkt die Eintragung in Bezug auf die Gültigkeit der Aktienübertragung (den Rechtsübergang) nur deklarativ. § 61 Abs 4 enthält eine Regelung zur Löschung einer unrichtigen oder hinfällig gewordenen Eintragung.

Die Aktienurkunde **besteht** aus der Haupturkunde, den Gewinnanteilscheinen oder Kupons (die zur Behebung der Dividende dienen) und den Erneuerungsscheinen (Talons; diese dienen zum Empfang neuer Gewinnanteilscheine).

2. **Aktiengattungen und -typen**: Von **Aktiengattungen** (vgl § 11) spricht man, wenn mit bestimmten Aktien (Mitgliedschaften) unterschiedliche Rechte und Pflichten verbunden sind (zB Stamm-, Vorzugsaktien). Aktiengattungen müssen in der Satzung verankert sein (§ 17 Z 4). **Aktientypen** sind hingegen Differenzierungen, die keine unterschiedliche Rechtsstellung begründen (zB Inhaber-, Namensaktien).

a) Zu den Begriffen **Nennbetrags-** und **Stückaktien** ⇨ oben 1.a); zu **Inhaberaktien, Namensaktien** und **Zwischenscheinen** ⇨ oben 1.c).

b) **Stamm- und Vorzugsaktien** (Aktiengattungen nach § 11): Vorzugsaktien sind Aktien mit besonderen Rechten gegenüber den Stammaktien, besonders hinsichtlich der Gewinnverteilung (etwa vorrangige Gewinnausschüttung mit einem bestimmtem Prozentsatz) und/oder der Beteiligung am Liquidationserlös. Ein Sonderfall sind die sog **stimmrechtslosen Vorzugsaktien** (§ 12a): Es handelt sich dabei um Aktien, die mit einem nachzuzahlenden Vorzug bei der Gewinnverteilung ausgestattet sind. Die Ausgabe stimmrechtsloser Vorzugsaktien dient vor allem der Sicherung des Einflusses der bisherigen Aktionäre bei einer Kapitalerhöhung (da sich dann das Stimmgewicht nicht verschiebt), schon die ursprüngliche Satzung kann aber die Ausgabe von Vorzugsaktien vorsehen. Die Ausgabe ist bis zu einem Drittel des Grundkapitals möglich. Mit diesen Aktien ist kein Stimmrecht verbunden (Ausnahme nach § 12a Abs 2 bei qualifiziertem Auszahlungsrückstand betreffend den Vorzugsbetrag), alle anderen Aktionärsrechte stehen dem Gesellschafter aber zu (also auch die übrigen Herrschaftsrechte wie das Teilnahmerecht an der Hauptversammlung, das Auskunftsrecht etc). Mit der Ausgabe stimmrechtsloser Vorzugsaktien sollen Kapitalgeber gewonnen werden, denen ein besserer Ertrag wichtiger ist als die Mitbestimmungsmöglichkeit in der AG.

> **Beachte**: Die Vorzugsaktionäre haben Anspruch auf Zahlung einer Vorzugsdividende bei der Gewinnausschüttung. „Nachzuzahlender Vorzug" bedeutet, dass ein Anspruch auf Nachzahlung von Rückständen der Vorzugsdividende (aus gewinnlosen Geschäftsjahren) besteht.

> **Beachte außerdem**: Die Ausgabe von **Mehrstimmrechtsaktien** ist nach § 12 Abs 3 nicht zulässig. Das sind Aktien mit einem Stimmgewicht, das höher als ihr Nennbetrag ist (zum Stimmgewicht ⇨ S 78 unter e) aa)).

c) **Nebenleistungsaktien** (§ 50; Aktiengattung iSd § 11): Mit vinkulierten Namensaktien (⇨ gleich unten d)) kann die Verpflichtung des Aktionärs zu wiederkehrenden, nicht in Geld bestehenden Leistungen verbunden werden. Leistungen auf Nebenverpflichtungen sind keine Einlagen und daher neben der Einlageverpflichtung (der Hauptpflicht des Aktionärs) zu erbringen.

> **Beispiele**: Lieferung von Rohstoffen, Verpflichtung zur Überlassung künftiger Erfindungen.

d) **Vinkulierte (gebundene) Aktien**: Die Übertragung von Namensaktien kann durch die Satzung an die Zustimmung der Gesellschaft gebunden werden (§ 62 Abs 2-5). Die Zustimmung gibt der Vorstand, wenn die Satzung nichts anderes bestimmt. Sie darf nur aus wichtigem Grund verweigert werden. Bei Verweigerung kann der Aktionär einen Antrag beim Firmenbuchgericht auf Gestattung der Übertragung stellen. Das Gericht hat dann im Außerstreitverfahren zu prüfen, ob ein wichtiger Grund vorliegt und ob die Übertragung ohne Schädigung der Gesellschaft, der übrigen Gesellschafter und der Gesellschaftsgläubiger erfolgen kann. Verneint das Gericht das Vorliegen eines wichtigen Grundes und stimmt es der Übertragung deshalb zu, so kann die Gesellschaft einen Ersatzerwerber zu gleichen Konditionen benennen.

> **Beachte**: Eine Vinkulierung ist zwingend für Aktien, die mit dem Recht der Entsendung eines Mitglieds in den Aufsichtsrat verbunden ist (§ 88 Abs 1, 2), bei den oben unter c) genannten Nebenleistungsaktien und durch sondergesetzliche Anordnung bei bestimmten Aktiengesellschaften (zB Pensionskassen oder Investmentfondsgesellschaften).

Eine Übertragung vinkulierter Aktien ohne Zustimmung der AG wird von der hA als unwirksam angesehen.

e) **„Vorratsaktien"** sind Aktien, die von einem Gründer oder Zeichner oder in Ausübung eines Bezugsrechts für Rechnung der Gesellschaft oder eines Tochterunternehmens übernommen werden (vgl § 51 Abs 3). Der Aktionär haftet ohne Rücksicht auf abweichende Vereinbarungen auf die volle Einlage; er kann sich nicht darauf berufen, die Aktie nicht auf eigene Rechnung übernommen zu haben (§ 51 Abs 3 S 1, 2). Bevor er die Aktie für eigene Rechnung übernommen hat, stehen ihm jedoch keine Rechte aus der Aktie zu (§ 51 Abs 3 S 3; vgl auch §§ 65 Abs 5).

> **Beachte**: Vorratsaktien werden manchmal auch (in uneinheitlicher Terminologie) als Verwaltungs- oder Verwertungsaktien bezeichnet. Manchmal werden davon noch gebundene oder Schutzaktien unterschieden; das sind Aktien, deren Inhaber die Verpflichtung übernommen haben, die Aktionärsrechte nach Weisung der Gesellschaft auszuüben. Auch aus solchen Aktien wird meist kein Stimmrecht zuerkannt, da sie eigenen Aktien (⇨ unten h)) nahe stehen.

> Vgl auch das **Verbot der Übernahme** von Aktien als Gründer, Zeichner oder in Ausübung eines Bezugsrechts durch Tochterunternehmen in § 51 Abs 2, die **Erwerbsbeschränkungen** in Bezug auf eigene Aktien in den §§ 65 ff (⇨ unten h)) sowie die Sonderregel des § 66a zur **Unzulässigkeit einer Finanzierung des Aktienerwerbs durch Dritte** durch die AG.

f) **„Gratisaktien"**: Ausgabe von Nennbetragsaktien bei Kapitalberichtigung (nominelle Kapitalerhöhung nach dem KapBG): Rücklagen werden in Nennkapital umgewandelt (⇨ S 89 unter II.).

g) **„Junge Aktien"**: Aktien, die im Rahmen einer Gründung oder bei einer effektiven Kapitalerhöhung (⇨ S 86 ff) ausgegeben werden.

> **Beachte**: Der Begriff der „jungen Aktien" spielt vor allem im Steuerrecht eine Rolle (steuerbegünstigter Erwerb nach § 18 Abs 1 Z 4, Abs 3 Z 4 EStG 1988).

h) **Eigene Aktien** (§§ 65 ff)

aa) **Begriff**: „Eigene Aktien" sind Aktien, die durch die Aktiengesellschaft selbst erworben werden. Der Erwerb eigener Aktien stellt eigentlich eine Rückzahlung der Einlage an die Aktionäre dar (was durch § 52 grundsätzlich verboten ist). Die Gesellschaft (oder auch ein Tochterunternehmen der Gesellschaft) darf auch keine eigenen Aktien zeichnen (so ausdrücklich § 51 Abs 1, 2). Der Erwerb eigener Aktien ist allerdings in bestimmten Fällen gestattet:

> wenn dies zur **Abwehr** eines schweren, unmittelbar bevorstehenden **Schadens** notwendig ist (§ 65 Abs 1 Z 1)

  Beispiel: Kursverfall der Aktien, der durch andere Maßnahmen nicht gestoppt werden kann. Neben der im Gesetz genannten Schadensabwehr wird auch Schadensbehebung als hinreichender Grund anerkannt.

> der **unentgeltliche Erwerb** oder der **Erwerb in Ausführung einer Einkaufskommission** durch ein Kreditinstitut (§ 65 Abs 1 Z 2)

  Dieser Fall betrifft Aktienbanken. In diesem Fall handelt es sich um einen bloßen Durchgangserwerb bei der AG, die den Aktienkauf für Rechnung eines Kommittenten durchführt.

> Erwerb durch **Gesamtrechtsnachfolge** (§ 65 Abs 1 Z 3)

  Beachte: Auch im Fall einer **Verschmelzung** (⇨ S 92 unter II. 1.) kann es zum Erwerb eigener Aktien durch Gesamtrechtsnachfolge kommen, wenn die übertragende Gesellschaft Aktionär der übernehmenden Gesellschaft ist.

> zur Vorbereitung des Aktienerwerbes durch **Arbeitnehmer der Gesellschaft** oder eines **verbundenen Unternehmens** bzw des Erwerbes von **leitenden Angestellten oder Organmitgliedern** (Einzelheiten in § 65 Abs 1 Z 4)

  Beachte: Es geht dabei um sog **„Aktienoptionen"** (Stock Options; also Erwerbsrechte), die häufig zur Motivation von Mitarbeitern eingeräumt werden. Sie können durch Abgabe eigener Aktien oder durch junge Aktien im Rahmen einer Kapitalerhöhung (⇨ S 86 ff) bedient werden.

> zur gesetzlich vorgesehenen **Entschädigung von Minderheitsaktionären** (§ 65 Abs 1 Z 5)

> der **Erwerb zur Einziehung** (§ 65 Abs 1 Z 6, besondere Form der Kapitalherabsetzung; ⇨ S 91 unter 3.)

> der Erwerb durch **Kreditinstituts-AG** zum Zweck des Wertpapierhandels (§ 65 Abs 1 Z 7)

> der **Erwerb von börsenotierten Aktien** (§ 65 Abs 1 Z 8).

  Beachte: Eine bestimmte **Zweckbindung** besteht bei diesem Erwerbstatbestand (anders als bei allen übrigen) **nicht**; ausgeschlossen ist nur ein Rückerwerb zum Zweck des Handels mit eigenen Aktien. Zweck des Erwerbs kann zB Kurspflege oder eine Abwehr feindlicher Übernahmeversuche (hostile takeovers) sein (also Zwecke, die vom Tatbestand der Z 1 nicht abgedeckt sind). Vgl in diesem Zusammenhang auch die Regelungen des ÜbG (⇨ S 57).

bb) Außer in den Fällen des Erwerbs durch Gesamtrechtsnachfolge und zur Einziehung (Fälle der Z 3, 6) ist zudem erforderlich, dass die Aktien **voll eingezahlt** sind. Der mit den erworbenen Aktien verbundene Anteil am Grundkapital der nach den Z 1, 4, 7 und 8 erworbenen Aktien darf außerdem zusammen mit jenem anderer eigener Aktien, welche die AG bereits erworben hat und noch besitzt, **10%** **des Grundkapitals nicht übersteigen** (§ 65 Abs 2, vgl dort auch zur erforderlichen Rücklagenbildung in den Fällen der Z 1, 4, 5, 7, 8 [das bedeutet, dass der Erwerb aus ungebundenem Gesellschaftsvermögen erfolgen muss, also aus Beträgen, die als Dividende ausgeschüttet werden könnten]; zur bilanzrechtlichen Behandlung s § 225 Abs 5 UGB).

> Vgl auch die Verfahrensvorschriften in § 65 Abs 1a, 1b. Nach Abs 1b S 1 ist zudem bei jedem Erwerb und jeder Veräußerung eigener Aktien das aktienrechtliche Gleichbehandlungsgebot der Aktionäre (§ 47a) zu beachten; Erwerb und Veräußerung über die Börse oder durch ein öffentliches Angebot genügen diesem Erfordernis.

cc) Bei einem **Erwerb eigener Aktien gegen die Vorschriften** der Abs 1, 1a, 1b und 2 gilt, dass der schuldrechtliche Vertrag nichtig, die Übereignung aber gültig ist (§ 65 Abs 4; der Grund dieser Regelung liegt in Verkehrsschutzerwägungen).

> **Beachte**: Das bedeutet, dass die Erfüllung einer Erwerbsvereinbarung zwar nicht durchsetzbar, die erfolgte Erfüllung (gültiger Modus) aber wirksam ist. Dem verkaufenden Aktionär steht allerdings ein Kondiktionsanspruch wegen grundloser Leistung zu. Außerdem besteht ein Rückzahlungsanspruch der Gesellschaft gegen den Aktionär (§ 56 Abs 3 e contrario). Nach § 56 Abs 1 haften zudem die Aktionäre den Gläubigern für die Verbindlichkeiten der Gesellschaft, soweit sie entgegen aktienrechtlichen Vorschriften Zahlungen von der Gesellschaft empfangen haben. Das gilt auch für den unzulässigen Erwerb eigener Aktien.

Außerdem gilt, dass die Gesellschaft bei Erwerb eigener Aktien entgegen den genannten Vorschriften diese Aktien binnen bestimmter Fristen wieder **veräußern** muss (§ 65a Abs 1, 2). Tut sie das nicht, sind diese Aktien nach dem Kapitalherabsetzungsverfahren des § 192 (⇨ S 91) einzuziehen.

dd) Aus eigenen Aktien stehen der Gesellschaft **keine Rechte** zu. Werden Aktien von einem Tochterunternehmen oder einem Dritten auf Rechnung der Gesellschaft oder eines Tochterunternehmens gehalten, so kann aus diesen Aktien weder ein Stimm- noch ein Bezugsrecht ausgeübt werden (§ 65 Abs 5).

ee) Die Erwerbsbeschränkungen des § 65 gelten (weitgehend) auch für die **Inpfandnahme** eigener Aktien (§ 65b), den **Erwerb durch Tochterunternehmen** (§ 66 Abs 1 S 1; vgl auch das Verbot der Aktienzeichnung und -übernahme in § 51 Abs 2) und den **Erwerb durch Dritte auf Rechnung** der Gesellschaft oder eines Tochterunternehmens (§ 66 Abs 1 S 2).

B. Die Gründung der Aktiengesellschaft (§§ 16 ff)

I. Allgemeines

1. Für die Gründung der Aktiengesellschaft gilt wie bei der GmbH das **Normativsystem**. Eine Konzessionspflicht besteht nur bei bestimmten Aktiengesellschaften (Eisenbahn, Schifffahrt, Luftfahrt, Pensionskassen ua).

2. **Gründungsbegriffe und Gründungsarten**

a) **Einfache** und **qualifizierte Gründung**: Eine qualifizierte Gründung ist eine Gründung mit besonderen Vereinbarungen, die in der Satzung festgelegt sein müssen. Möglichkeiten sind:

aa) Festsetzung von **Sondervorteilen** für einzelne Aktionäre oder Dritte oder Festsetzung einer **Entschädigung für Gründungsaufwand** bzw einer **Gründungsbelohnung** (§ 19).

> **Sondervorteile** sind Begünstigungen einzelner Aktionäre ohne Gegenleistung; zB das Recht, an die AG Waren zu liefern oder Naturalleistungen zu beziehen.

bb) Gründung mit **Sacheinbringung** (Sacheinlagen/Sachübernahmen): **Sacheinlagen** sind Einlagen eines Gesellschafters, die nicht in der Einzahlung eines Ausgabebetrages bestehen (Übernahme beweglicher oder unbeweglicher Sachen, von Forderungen, Patentrechten, Gebrauchs- und Nutzungsrechten etc). Eine **Sachübernahme** liegt vor, wenn für eine Sacheinbringung von der AG – aufgrund einer schuldrechtlichen Vereinbarung – eine Vergütung an einen Gesellschafter oder einen Dritten zu leisten ist.

Für Sacheinlagen und Sachübernahmen gelten nach § 20 **folgende Regeln**: Erforderlich ist ein Schutz der Gläubiger und der anderen Aktionäre gegen eine Überbewertung der einzubringenden Sache. Daher muss der Gegenstand der Sacheinlage oder Sachübernahme, die Person des Einbringenden und der Nennbetrag der zu gewährenden Aktien (bzw die Stückzahl bei Stückaktien) und die Höhe der Vergütung im Fall der Sachübernahme in der Satzung festgesetzt werden (bei sonstiger Ungültigkeit der Sacheinbringungsvereinbarung; bei einer Sacheinlagenvereinbarung hat der betroffene Aktionär in diesem Fall den Ausgabebetrag der Aktie bar zu erbringen; vgl § 20 Abs 3).

Sacheinlagen bzw -übernahmen können nach Abs 2 nur bewertbare Vermögensgegenstände sein; Dienstleistungsverpflichtungen kommen nicht in Betracht. Außerdem besteht eine Prüfungspflicht aller Gesellschafter, des Aufsichtsrates und des Vorstandes, der gerichtlich bestellten Gründungsprüfer und des Firmenbuchgerichtes (§§ 24 ff, 31); zu erstatten sind nach § 26 Abs 2 Prüfungsberichte. Bei Überbewertung einer Sacheinlage besteht eine Deckungspflicht des Aktionärs. Zudem greift die Gründungshaftung nach den §§ 39 ff ein (⇨ S 67 unter 4.).

Zur **Einbringungspflicht** vgl § 28a Abs 2: Sacheinlagen müssen – wie bei der GmbH – sofort in vollem Umfang bewirkt werden (Voraussetzung für die Firmenbuchanmeldung nach § 28; nach dessen Abs 2 Z 2 müssen die Sacheinlagen außerdem zur freien Verfügung des Vorstands stehen).

b) Die Gründung ist **Einheits- bzw Simultangründung**, dh dass die Gründer alle Aktien übernehmen (⇨ unten II.).

Die Möglichkeit einer **Stufengründung (Sukzessivgründung,** § 30 alt), bei der die Gründer nicht alle Anteile übernehmen und schon während der Gründung Zeichner gesucht werden, hat nur wenig praktische Bedeutung erlangt und ist deshalb durch das AktRÄG 2009 beseitigt worden. Das Ziel einer Stufengründung lässt sich einfacher dadurch erreichen, dass eine Bank die restlichen Aktien übernimmt oder den Gründern den für eine Übernahme aller Aktien nötigen Kredit gewährt.

c) Bei einer **Mantel- oder Vorratsgründung** soll der angegebene Unternehmensgegenstand nicht verwirklicht werden. Eine Vorratsgründung (zB die Gründung einer Auffanggesellschaft, die später ein Unternehmen übernehmen soll) wird wie bei der GmbH (⇨ S 13 unter 4.) meist nur dann als zulässig angesehen, wenn der vorläufige Zweck als Gegenstand in der Satzung angegeben wird (sog „offene Vorratsgründung").

d) Zum Begriff der **Nachgründung** ⇨ S 67 unter 3.

II. Der Gründungsvorgang

1. **Überblick über die Gründungsakte**

    a) (fakultativ): Abschluss eines **Vorgründungsvertrages** (Vorvertrag; Notariatsakt notwendig; ⇨ zum parallelen Vorgang bei der GmbH oben S 10 unter 3. a)).

    b) **Feststellung der Satzung** (= Gesellschaftsvertrag) durch den/die Gründer: Nach § 16 Abs 1 ist die Satzung in Form eines Notariatsaktes festzustellen (zum Begriff ⇨ BR AT[7] S 82 unter VIII. 1. b)). Der notwendige Inhalt der Satzung ergibt sich aus den §§ 16 Abs 2 und 17.

        Eine **Einmanngründung** ist seit dem GesRÄG 2004 (BGBl I 2004/67) nunmehr auch bei der AG zulässig (vgl die §§ 2 Abs 2, 35: Feststellung der Satzung auch durch nur einen Gründer). In diesem Fall ist mit der Anmeldung zur Eintragung im Firmenbuch auch der Umstand, dass alle Aktien einem Aktionär gehören, sowie dessen Identität anzumelden (§ 35 Abs 1); die Eigenschaft einer AG als Einpersonengesellschaft ist somit aus dem Firmenbuch ersichtlich. Vgl auch § 35 Abs 2 zum Fall des Erwerbes aller Aktien (außer jenen, die der Gesellschaft selbst gehören) nach Eintragung der AG durch einen Aktionär; auch in diesem Fall sind die Angaben nach Abs 1 zur Eintragung im Firmenbuch anzumelden.

    c) **Übernahme der Aktien** durch den/die Gründer: Damit ist die Gesellschaft errichtet (§ 21), sie besteht aber vor der Eintragung in das Firmenbuch noch nicht als AG (§ 34 Abs 1), es besteht also wie bei der GmbH eine Vorgesellschaft (⇨ unten 2.). Gleichzeitig müssen die Verträge über Sacheinlagen und Sachübernahmen abgeschlossen werden.

    d) Die Gründer bestellen sodann den ersten **Aufsichtsrat** und die ersten **Abschlussprüfer** (notarielle Beurkundung erforderlich, § 23 Abs 1). Der Aufsichtsrat bestellt sodann den ersten **Vorstand** (§ 23 Abs 2).

    e) Erstattung eines **schriftlichen Berichts über den Gründungshergang** durch die Gründer (§ 24).

    f) **Prüfung des Gründungsherganges** durch Vorstand, Aufsichtsrat und unabhängige Gründungsprüfer (durch Letztere in den Fällen des § 25 Abs 2: wenn sich ein Mitglied von Vorstand oder Aufsichtsrat einen besonderen Vorteil oder eine Gründungsentschädigung oder –belohnung ausbedungen hat; bzw generell bei einer Gründung mit Sacheinlagen oder Sachübernahmen). Die Gründungsprüfer werden vom Gericht aus dem in § 25 Abs 4 genannten Personenkreis bestellt. Zu prüfen ist vor allem die Angemessenheit der vereinbarten Leistungen für den Gründungsaufwand und die Bewertung von Sacheinlagen und Sachübernahmen (vgl § 26).

    g) Antrag auf **Bemessung der Gesellschaftssteuer** (Kapitalverkehrsteuer) und Einholung der steuerlichen **Unbedenklichkeitsbescheinigung** („UB") des Finanzamtes; Einholung **anderer Behördengenehmigungen**, wenn dies erforderlich ist (zB vom Finanzministerium bei Bankengründungen, von der zuständigen Aufsichtsbehörde bei einer Eisenbahn-AG).

    h) **Leistung der Bareinlagen** (§ 28a Abs 1): Einzuzahlen ist mindestens ein Viertel des geringsten Ausgabebetrages (Nennbetrag bzw Mindestausgabebetrag bei Stückaktien) und bei Ausgabe der Aktien für einen höheren als diesen auch der Mehrbetrag (das Aufgeld; dieser Mehrbetrag ist in die gesetzliche Rücklage zu stellen). **Sacheinlagen** sind sofort in vollem Umfang einzubringen; ihr Wert muss den Ausgabebetrag der Aktien erreichen (§ 28a Abs 2).

i) **Anmeldung der Gesellschaft** zur Eintragung in das Firmenbuch durch alle Gründer und alle Mitglieder von Vorstand und Aufsichtsrat (§ 28 Abs 1). Der Anmeldung ist eine Erklärung beizuschließen, dass die Einbringungserfordernisse des § 28 Abs 2 (betreffend Bareinzahlungen und Sacheinlagen) erfüllt worden sind und Bar- und Sacheinlagen (nach Abzug der Gründungskosten) zur freien Verfügung des Vorstandes stehen. Beizuschließen sind alle Urkunden über die Gründungsakte (⇨ § 29 Abs 2-4).

j) **Prüfung** durch das Firmenbuchgericht, ob die gesetzlichen Gründungsvorschriften (die formellen und materiellen Voraussetzungen der Gründung) eingehalten wurden und ob der Inhalt der Satzung gesetzeskonform ist (§ 31). Verbesserungsaufträge können erteilt werden (§ 31 Abs 2 S 2; vgl auch § 17 FBG). Sodann erfolgt die **Eintragung** (§ 32; s auch §§ 3, 5 FBG) und die **Veröffentlichung der Eintragung** (§ 33; s auch § 10 UGB: Ediktsdatei [§ 89j GOG] und Amtsblatt zur Wiener Zeitung). **Mit der Eintragung entsteht die AG wirksam.**

2. Das Vorgesellschaftsproblem bei der AG

§ 34 Abs 1, 2 AktG enthält eine **§ 2 Abs 1, 2 GmbHG entsprechende Regelung** (Handelndenhaftung und Möglichkeit der Schuldübernahme). Bei der AG besteht somit wie bei der GmbH ein entsprechendes Vorgesellschaftsproblem. Die dort angesprochenen Grundsätze (zu Einzelheiten ⇨ S 15 ff) gelten mit geringen Modifikationen auch für die AG. Die Rechtsfähigkeit der Vorgesellschaft ist auch für die AG von der neueren Lehre prinzipiell anerkannt. Insbesondere wird auch hier angenommen, dass jedenfalls Verbindlichkeiten, die in Zusammenhang mit den Gründungsvorgängen entstehen (zB aus Sachübernahmeverträgen) und solche aus der Fortführung eingebrachter Unternehmen die AG nach ihrer Entstehung binden. Im Übrigen verläuft die Diskussion ähnlich wie bei der GmbH, so dass auf die Darstellung dort verwiesen wird.

3. Nachgründungen (§ 45)

Für Verträge der Gesellschaft, nach denen Anlagen oder sonstige Vermögensgegenstände von einem Gründer oder einer einem Gründer nahe stehenden Person (einschließlich Konzernunternehmen) für eine mindestens 10% des Grundkapitals entsprechende Vergütung erworben werden sollen (also im Fall von bestimmten Sachübernahmen), ordnet § 45 an, dass

a) eine **Zustimmung der Hauptversammlung** und eine **Eintragung im Firmenbuch** notwendig ist, wenn sie in den ersten zwei Jahren seit der Eintragung der Gesellschaft abgeschlossen werden (in § 45 Abs 4 sind besondere Mehrheitsregeln für einen derartigen Beschluss vorgesehen);

b) eine **Prüfung durch den Aufsichtsrat** vorzunehmen ist, der einen schriftlichen Bericht zu erstatten hat (Nachgründungsbericht);

c) eine **Prüfung durch Gründungsprüfer** stattzufinden hat.

> **Ratio:** Die strengen Vorschriften über die Sachgründung sollen nicht dadurch umgangen werden können, dass eine Sacheinbringung in die Zeit nach der Gründung verschoben wird.

4. Gründungshaftung

a) Die §§ 39-42 sehen eine **verstärkte Verantwortlichkeit** der an der Gründung beteiligten Personen für die Richtigkeit und Vollständigkeit der Angaben hinsichtlich der Gründung und der Einhaltung der Sorgfaltspflicht vor. Im Einzelnen haften die Gründer (§ 39), neben diesen auch Personen, für deren Rechnung die Gründer Aktien übernommen haben (Hintermänner der Gründer [Treugeber], § 39 Abs 5), unter bestimmten Voraussetzungen außerdem die „Gründergenossen" (etwa Teilnehmer bei Sachübernahmen oder Personen, welche die Verkehrseinführung der Aktien öffentlich ankündigen, also etwa die beteiligte Emissionsbank, § 40) sowie Vorstand und Aufsichtsrat (§ 41). Dazu kommt eine besondere Verantwortlichkeit der Gründungsprüfer, vor allem in Hinblick auf ihre Verschwiegenheitspflicht (§ 42 mit Verweis auf § 275 Abs 1-4 UGB).

Zu Haftungsfällen und Sorgfaltspflichten im Einzelnen ⇨ bei den genannten Tatbeständen.

Beachte: Diese Haftungsregeln gelten auch für **Nachgründungen**, wobei hier die Mitglieder von Vorstand und Aufsichtsrat an die Stelle der Gründer treten (§ 47).

b) Auf Ersatzansprüche gegen die Gründer und die anderen haftenden Personen (mit Ausnahme der Gründungsprüfer) kann die Gesellschaft erst **nach fünf Jahren seit der Firmenbucheintragung verzichten** oder sich **vergleichen**. Dies ist außerdem nur dann möglich, wenn die Hauptversammlung zustimmt und nicht eine Minderheit, deren Anteile 20% des Grundkapitals erreichen, widerspricht (§ 43). Die Ansprüche verjähren in fünf Jahren seit der Firmenbucheintragung (§ 44).

Beachte: Der Sinn der strengen Haftungsvorschriften der §§ 39 ff liegt darin, die effektive Aufbringung des Grundkapitals zu sichern. Ist dieses wegen Nichteinhaltung von Gründungsvorschriften vermindert, so soll es durch die Haftungsansprüche ergänzt werden.

c) Nach § 130 Abs 2 kann eine Aktionärsminderheit von 10% des Grundkapitals bei Gericht den Antrag stellen, **Sonderprüfer** zur Prüfung eines Gründungsvorganges zu bestellen.

5. **Gründungsmängel** (§§ 216 ff)

§ 216 sieht eine **Klage auf Nichtigerklärung der Gesellschaft** lediglich dann vor, wenn die Satzung keine Bestimmungen über die Firma, die Höhe des Grundkapitals oder den Unternehmensgegenstand enthält oder der in der Satzung umschriebene oder tatsächlich verfolgte Gegenstand des Unternehmens rechts- oder sittenwidrig ist (Abs 1). Auf andere Gründe kann die Klage nicht gestützt werden; die Geltendmachung von Gründungsmängeln ist damit sehr eingeschränkt. Die Klage kann nur binnen einem Jahr nach Eintragung der Gesellschaft erhoben werden. Klageberechtigt ist jeder Aktionär und jedes Mitglied des Vorstands und des Aufsichtsrats. § 217 sieht die Heilung für Mängel vor, welche die Firma der AG oder den Gegenstand des Unternehmens betreffen. Soweit der Mangel nach § 217 heilbar ist, kann Klage erst erhoben werden, nachdem ein Klageberechtigter die Gesellschaft aufgefordert hat, den Mangel zu beseitigen und diese binnen drei Monaten nicht tätig geworden ist § 216 Abs 2). Die Wirkungen der Eintragung der Nichtigkeit sind in § 218 geregelt (vor allem Abwicklung nach den Vorschriften über die Abwicklung bei Auflösung).

C. Die Organe der AG

I. Allgemeines und Übersicht

1. Die Organisation der Aktiengesellschaft beruht auf dem Grundsatz der **Drittorganschaft**. Es bestehen weitgehend zwingende Regeln. Die AG kennt **vier obligatorische Organe**: Vorstand, Aufsichtsrat, Hauptversammlung und Abschlussprüfer. Die Aufgabenfestlegung ist genau und detailliert geregelt und zudem nur in sehr geringem Ausmaß abänderbar. Neben diesen zwingenden Organen sind **fakultative Organe** möglich (zB ein Beirat als beratendes Organ).

2.	**Überblick über die Organfunktionen**:

a)	Dem **Vorstand** obliegt die Geschäftsführung und die Vertretung der Gesellschaft (er besitzt das **Geschäftsführungs- und Vertretungsmonopol** in der AG).

b)	Dem **Aufsichtsrat** ist die Bestellung und die Abberufung des Vorstands sowie seine Überwachung zugewiesen. Außerdem bestehen Zustimmungsbefugnisse für bestimmte Geschäfte (§ 95 Abs 5).

c)	Der **Hauptversammlung** ist die Bestellung und die Abberufung des Aufsichtsrates und des Abschlussprüfers zugewiesen. Sie hat außerdem über Satzungsänderungen und über die Gewinnverteilung zu beschließen.

>	**Beachte**: Anders als bei der GmbH (⇨ S 20 unter 3. a)) kommt der Gesellschafterversammlung bei der AG **keine Weisungsbefugnis** gegenüber dem Vorstand zu. Die Hauptversammlung kann damit nicht selbständig in Geschäftsführungsfragen eingreifen. Umgekehrt kann aber der Vorstand seinerseits Geschäftsführungsangelegenheiten der Hauptversammlung zur Beschlussfassung vorlegen. In diesem Fall ist die Entscheidung der Hauptversammlung für den Vorstand bindend.

d)	Dem **Abschlussprüfer** obliegt die Kontrolle der Rechnungslegung und die Erteilung des Bestätigungsvermerkes.

II. Der Vorstand (§§ 70 ff)

1.	**Bestellung**

a)	Der Vorstand wird durch **Beschluss des Aufsichtsrates** auf höchstens fünf Jahre bestellt (eine Wiederbestellung ist aber möglich; vgl § 75 Abs 1). Es ist mindestens ein Mitglied (natürliche Person) zu bestellen. Ein Vorstandsmitglied darf nicht gleichzeitig Aufsichtsratsmitglied sein. Der Aufsichtsrat kann allerdings einzelne seiner Mitglieder zu Vertretern von verhinderten Vorstandsmitgliedern bestellen (§ 90 Abs 2). Eine Notbestellung durch das Gericht sieht § 76 auf Antrag eines Beteiligten (etwa eines Aktionärs oder eines Gesellschaftsgläubigers) vor, wenn die zur Vertretung der Gesellschaft erforderlichen Vorstandsmitglieder fehlen (vgl die ähnliche Regelung in § 15a GmbHG). Die gerichtliche Bestellung erfolgt für die Zeit bis zur Behebung des Mangels.

>	Die Bestellung (auch die Abberufung) von Vorstandsmitgliedern bedarf einer **zweifachen Mehrheit** im Aufsichtsrat: eine in Bezug auf den gesamten Aufsichtsrat und eine in Bezug auf die nach dem AktG oder der Satzung bestellten Mitglieder (§ 110 Abs 3 S 4 ArbVG; s zur Zusammensetzung des Aufsichtsrates unten S 72 f unter III. 1.).

b)	Das **schuldrechtliche Verhältnis** des Vorstands zur Aktiengesellschaft (Vorstands- oder Anstellungsvertrag) ist nach hA idR ein „freies Dienstverhältnis" (jedenfalls bei hauptberuflicher Tätigkeit). Der entsprechende Vertrag wird ebenfalls vom Aufsichtsrat abgeschlossen. Ein einfaches Dienstverhältnis kommt bei der AG wegen der Weisungsfreiheit des Vorstandes (kein Unterordnungsverhältnis) nicht in Frage. In den Vorstandsverträgen wird meist auf entsprechende Anwendung der Regelungen des Angestelltengesetzes, soweit dies mit den Grundsätzen des Aktienrechts vereinbar ist, hingewiesen. Der Anstellungsvertrag regelt die Vergütung, Urlaub, Abfertigung und Ruhegenuss der Vorstandsmitglieder. Für die Vergütung der Vorstandsmitglieder ist in § 78 Abs 1 lediglich angeordnet, dass die Vergütung „angemessen" (in Bezug auf die Aufgaben des einzelnen Vorstandsmitgliedes und die „Lage der Gesellschaft") zu sein hat. Eine Gewinnbeteiligung (Anteil am Jahresüberschuss) kann vereinbart werden (vgl § 77).

2. **Abberufung des Vorstandes**

Nach § 75 Abs 4 kann die Bestellung zum Vorstandsmitglied vom Aufsichtsrat (nur) widerrufen werden, wenn ein **wichtiger Grund** vorliegt. Der Widerruf ist wirksam, solange nicht über die Unwirksamkeit (Anfechtungsklage!) rechtskräftig entschieden ist (ein der Klage des Vorstandsmitgliedes stattgebendes Urteil wirkt hier ex tunc). Der Anstellungsvertrag erlischt durch den Widerruf nicht (die schuldrechtliche und die gesellschaftsrechtliche Position des Vorstandsmitglieds ist zu trennen).

> Ein **wichtiger Grund** ist zB (demonstrative Aufzählung in § 75 Abs 4) grobe Pflichtverletzung, Unfähigkeit zur ordnungsgemäßen Geschäftsführung oder Entziehung des Vertrauens durch die Hauptversammlung. Verschulden ist nicht Voraussetzung.

3. **Geschäftsführung (Innenverhältnis)**

a) Dem Vorstand obliegt die eigenverantwortliche Führung der Geschäfte („**Geschäftsführungsmonopol**"; zu beachten sind dabei allerdings die besonderen Kompetenzen, die anderen Organen zugewiesen sind; ⇨ unten 5.). Er ist keinen Weisungen eines anderen Organs ausgesetzt. Er hat die Geschäfte unter Wahrung des Wohles des Unternehmens unter Berücksichtigung der Interessen der Aktionäre, der Arbeitnehmer der Gesellschaft und öffentlicher (vor allem volkswirtschaftlicher) Interessen zu führen (§ 70; die Nichterwähnung der Gesellschaftsgläubiger in dieser Norm ist angesichts der zahlreichen konkreten Gläubigerschutzbestimmungen des AktG als Lücke anzusehen). Nach § 82 hat er auch dafür zu sorgen, dass ein den Anforderungen des Unternehmens entsprechendes Rechnungswesen und ein internes Kontrollsystem geführt werden.

> **Beachte**: Beschränkungen der Vorstandsbefugnisse aus arbeitsrechtlichen Mitwirkungsbestimmungen zugunsten der Arbeitnehmer hat der Vorstand als gesetzliche Vorgaben natürlich zu beachten (vgl zB die §§ 89-109, 111, 112 ArbVG).

b) Sind mehrere Vorstandsmitglieder bestellt, so gilt **Gesamtgeschäftsführung nach dem Mehrstimmigkeitsprinzip** (abzuleiten aus § 70 Abs 2). Die Stimme des Vorstandsvorsitzenden gibt den Ausschlag, wenn in der Satzung nichts anderes bestimmt ist (Dirimierungsrecht, § 70 Abs 2). Die Satzung kann aber auch ein Alleinentscheidungs- oder ein Vetorecht des Vorstandsvorsitzenden vorsehen; möglich ist auch die Anordnung von Einzelgeschäftsführung oder eine Ressortverteilung mit beschränkten Einzelgeschäftsführungsbefugnissen.

4. **Vertretung (Außenverhältnis)**

Der Vorstand hat das **Vertretungsmonopol** in der AG; die Vertretungsbefugnis ist grundsätzlich umfassend (§ 71). Ist nichts anderes vereinbart, so ist die Vertretung im Kollegium vorzunehmen (**Gesamtvertretung**; die passive Vertretung kann von jedem Vorstandsmitglied alleine vorgenommen werden). Die Anordnung unechter Gesamtvertretung (Vorstandsmitglied plus Prokurist) ist nach § 71 Abs 3 möglich und in der Praxis auch häufig, es muss aber gewährleistet sein, dass die AG vom Vorstand auch ohne die Mitwirkung eines Prokuristen vertreten werden kann. Auch die Einräumung von Einzelvertretungsbefugnis in der Satzung ist möglich; einzelne Vorstandsmitglieder können zudem auch bei Gesamtvertretung zur Vornahme bestimmter Geschäfte oder bestimmter Arten von Geschäften ermächtigt werden (§ 71 Abs 2, 3). Die Art der Vertretungsbefugnis und jede Änderung derselben ist im Firmenbuch einzutragen (§§ 32 Abs 1; 73 Abs 1). Ein Bestellungsmangel eines eingetragenen Vorstandsmitgliedes kann einem Dritten nur dann entgegengehalten werden, wenn diesem der Mangel bekannt war (§ 73 Abs 4; Parallelregelung zu § 17 Abs 3 GmbHG).

5. **Mitwirkung anderer Organe an der Geschäftsführung**

a) **Jahresabschluss**: Der Jahresabschluss ist (gemeinsam mit einem Lagebericht und unter den Voraussetzungen des § 243b UGB einem Corporate Governance-Bericht und gegebenenfalls mit einem Gewinnverwendungsvorschlag) vom Vorstand zu erstellen (§§ 222 f UGB), vom Abschlussprüfer zu prüfen und gegebenenfalls der Bestätigungsvermerk zu erteilen (§§ 268 ff UGB). Sodann ist er vom Aufsichtsrat (unter den Voraussetzungen des § 92 Abs 4a auch von einem eigenen Prüfungsausschuss) zu prüfen und gegebenenfalls zu billigen (§§ 96). Mit der Billigung durch den Aufsichtsrat ist der Jahresabschluss bindend festgestellt, außer Vorstand und Aufsichtsrat entscheiden sich für eine Feststellung durch die Hauptversammlung. Die Hauptversammlung beschließt (außer in diesem Fall und bei Nichtbilligung durch den Aufsichtsrat) nach § 104 nur die Verteilung des Bilanzgewinns (ein Vorschlag für die Gewinnverteilung ist vom Vorstand dem Aufsichtsrat und mit dessen Bericht der Hauptversammlung vorzulegen). Die Hauptversammlung ist dabei an den vom Vorstand mit Billigung des Aufsichtsrats festgestellten Jahresabschluss (mit dem sich daraus ergebenden Bilanzgewinn), nicht aber an den Gewinnverteilungsvorschlag gebunden; nach § 104 Abs 4 kann sie die Verteilung des Bilanzgewinnes ganz oder teilweise ausschließen, wenn sie von der Satzung dazu ermächtigt ist. Die Hauptversammlung beschließt außerdem die **Entlastung** der Mitglieder des Vorstandes und des Aufsichtsrates (§ 104; zum Begriff der Entlastung ⇨ S 32 unter 4. a)).

Zu den (je nach Größenklasse verschieden ausgestalteten) **Offenlegungspflichten** in Bezug auf Jahresabschluss und Lagebericht vgl die §§ 277 ff UGB.

b) Die Zustimmung des **Aufsichtsrates** zu **einzelnen Geschäften** ist in den in **§ 95 Abs 5** bezeichneten Fällen (⇨ S 74 unter 4. c)) erforderlich. Hat der Vorstand diese Geschäfte ohne Zustimmung des Aufsichtsrates oder gegen dessen Willen vorgenommen, so sind sie nach außen gültig, der Vorstand macht sich aber uU gegenüber der AG schadenersatzpflichtig.

c) Die **Zustimmung der Hauptversammlung** ist erforderlich bei Nachgründungen (§ 45; ⇨ S 67 unter 3.), Verschmelzungen (§ 221), Verpachtung des Unternehmens und Betriebsführungs- und Betriebsüberlassungsverträgen (§ 238 Abs 2), Ausgabe von Wandel- und Gewinnschuldverschreibungen (§ 174) und bei Verträgen über eine Gewinngemeinschaft (§ 238 Abs 1). Die Hauptversammlung entscheidet darüber hinaus über vom Vorstand vorgelegte Geschäfte und bei Verlangen des Aufsichtsrates in den Fällen des § 95 Abs 5 (s § 103 Abs 2).

Die Hauptversammlung kann zudem eine **Sonderprüfung** anordnen (§§ 130 ff) oder einem Vorstandsmitglied das Vertrauen entziehen (§ 75 Abs 4). Im letzteren Fall kann der Aufsichtsrat die Bestellung des Vorstandsmitgliedes widerrufen.

6. Die Vorstandsmitglieder trifft nach § 84 Abs 1 eine **Verschwiegenheitspflicht** (Geschäfts- und Betriebsgeheimnisse sind zu wahren; dies gilt auch nach Beendigung der Vorstandstätigkeit). § 79 statuiert ein **Wettbewerbsverbot**, das streng ausgeformt ist.

7. **Haftung der Vorstandsmitglieder**

a) **Haftung nach § 84**

aa) Die Vorstandsmitglieder haben nach § 84 Abs 1 die **Sorgfalt eines ordentlichen und gewissenhaften Geschäftsleiters** anzuwenden (objektiver Maßstab ähnlich dem in § 1299 ABGB; keine Entschuldigung für mangelnde Sachkenntnis!). § 84 Abs 2 ordnet eine Ersatzpflicht für verschuldeten Schaden an (mit Beweislastumkehr). In Abs 3 sind einige Haftungsfälle besonders aufgezählt (zB

Einlagenrückgewähr, Erwerb eigener Aktien, Verteilung von Gesellschaftsvermögen, Ausgabe von Aktien vor voller Leistung des Ausgabebetrages etc). Im Fall von **Ressortverteilungen** in der Geschäftsführung haftet primär das zuständige Vorstandsmitglied; die anderen dann, wenn und soweit die Verletzung von Überwachungspflichten gegeben ist. Die Haftung nach § 84 besteht gegenüber der Gesellschaft, daneben gegenüber den Gesellschaftsgläubigern, soweit diese die Befriedigung ihrer Ansprüche von der Gesellschaft nicht erlangen können (Abs 5). Die Außenhaftung nach § 84 Abs 5 gilt (außer in den Fällen des Abs 3) aber nur bei Vorsatz oder grober Fahrlässigkeit.

bb) **Im Einzelnen** ist die Abstufung der Innen- und Außenhaftung kompliziert geregelt: Ist die Handlung durch einen **gesetzmäßigen Hauptversammlungsbeschluss** gedeckt, so entfällt zwar die Innenhaftung gegenüber der Gesellschaft (§ 84 Abs 4), nicht aber die Außenhaftung gegenüber den Gläubigern (Abs 5). Die Ersatzpflicht entfällt andererseits nicht (auch nicht gegenüber der Gesellschaft), wenn der **Aufsichtsrat** die fragliche Handlung gebilligt hat. Die Gesellschaft kann erst nach fünf Jahren auf Ersatzansprüche gegen den Vorstand verzichten (Zustimmung der Hauptversammlung, außer eine Minderheit von 20% widerspricht; Abs 4). Ein Verzicht oder ein Vergleich der AG über derartige Ansprüche gilt außerdem den Gläubigern gegenüber nicht (Abs 5). Die Ansprüche verjähren in fünf Jahren (Abs 6).

> **Beispiel**: Bei einem Geschäft mit einem ausländischen Partner unterlässt es der Vorstand, die Rechtslage nach dem (anzuwendenden) fremden Recht zu prüfen. Entsteht daraus ein Schaden für die Gesellschaft, so haftet der Vorstand wegen Sorgfaltspflichtenverletzung. Beruht die Durchführung auf einem Hauptversammlungsbeschluss (etwa weil der Vorstand die Angelegenheit zur Beschlussfassung vorgelegt hat, vgl § 103 Abs 2), so entfällt die Haftung gegenüber der Gesellschaft; gegenüber den Gläubigern haftet der Vorstand jedoch nach Maßgabe des § 84 Abs 5 (also dann, wenn eine gröbliche Sorgfaltspflichtenverletzung angenommen werden kann).

b) Einen **besonderen Haftungstatbestand** enthalten schließlich die **§§ 100 f**, nämlich die Anstiftung eines Organmitgliedes zu gesellschaftsschädigenden Handlungen unter Ausnutzung von Einfluss auf die Gesellschaft und zum Zweck, für sich oder andere Personen gesellschaftsfremde Sondervorteile zu erlangen (Vorsatz erforderlich). Anspruchsberechtigt sind die AG, geschädigte Aktionäre oder Gläubiger der Gesellschaft (Letztere wiederum, soweit sie von dieser keine Befriedigung ihrer Ansprüche erlangen können, § 101). § 100 ordnet eine Haftung des Anstifters (zB eines Aktionärs) neben jenen Organmitgliedern an, die unter Verletzung ihrer Pflichten gehandelt haben (Verweis auf die §§ 84, 99; auch ein Aufsichtsratsmitglied kommt damit in Betracht).

c) Ersatzansprüche der Gläubiger gegen Vorstandsmitglieder können sich zudem wie bei der GmbH aus dem **allgemeinen Schadenersatzrecht** ergeben (etwa aus § 69 IO iVm § 1311 ABGB; ⇨ S 25 unter e)).

d) Zur Haftung nach **§ 22 URG** vgl die Darstellung der Haftung der GmbH-Geschäftsführer (⇨ S 25 unter f)).

III. Der Aufsichtsrat (§§ 86 ff)

1. Zusammensetzung des Aufsichtsrates

Nach § 86 Abs 1 hat der Aufsichtsrat aus mindestens drei Mitgliedern (physischen Personen) zu bestehen (ohne Einrechnung der Arbeitnehmervertreter; ⇨ unten 2. e)). Die Satzung kann eine höhere Zahl (maximal 20) vorsehen. § 86 Abs 2 normiert daneben – ähnlich wie bei der GmbH – eine Höchstzahl von Aufsichtsratsmandaten pro Person (idR zehn Mandate in AG oder GmbH, eine Vorsitzendenfunktion zählt doppelt; Sonderregelung in Abs 4 für börsenotierte AG: Höchstzahl acht). S auch die Ausnahmen in Abs 3. Gleichgehalten werden nunmehr nach Abs 5 auch Tätigkeiten als Verwaltungsratsmitglied in einer SE (⇨ S 95 unter 5.).

Ein Vorstandsmitglied der AG (oder auch ein Vorstandsmitglied eines ihrer Tochterunternehmen) oder ein Angestellter der Gesellschaft, der als solcher die Geschäfte führt, kann nach § 90 Abs 1 nicht Aufsichtsratsmitglied sein; ebenso nicht nach § 86 Abs 2, wer sonst gesetzlicher Vertreter eines Tochterunternehmens oder einer anderen Kapitalgesellschaft ist, deren Aufsichtsrat ein Vorstandsmitglied der Gesellschaft angehört (außer bei konzernmäßiger Verbindung oder unternehmerischer Beteiligung iSd § 228 Abs 1 UGB).

> Ein Aufsichtsratsmitglied kann – wie bereits erwähnt – nach § 90 Abs 2 allerdings für einen begrenzten Zeitraum als Vertreter eines behinderten Vorstandsmitgliedes bestellt werden; in dieser Zeit darf er seine Tätigkeit als Aufsichtsratsmitglied nicht ausüben.

2. **Bestellung der Aufsichtsratsmitglieder**:

a) **Bestellung durch die Gründer** (erster Aufsichtsrat, § 23 Abs 1).

b) **Wahl durch die Hauptversammlung** (Normalfall, § 87) mit Minderheitensonderrechten in § 87 Abs 4.

> Nach § 87 Abs 2 haben die Vorgeschlagenen der Hauptversammlung ihre fachliche Qualifikation, ihre beruflichen oder vergleichbaren Funktionen sowie etwaige Befangenheitsgründe darzulegen.

c) **Entsendung durch Aktionäre** (§ 88): Die Satzung kann bestimmten Aktionären oder den jeweiligen Inhabern vinkulierter Namensaktien das Recht einräumen, ein Aufsichtsratsmitglied zu entsenden (maximal für die Hälfte der Aufsichtsratsmitglieder, bei börsenotierten AG bis zu einem Drittel). Die Entsendungsberechtigten haben in diesem Fall auch ein Abberufungsrecht; ein solches steht auch einer Minderheit von 10% des Grundkapitals aus wichtigem Grund zu (Abs 4).

d) **Bestellung durch das Gericht** (§ 89): Hat der Aufsichtsrat länger als drei Monate nicht die zur Beschlussfähigkeit nötige Zahl von Mitgliedern, so kann auf Antrag des Vorstandes, eines Aufsichtsratsmitglieds oder eines Aktionärs eine Bestellung durch das Gericht erfolgen (der Vorstand ist zu einer solchen Antragstellung verpflichtet). Das Gericht hat das bestellte Mitglied wieder abzuberufen, wenn die Voraussetzungen weggefallen sind.

e) **Entsendung durch den Betriebsrat** (§ 110 ArbVG) nach dem Grundsatz der Drittelparität, dh dass für zwei von der AG bestellte Aufsichtsräte ein weiterer Aufsichtsrat vom Betriebsrat zu entsenden ist (bei ungerader Zahl einer mehr). Auf die so bestellten Aufsichtsräte sind die §§ 86 Abs 1, 87 und 90 Abs 1 S 2 und Abs 2 sowie 98 nicht anwendbar (§ 110 Abs 3 ArbVG).

> **Beachte**: Auch die Arbeitnehmervertreter im Aufsichtsrat sind an den Grundsatz der **Wahrung des Wohles des Unternehmens** gebunden, sie sind daher etwa auch zur Verschwiegenheit verpflichtet.

> **Beachte außerdem**: Auch bezüglich der Aufsichtsratsmitglieder ist die gesellschaftsrechtliche Stellung von der (möglichen) schuldrechtlichen Beziehung zu unterscheiden. Wie bei der GmbH ist diesbezüglich meist ein **Auftragsvertrag** gegeben. Eine Vergütung kann vereinbart werden (§ 98); die Arbeitnehmervertreter üben ihre Funktion ehrenamtlich aus, haben aber Anspruch auf Ersatz von Barauslagen (§ 110 Abs 3 ArbVG).

Die **Funktionsdauer** der Aufsichtsratsmitglieder ist funktionell festgelegt (⇨ § 87 Abs 7). Aus der Norm ergibt sich eine Aufsichtsratsperiode von maximal ca 5-6 Jahren. Ein vorzeitiger Widerruf der Bestellung ist durch Dreiviertelmehrheit in der Hauptversammlung möglich.

3. **Organisation des Aufsichtsrates**

a) Der Aufsichtsrat hat einen **Vorsitzenden** und mindestens einen Stellvertreter zu wählen (§ 92 Abs 1; beachte das doppelte Mehrheitserfordernis nach § 110 Abs 3 S 5 ArbVG); diese Personen sind zum Firmenbuch anzumelden. Der Vorsitzende leitet Aufsichtsrats- und Hauptversammlungssitzungen. Aufsichtsratssitzungen sind mindestens viermal jährlich (zeitlich gesehen vierteljährlich) abzuhalten (§ 94 Abs 3); auch auf Verlangen eines Aufsichtsratsmitgliedes oder des Vorstandes hat der Vorsitzende unverzüglich eine Aufsichtsratssitzung einzuberufen (§ 94 Abs 1, 2).

b) Die **Beschlussfassung** erfolgt nach dem Mehrheitsprinzip; eine schriftliche Beschlussfassung ist dann möglich, wenn kein Mitglied diesem Verfahren widerspricht. Das gilt auch für fernmündliche oder andere vergleichbare Formen der Beschlussfassung (§ 92 Abs 3). In den Aufsichtsratssitzungen besteht Beschlussfähigkeit, wenn mindestens drei Mitglieder anwesend sind (die Satzung kann ein höheres Erfordernis vorsehen). Auch in Sitzungen ist eine schriftliche, fernmündliche oder andere vergleichbare Form der Stimmabgabe zulässig, wenn Satzung oder der Aufsichtsrat selbst dies vorsehen (Abs 5).

> **Beachte**: **Fehlerhafte Beschlüsse** können nach hA zur Beschlussnichtigkeit führen (zB bei Unzuständigkeit des Aufsichtsrates oder bei der gesetzwidrigen Bestellung eines Aufsichtsratsmitgliedes als Vorstand).

c) Möglich ist die Bestellung von **Ausschüssen** nach § 92 Abs 4 (mit oder ohne Entscheidungsbefugnis). Die Kurie der Arbeitnehmervertreter hat gegebenenfalls Anspruch auf drittelparitätische Mitgliedschaft in den Ausschüssen.

> In Gesellschaften mit den Merkmalen des § 271a Abs 1 UGB ist ein **Prüfungsausschuss** zu bestellen, zu dessen Aufgaben va die Überwachung des Rechnungslegungsprozesses, der Abschlussprüfung, der Kontrollsysteme der GmbH und die Prüfung des Jahresabschlusses gehören (vgl im Einzelnen § § 92 Abs 4a idF BGBl I 2008/70).

4. **Aufgaben des Aufsichtsrates**

a) **Bestellung und Abberufung des Vorstandes** (§ 75), auch Abschluss des Anstellungsvertrages.

b) **Überwachung des Vorstandes** (§ 95 Abs 1): Es bestehen besondere **Berichtspflichten** des Vorstandes (§ 81), nämlich eine mindestens vierteljährliche (schriftlicher Quartalsbericht) über den Geschäftsgang und eine jährliche (schriftlicher Jahresbericht) über grundsätzliche Fragen der künftigen Geschäftspolitik und Entwicklung des Unternehmens anhand einer Vorschaurechnung. Daneben bestehen (unverzügliche) Sonderberichtspflichten aus wichtigem Anlass und über Umstände, die für die Rentabilität und Liquidität der AG von erheblicher Bedeutung sind (§ 81 Abs 1 S 3; Sonderbericht) und bei Verlangen des Aufsichtsrates (Einzelheiten in § 95 Abs 2). Der Aufsichtsrat hat zudem ein **Einsichtsrecht** in die Bücher der Gesellschaft (§ 95 Abs 3).

c) **Zustimmung zu bestimmten Geschäften**, ⇨ den Katalog in § 95 Abs 5 Z 1-14: zB Beteiligungserwerb, Stilllegung von Unternehmen, Erwerb, Veräußerung und Belastung von Liegenschaften (soweit dies nicht zum ordentlichen Geschäftsbetrieb gehört), Errichtung und Schließung von Zweigniederlassungen, Investitionen über einem bestimmten Anschaffungswert, Festlegung allgemeiner Grundsätze der Geschäftspolitik,

Prokuraerteilung, Einräumung von Aktienoptionen für Arbeitnehmer und Organmitglieder der AG, der Abschluss bestimmter Verträge zwischen AG und Aufsichtsratsmitgliedern oder mit Unternehmen, an denen ein Aufsichtsratsmitglied ein erhebliches wirtschaftliches Interesse hat usw.

> **Beachte**: Es gilt auch hier, dass die Vornahme eines dieser Geschäfte durch den Vorstand ohne Einholung der Zustimmung des Aufsichtsrats nach außen wirksam ist (keine Einschränkung der Vertretungsmacht des Vorstandes nach außen, aber Pflicht zur Einholung der Genehmigung im Innenverhältnis). „Sollen" in § 95 Abs 5 ist also wie „dürfen" zu lesen.

d) **Einberufung der Hauptversammlung**, wenn es das Wohl der Gesellschaft erfordert (§ 95 Abs 4).

e) **Prüfung und Billigung** des Jahresabschlusses, des Lageberichtes und des Gewinnverteilungsvorschlages; Bericht darüber an die Hauptversammlung (⇨ dazu schon oben S 71 unter 5. a)).

> Den Sitzungen für die Prüfung, Vorbereitung und Feststellung des Jahresabschlusses ist der Abschlussprüfer beizuziehen (§ 93 Abs 1).

f) Führung von **Rechtsstreitigkeiten** und Abschluss von **Rechtsgeschäften** mit dem **Vorstand** (§ 97; Vertretungsfunktion).

5. Haftung der Aufsichtsratsmitglieder

Hinsichtlich der Sorgfaltspflicht und der Verantwortlichkeit der Aufsichtsratsmitglieder verweist § 99 auf § 84 (die Norm über die Haftung der Vorstandsmitglieder; ⇨ S 71 unter 7. a)).

> Eine Haftung kommt auch nach **§ 25 URG** in Betracht (Verweigerung der Zustimmung zur Einleitung eines Reorganisationsverfahrens). Der Aufsichtsrat hat darüber allerdings nur zu beschließen, wenn eine besondere Zuständigkeit auf der Grundlage von § 95 Abs 5 verankert ist oder der Vorstand die Entscheidung dem Aufsichtsrat vorlegt.

IV. Die Hauptversammlung (HV; §§ 102 ff)

1. Allgemeines

Die HV ist die **Versammlung der Aktionäre** und dient der gemeinschaftlichen Willensbildung in Gesellschaftsangelegenheiten. Sie beschließt in den im Gesetz oder der Satzung ausdrücklich bestimmten Fällen. Sie muss an einem Ort im Inland einberufen werden, den die Satzung bestimmt (§ 102 Abs 2). Man unterscheidet

> ➤ **ordentliche HV**: Sie sind alljährlich zur Vorlage des Jahresabschlusses und des Lageberichtes (allenfalls auch des Konzernabschlusses und –lageberichtes und des Corporate Governance-Berichtes) sowie zur Beschlussfassung über die Gewinnverteilung und zur Entlastung von Vorstand und Aufsichtsrat abzuhalten (in den ersten acht Monaten des Geschäftsjahres; § 104).

> ➤ **außerordentliche HV**: HV, die aus anderem Anlass einberufen werden.

Das AktRÄG 2009 hat die HV um **Formen elektronischer Kommunikation** erweitert: Die Satzung kann vorsehen oder den Vorstand dazu ermächtigen vorzusehen, dass die Aktionäre im Wege elektronischer Kommunikation teilnehmen und auf diese Weise einzelne oder alle Rechte ausüben können. § 102 Abs 3 unterscheidet in diesem Zusammenhang

> ➤ die **Satellitenversammlung** (eine zeitgleich mit der HV an einem anderen Ort stattfindende Aktionärsversammlung, die entsprechend einberufen und durchgeführt wird und für die gesamte

Dauer der HV mit dieser durch eine optische und akustische Zweiweg-Verbindung in Echtzeit verbunden ist);

> die **Fernteilnahme** (Teilnahme an der HV von einem anderen Ort aus mittels einer akustischen, allenfalls auch optischen Zweiweg-Verbindung in Echtzeit);

> die **Fernabstimmung** (elektronische Stimmabgabe von einem anderen Ort aus; vgl § 126).

Die Satzung kann weiters eine **Abstimmung per Brief** vorsehen (§ 102 Abs 6, Einzelheiten zum Verfahren in § 127).

2. **Einberufung der Hauptversammlung**

a) Zur Einberufung **berechtigt** ist/sind:

aa) **der Vorstand** für die ordentliche HV (§ 105), im Fall eines Verlustes in der Höhe des halben Grundkapitals (§ 83) oder bei berechtigtem Antrag einer Aktionärsminderheit (⇨ unten dd), der Vorstand ist zur Mitwirkung verpflichtet);

bb) **der Aufsichtsrat**, wenn dies nach pflichtgemäßem Ermessen das Wohl der Gesellschaft erfordert (§ 95 Abs 4);

cc) **von der Satzung ermächtigte Personen**, zB der Vorsitzende des Aufsichtsrates oder bestimmte Aktionäre;

dd) eine **Aktionärsminderheit** von 5% des Grundkapitals (Organfunktion nach § 105 Abs 3). Wenn Vorstand und Aufsichtsrat die HV in diesem Fall nicht einberufen, kann die Minderheit durch das Gericht ermächtigt werden, die Einberufung selbst vorzunehmen (§ 105 Abs 4).

ee) Kraft sondergesetzlicher Anordnung kann auch eine **Aufsichtsbehörde** zur Einberufung einer HV ermächtigt sein (zB die Finanzmarktaufsicht nach § 105 VAG bei Versicherungs-AG).

b) Das **Einberufungsverfahren** ist in den §§ 106 ff detailliert geregelt. Die wichtigsten dabei zu beachtenden Punkte sind (ohne Anspruch auf Vollständigkeit):

aa) Die **Bekanntmachung der Einberufung** muss durch Veröffentlichung gemäß § 18 erfolgen (vgl dort). Sind die Aktionäre der AG namentlich bekannt, so kann stattdessen per Einschreibebrief einberufen werden, wenn die Satzung dies nicht ausschließt (§ 107). Aktionäre können auch Mailadressen bekanntgeben und in diese Art der Einberufungsmitteilung einwilligen. Börsenotierte Gesellschaften sind zudem verpflichtet, die Einberufung über ein (elektronisches) Medium zu verbreiten, bei dem davon auszugehen ist, dass es die Informationen in der EU öffentlich verbreitet (§ 107 Abs 3 mit Verweis auf § 86 Abs 3 BörseG).

bb) **Einberufungsfristen**: Bei einer ordentlichen HV ist die Einberufung spätestens am 28. Tag, ansonsten spätestens am 21. Tag vor dem Termin bekannt zu machen (§ 107 Abs 1; Zweck: den Aktionären soll die erforderliche Vorbereitung ermöglicht werden).

cc) Der notwendige **Inhalt** der Einberufungsmitteilung ergibt sich aus § 106. Die Einberufung hat neben den anderen dort genannten Punkten (wie etwa die Teilnahmevoraussetzungen für die Aktionäre) insbesondere die vorgeschlagene **Tagesordnung** zu enthalten (§ 106 Z 3, vgl auch § 104 Abs 2).

Beachte: Auf Antrag einer Aktionärsminderheit von 5% des Grundkapitals sind **weitere Tagesordnungspunkte** aufzunehmen (§ 109). § 110 (idF des AktRÄG 2009) hat zudem ein neues Minderheitenrecht für börsenotierte AG statuiert: Eine 1%-Minderheit kann zu jedem Punkt der Tagesordnung **Vorschläge zur Beschlussfassung** übermitteln und verlangen, dass diese auf der Internetseite der AG zugänglich gemacht werden. Die AG muss dafür einen elektronischen Kommunikationsweg eröffnen. Bei nicht börsenotierten AG kann die Satzung entsprechendes vorsehen.

Beachte weiters: Nach § 108 haben Vorstand und Aufsichtsrat zu jedem Punkt der Tagesordnung **Vorschläge zur Beschlussfassung** zu machen und **bestimmte Informationen** bereit zu stellen. Börsenotierte AG haben nach Abs 4 zudem die dort genannten Informationen auf ihrer Internetseite zugänglich zu machen, nicht börsenotierte AG haben diese Unterlagen an die Aktionäre auf Verlangen zu übermitteln oder sie ebenfalls auf ihrer Website zur Verfügung zu stellen (Abs 5).

c)   Wird die HV von einem Nichtberechtigten einberufen oder nicht gehörig bekannt gemacht (Verstoß gegen §§ 105 Abs 1, 106 Z 1, 107 Abs 2), so sind die gefassten Beschlüsse **nichtig**, falls nicht sämtliche Aktionäre anwesend oder zumindest vertreten sind (§ 199 Abs 1 Z 1 iVm § 105 Abs 5). Andere Mängel (zB Fristverletzungen) machen die Beschlüsse nur anfechtbar (§§ 195 ff). Zur Unterscheidung nichtiger und anfechtbarer Beschlüsse der HV ⇨ S 80 f unter 5.

3.   **Der Gang der Hauptversammlung**

a)   Den **Vorsitz** in der HV führt der Vorsitzende des Aufsichtsrates (oder sein Stellvertreter, § 116 Abs 1; mangels dieser hat der nach § 120 Abs 1 beizuziehende Notar [⇨ unten c)] die Versammlung bis zur Wahl eines Vorsitzenden zu leiten). Der Vorsitzende lässt über die Tagesordnungspunkte und die Anträge in der HV (vgl § 119) abstimmen, stellt das Ergebnis der Abstimmung fest (vgl § 128) und verkündet die gefassten Beschlüsse. Die Feststellung ist (iVm der notwendigen Beurkundung; ⇨ unten c)) bindend, auch wenn sie irrtümlich erfolgt ist. Ein festgestellter Beschluss (der nicht unter Nichtigkeit leidet; ⇨ 80 ff unter 5.) kann nur durch Anfechtungsklage beseitigt werden.

b)   **Beschlussfähigkeit**: Die HV ist (mangels anderer Bestimmungen in Gesetz oder Satzung) beschlussfähig, wenn zumindest ein Aktionär oder sein Vertreter stimmberechtigt teilnimmt (oder im Weg der Fernabstimmung oder per Brief abgestimmt hat, § 121 Abs 1). Zu erstellen ist nach § 117 ein Verzeichnis der anwesenden oder vertretenen Aktionäre.

c)   Über die Verhandlung ist von einem Notar eine **Niederschrift** nach den Vorschriften der Notariatsordnung aufzunehmen. Nicht gehörig protokollierte Beschlüsse sind nichtig (§ 120 Abs 1). Die Niederschrift ist zum Firmenbuch einzureichen (Abs 4; erzwingbar nach § 24 FBG).

Beachte: Die Satzung kann vorsehen oder den Vorstand ermächtigen vorzusehen, dass die HV für die nicht anwesenden Aktionäre **akustisch** und allenfalls auch **optisch in Echtzeit übertragen** wird. Bei börsenotierten AG kann auch eine öffentliche Übertragung vorgesehen werden (§ 102 Abs 4).

Beachte weiters: **Börsenotierte AG** müssen die in der HV gefassten Beschlüsse binnen zweier Werktage nach der HV auf ihrer Internetseite zugänglich machen (§ 128 Abs 2); die Satzung kann auch vorsehen, dass das individuelle Stimmverhalten der Aktionäre veröffentlicht wird (Abs 4). Bei **nicht börsenotierten AG** kann jeder Aktionär die Übersendung der gefassten Beschlüsse verlangen, sofern die AG diese nicht ebenfalls auf ihrer Internetseite zugänglich macht (wozu sie aber nicht verpflichtet ist, § 128 Abs 3).

d) **Teilnahmeberechtigung:** Teilnahmeberechtigt sind im Prinzip **alle Aktionäre** (auch die Inhaber stimmrechtsloser Vorzugsaktien; nicht aber Inhaber von „Vorratsaktien" [⇨ S 62 unter e)], da die Rechte daraus ruhen).

aa) Teilnahmevoraussetzung ist bei **börsenotierten AG** bei **Inhaberaktien** der Anteilsbesitz, bei **Namensaktien** die Eintragung ins Aktienbuch, jeweils am Ende des 10. Tages vor der HV (Nachweisstichtag [„Record Date"], § 111 Abs 1). Für „depotverwahrte" Inhaberaktien (Aktien, die zB bei einem Kreditinstitut verwahrt werden, was praktisch häufig ist) gilt nach § 111 Abs 2 iVm § 10a, dass der für die Ausübung der Aktionärsrechte erforderliche Nachweis des Aktienbesitzes am Nachweisstichtag nicht nur durch Vorlage der Urkunde, sondern auch durch eine Depotbestätigung des Verwahrers erfolgen kann. Bei nicht depotverwahrten Inhaberaktien richtet sich der Nachweis des Aktienbesitzes nach der Satzung, die aber keine Hinterlegung oder sonstige Verfügungsbeschränkung vorsehen darf; mangels einer Satzungsregelung genügt die schriftliche Bestätigung eines Notars. Bei Namensaktien kann ein Anmeldeerfordernis festgelegt werden (§ 111 Abs 3); Entsprechendes gilt nach Abs 4 für die elektronische Teilnahme nach § 102 Abs 3 oder die Abstimmung per Brief nach § 127.

bb) Bei **nicht börsenotierten AG** richtet sich das Teilnahmerecht bei **Inhaberaktien** ebenfalls nach dem Anteilsbesitz, bei **Namensaktien** nach der Eintragung im Aktienbuch, jeweils zu Beginn der HV (§ 112, die Satzung kann aber auch hier den Nachweisstichtag nach § 111 Abs 1 vorsehen). Die Satzung kann außerdem bestimmen, wie die Teilnahmeberechtigung nachzuweisen ist (zB durch Hinterlegung der Aktien). § 111 Abs 4 (Erfordernisse für eine elektronische Teilnahme oder eine Abstimmung per Brief) gilt sinngemäß.

> **Beachte**: Jeder teilnahmeberechtigte Aktionär kann sich durch einen **Bevollmächtigten** vertreten lassen (§§ 113 ff). Andere Formen der Stimmrechtsübertragung (sog Legitimationsübertragung: Ausübung des Stimmrechts aus Aktien, die dem Teilnehmer nicht gehören) sind unzulässig (§ 115). § 61 Abs 2 (Wirksamkeit der Stimmrechtsausübung der im Aktienbuch eingetragenen Aktionäre) bleibt unberührt.

cc) Teilnahmeberechtigt und –verpflichtet (vgl § 116 Abs 2) sind zudem die Mitglieder des **Vorstandes** und des **Aufsichtsrats**.

e) **Stimmrechtsausübung und Beschlussfassung**

aa) Die **Form** der Stimmrechtsausübung und das **Verfahren** zur Stimmenauszählung richten sich nach der Satzung; mangels einer Regelung bestimmt der Vorsitzende (§ 122). Zur Möglichkeit und den Modalitäten einer **Fernabstimmung** vgl § 126, zur **Abstimmung per Brief** vgl § 127..

Das **Stimmrecht** in der HV **richtet sich** (§ 12)

> bei **Nennbetragsaktien** nach dem Nennbetrag (Mehrstimmrechtsaktien sind ausgeschlossen). Der kleinste Aktiennennbetrag muss eine Stimme ergeben. Ist in der Satzung nichts anderes angeordnet, beginnt das Stimmrecht mit der vollständigen Leistung der Einlage (§ 123; s dort auch zu anderen Gestaltungsmöglichkeiten in der Satzung).

> bei **Stückaktien** nach der Zahl der Aktien (da Stückaktien grundsätzlich gleich groß sind, entfällt auf jede Aktie eine Stimme).

Ausnahmen: stimmrechtslose Vorzugsaktien (⇨ S 61 unter 2. b)), satzungsmäßige Beschränkungen des Stimmrechts auf einen Höchstbetrag (zB höchstens 100 Stimmen, vgl § 12 Abs 2). Nicht ausgeübt werden kann das Stimmrecht außerdem für Aktien, die der Gesellschaft selbst, einem Tochterunternehmen iSd § 228 Abs 3 UGB oder einem Dritten für Rechnung der AG oder eines Tochterunternehmens gehören (§ 65 Abs 5).

Nach § 124 kann die Satzung vorsehen, dass das Stimmrecht eines Aktionärs ganz oder teilweise **ruht**, wenn er gegen gesetzliche oder in Börseregeln vorgesehene Meldepflichten über das Ausmaß seines Anteilsbesitzes verstoßen hat.

> **Beachte außerdem**: Das ÜbG (⇨ S 57 unter I. 3.; anwendbar auf börsenotierte AG) sieht als zivilrechtliche Sanktion bei bestimmten Verstößen gegen seine Bestimmungen ebenfalls ein **Ruhen des Stimmrechts** vor (s zu den Details § 34 ÜbG).

bb) Umstritten ist, ob den Aktionär bei der Stimmrechtsausübung eine **Treuepflicht** gegenüber der Gesellschaft trifft (dies wird – zumindest in engen Grenzen – angenommen; zB in Form einer Pflicht zur Zustimmung zur Herabsetzung mitgliedschaftlicher Vermögensrechte in Notsituationen). Grenzen der Stimmrechtsausübung bilden jedenfalls das allgemeine Verbot der missbräuchlichen Rechtsausübung (§ 1295 Abs 2 ABGB) und die guten Sitten. Zu beachten ist daneben der konkretisierte Missbrauchstatbestand des § 195 Abs 2 (Stimmrechtsausübung zur vorsätzlichen Erlangung von Sondervorteilen zum Schaden der Gesellschaft oder ihrer Aktionäre), der auch einen Anfechtungsgrund für den entsprechenden Beschluss darstellt (zur Beschlussanfechtung ⇨ S 81 unter 5. d)).

cc) Aktionäre, die **gleichzeitig Organmitglieder** sind, sind grundsätzlich stimmberechtigt. Die Stimmrechtsausübung ist nur in bestimmten Kollisionsfällen ausgeschlossen (⇨ §§ 125, 130 Abs 1).

> **Beispiele**: Beschlussfassung über die eigene Entlastung, über die Befreiung von einer Verpflichtung, über die Bestellung von Sonderprüfern. Für alle Aktionäre (also nicht nur solche, die gleichzeitig Organmitglieder sind) gilt ein Stimmrechtsausschluss, sofern es um die Geltendmachung eines Anspruches gegen sie geht.

dd) Eine **uneinheitliche Stimmabgabe** für verschiedenen Aktien eines Aktionärs („split voting") ist zulässig (§ 12 Abs 1 S 2).

ee) **Stimmrechtsbindungsverträge** (Syndikats- oder Poolverträge; vertragliche Abmachungen zwischen Aktionären über die Ausübung des Stimmrechts) sind auch bei der AG zulässig. Verträge dieser Art können Dauerschuldverhältnisse und inhaltlich GesBR sein (vgl auch ⇨ S 31 unter f) zur GmbH).

> **Beachte**: Syndikatsverträge können allerdings nicht mit der Gesellschaft selbst abgeschlossen werden (dies würde dem Prinzip widersprechen, dass aus eigenen Aktien die Stimmen ruhen). Daher sind nach hA solche Verträge gemäß § 879 Abs 1 ABGB nichtig (die entsprechend dem nichtigen Syndikatsvertrag abgegebenen Stimmen sind aber wirksam).

ff) Die **Beschlussfassung** ist ein rechtsgeschäftlicher Akt. Manche Beschlüsse bedürfen zu ihrer Wirksamkeit der Zustimmung der betroffenen Aktionäre (zB Auferlegung von Nebenleistungen [§ 147]; nachträgliche Vinkulierung von Namensaktien etc).

> Diese besonderen Zustimmungserfordernisse bilden Wirksamkeitsvoraussetzungen des Beschlusses und haben mit den Mehrheitserfordernissen (⇨ gg)) nichts zu tun.

gg) **Beschlussmehrheiten**: Mangels anderer gesetzlicher oder satzungsmäßiger Regeln genügt die einfache Mehrheit der abgegebenen Stimmen (§ 121 Abs 2). Mehrere Regeln über besonderer Mehrheitserfordernisse für bestimmte Beschlussgegenstände sind über das AktG verstreut. Für Wahlen kann die Satzung andere Bestimmungen treffen.

> **Beachte außerdem**: In einzelnen Bestimmungen ist nicht auf die Stimmenmehrheit, sondern auf die Kapitalmehrheit abgestellt (zB in § 146 Abs 1 [Satzungsänderungen] oder § 149 Abs 1 [Erhöhung des Grundkapitals]; jeweils Dreiviertelmehrheit). In diesen Fällen wirkt sich eine satzungsmäßige Beschränkung des Stimmrechts iSd § 12 Abs 2 nicht aus. In anderen Fällen ist zudem die Zustimmung von mindestens einem Viertel des Grundkapitals vorgesehen (so bei Nachgründungen im ersten Jahr [§ 45 Abs 4]).

f)   **Auskunftsrecht des Aktionärs**

Jeder Aktionär hat in der HV ein Recht auf **Auskunft** (§ 118; ⇨ dazu S 84 unter 2. c)).

4.   Die **wichtigsten Gegenstände der Beschlussfassung** sind

a)   **Gewinnverteilung** und **Entlastung von Vorstand und Aufsichtsrat** (§§ 104), allenfalls **Feststellung des Jahresabschlusses** (wenn nicht vom Aufsichtsrat vorgenommen; ⇨ S 71 unter 5. a));
> Jahresabschluss und Lagebericht sind der Hauptversammlung aber jedenfalls vorzulegen.

b)   **Wahl** der Aufsichtsratsmitglieder (§ 87 Abs 1) und der Abschlussprüfer (§ 270 Abs 1 UGB; Vorschlagsrecht des Aufsichtsrates);

c)   Beschlussfassung über **von Vorstand oder Aufsichtsrat vorgelegte Geschäftsführungsangelegenheiten** (vgl § 103 Abs 2);

d)   Bestellung von **Sonderprüfern** (§ 130: Prüfung von Vorgängen bei der Gründung oder der Geschäftsführung);

e)   **Satzungsänderungen** (§§ 145 ff; zB Kapitalerhöhungen und -herabsetzungen, Änderung des Unternehmensgegenstandes);

f)   Geltendmachung von **Ersatzansprüchen** gegenüber Vorstand und Aufsichtsrat.

5.   **Nichtigkeit und Anfechtbarkeit von Hauptversammlungsbeschlüssen**

a)   **Grundsatz**: Das AktG unterscheidet (anders als das GmbHG) schwere, im Gesetz taxativ aufgezählte Mängel, die Beschlüsse **nichtig** machen, und andererseits sonstige Verstöße gegen Gesetz und Satzung, welche die **Anfechtbarkeit** (Vernichtbarkeit) von Beschlüssen zur Folge haben.

> **Beachte**: Von der Nichtigkeit bzw Anfechtbarkeit ist nach hA die **Unwirksamkeit** von Beschlüssen zu unterscheiden, die nicht Gegenstand der aktienrechtlichen Nichtigkeits- oder Anfechtungsklage ist. Unwirksam sind etwa Beschlüsse, die von der Hauptversammlung außerhalb ihrer Kompetenz gefasst wurden (zB eine Vorstandsbestellung); schwebend unwirksam sind etwa Beschlüsse nach § 147 über die Auferlegung von Nebenleistungen (bis zur Zustimmung des betroffenen Aktionärs).

b)   Die **Nichtigkeitsgründe** sind in § 199 aufgezählt. Nichtig sind

aa)   bestimmte Beschlüsse im Zusammenhang mit **Kapitalerhöhungen oder Kapitalherabsetzungen** (§§ 159 Abs 6, 181 Abs 2, 188 Abs 3, 189 Abs 2; in den meisten Fällen geht es um nicht fristgemäße Eintragungen in das Firmenbuch);

bb) die Feststellung eines **Jahresabschlusses ohne Abschlussprüfung** (vgl § 268 Abs 1 UGB);

cc) Beschlüsse, die unter bestimmten **Einberufungs- und Beurkundungsmängeln** leiden (§ 199 Abs 1 Z 1, 2);

dd) Beschlüsse, die **unvereinbar** mit dem **Wesen der Aktiengesellschaft sind** oder Vorschriften verletzen, die ausschließlich oder überwiegend dem **Schutz der Gesellschaftsgläubiger** oder **öffentlicher Interessen** dienen (§ 199 Abs 1 Z 3);

> **Beispiele**: Das Wesen der AG ist betroffen, wenn Beschlüsse ihre zwingende Struktur und Organisation abändern wollen (zB die Rechtspersönlichkeit, die Zerlegung des Grundkapitals in Aktien oder die fehlende Aktionärshaftung). Die Verletzung des Grundsatzes der Gleichbehandlung der Aktionäre (vgl § 47a) etwa begründet dagegen nur Anfechtbarkeit.

ee) Beschlüsse mit **sittenwidrigem Inhalt** (Generalklausel, § 199 Abs 1 Z 4).

Die Nichtigkeit kann mit **Feststellungsklage** nach § 201, aber auch durch Einrede geltend gemacht werden. Die Klage kann von jedem Aktionär, dem Vorstand sowie jedem einzelnen Vorstands- sowie Aufsichtsratsmitglied (gegen die AG) erhoben werden. Ferner kann jeder Dritte, der ein rechtliches Interesse an der Feststellung der Nichtigkeit eines Beschlusses nachweisen kann, Klage nach § 228 ZPO erheben.

Beruht die Nichtigkeit auf Beurkundungsmängeln, so **heilt** sie durch die Eintragung des Beschlusses in das Firmenbuch. Beschlüsse, die aus anderen Gründen nichtig und ins Firmenbuch eingetragen sind, heilen in drei Jahren (amtswegige Löschung bleibt im öffentlichen Interesse bei Verletzung zwingender gesetzlicher Vorschriften möglich). Einberufungsmängel (§ 107 Abs 2 S 2, 3) sind hingegen geheilt, wenn der nicht geladene Aktionär den Beschluss genehmigt. Zu den Einzelheiten vgl § 200.

c) **Anfechtungsgründe** (§ 195) sind alle anderen Verletzungen von Gesetzes- oder Satzungsbestimmungen formeller oder materieller Art; § 195 Abs 1a-4 nennt einige Sonderfälle (zum Anfechtungsgrund des § 195 Abs 2 ⇨ schon oben S 79 unter e) bb)). In Fällen dieser Art kann die Gesellschaft nach hA die Anfechtung mit dem Beweis abwehren, dass der Verstoß den Beschluss nicht beeinflusst hat.

> **Beispiel**: Die Stimme eines unberechtigt nicht zur Abstimmung zugelassenen Aktionärs wäre nicht ausschlaggebend gewesen.

Anfechtungsgründe sind binnen Monatsfrist mittels **Rechtsgestaltungsklage** auf Nichtigerklärung des Beschlusses gegen die AG geltend zu machen, sonst bleibt der Beschluss gültig.

d) **Zur Anfechtung ist befugt** (§ 196):

aa) **jeder an der HV teinehmende Aktionär**, der gegen den Beschluss Widerspruch zur Niederschrift erklärt hat oder dem diese Möglichkeit rechtswidrig vorenthalten wurde; jeder nicht zugelassene oder wegen Einberufungsmängeln nicht erschienene, aber teilnahmeberechtigte Aktionär (ebenso wenn der Gegenstand der Beschlussfassung nicht gehörig angekündigt wurde); im Fall des § 195 Abs 2 jeder Aktionär;

bb) (nur) Aktionäre mit mindestens **5% Anteil am Grundkapital**, wenn durch den Beschluss (nach Gesetz oder Satzung) unzulässige Abschreibungen, Wertberichtigungen, Rücklagen oder Rückstellungen vorgenommen würden (§ 196 Abs 2);

cc) der **Vorstand** als Organ; daneben jedes Mitglied des Vorstandes und des Aufsichtsrates, wenn sich die Mitglieder durch die Ausführung des Beschlusses strafbar oder ersatzpflichtig machen würden.

V. Die Abschlussprüfer (§§ 268 ff UGB)

1. Abschlussprüfer (mindestens einer) sind bei der AG zwingend; sie werden **von der Hauptversammlung gewählt** (§ 270 Abs 1 UGB; Vorschlagsrecht des Aufsichtsrates), die Abschlussprüfer für den ersten Jahresabschluss werden von den Gründern bestellt (§ 23 Abs 1). Die Regeln über Bestellung, Auswahl und Ausschlussgründe finden sich in den §§ 270 ff UGB. Das Vertragsverhältnis zur Gesellschaft ist im Regelfall das eines Werkvertrages.

2. **Zu prüfen** ist nach den §§ 268, 269 UGB der Jahresabschluss und der Lagebericht (allenfalls auch Konzernabschluss und -lagebericht), die Buchführung ist einzubeziehen. Die Prüfung hat sich darauf zu erstrecken, ob die gesetzlichen Vorschriften für die Rechnungslegung (§§ 189 ff, besonders 222 ff UGB) und die Bestimmungen der Satzung beachtet worden sind; nach § 269a UGB sind internationale Prüfstandards zu beachten. Die Abschlussprüfung endet mit der Vorlage eines schriftlichen **Prüfungsberichtes** (§ 273 Abs 1, 4 UGB; vgl auch Abs 2 und 3 zu den Fällen unverzüglicher Berichtspflichten) und der Erteilung des **Bestätigungsvermerkes** (§ 274 UGB).

Sind Einwendungen zu erheben, so hat der Abschlussprüfer den Bestätigungsvermerk einzuschränken oder zu versagen (§ 274 Abs 3 UGB). Dies ist zu begründen. Der Prüfungsbericht ist dem Vorstand und dem Aufsichtsrat vorzulegen. Bei Meinungsverschiedenheiten zwischen Abschlussprüfer und der Gesellschaft entscheidet auf Antrag des Abschlussprüfers oder der gesetzlichen Vertreter der AG der zuständige Gerichtshof erster Instanz im Außerstreitverfahren (§ 276 UGB).

> Zur **Haftung** des Abschlussprüfers gegenüber der AG vgl § 275 UGB; zur Haftung gegenüber Dritten (zB Gläubigern der Gesellschaft) vgl etwa den OGH in der „Riegerbank-Entscheidung"; hier wird eine „Außenhaftung" des Abschlussprüfers grundsätzlich bejaht.

D. Rechte und Pflichten der Aktionäre

I. Beginn und Ende der Gesellschafterstellung

1. Der **Erwerb der Rechtsstellung** erfolgt entweder unmittelbar durch jenen konstitutiven Rechtsakt, durch den das Anteilsrecht entsteht, so im Fall der Übernahme der Aktien durch die Gründer (⇨ S 66 unter 1. c)), bei Kapitalerhöhung und Kapitalberichtigung (⇨ S 86 ff) oder durch Übertragung der Mitgliedschaft im Wege der Einzel- oder Gesamtrechtsnachfolge.

> **Beachte**: Ein **gutgläubiger Erwerb** von Aktien ist möglich: Für Namensaktien verweist § 62 Abs 1 auf Art 16 WG; Inhaberaktien können unter den Voraussetzungen der §§ 371 oder 367 ABGB von Nichtberechtigten erworben werden.

2. Der **Verlust der Mitgliedschaft** erfolgt durch Übertragung der Aktie, durch Kapitalherabsetzung (⇨ S 89 f), Auflösung, Spaltung, Verschmelzung oder Umwandlung (⇨ S 91 ff). Ein Ausschluss ist im Wege eines Kaduzierungsverfahrens möglich (⇨ S 86 unter IV. 1.).

Wie bei der GmbH (⇨ S 38 unter e)) ist seit 2006 ein **Ausschluss** von Minderheitsgesellschaftern nach dem **Gesellschafterausschlussgesetz** (GesAusG; Art VI BGBl I 2006/75; „**Squeeze-out**") möglich. Danach kann auf

Verlangen eines „Hauptgesellschafters" (= Beteiligung von mindestens 90% [§ 1 Abs 2, 3 GesAusG]), sofern die Satzung nichts anderes vorsieht, von der Hauptversammlung die Übertragung der Anteile der übrigen Gesellschafter auf den Hauptgesellschafter gegen Gewährung einer angemessenen Barabfindung beschlossen werden. Zum Verfahren vgl die §§ 3 ff GesAusG. Eine Sonderregelung besteht für einen Ausschluss nach einem Übernahmeangebot iSd ÜbG in § 7 GesAusG.

II. Gleichbehandlungsgebot

§ 47a enthält das ausdrückliche Gebot, Aktionäre unter gleichen Voraussetzungen **gleich zu behandeln**.

III. Gesellschafterrechte

1. **Vermögensrechte**

a) Anspruch auf **Ausschüttung** des im Jahresabschluss ausgewiesenen **Bilanzgewinns** (§§ 52, 54). Die Gewinnanteile bestimmen sich mangels anderer Satzungsbestimmung nach den Anteilen am Grundkapital (§ 53 Abs 1; Sonderregel in Abs 2 bei nicht voll eingezahlten Aktien). Der konkrete Gewinnbeteiligungsanspruch wird **Dividende** genannt.

> **Unterscheide**: Dividende: Prozentueller Ertrag einer Aktie, berechnet auf der Basis ihres Nennbetrages. Rendite: Ertrag der Aktie auf Basis ihres Kurswertes.

> **Beispiel**: Nennbetrag € 10,–, Kurswert € 25,–. Die Ausschüttung einer Dividende von 10% (€ 1,–) bedeutet, dass der Aktionär von seinem eingesetzten Kapital eine 4%ige Rendite erzielt hat.

Die Hauptversammlung kann allerdings, wenn sie die Satzung dazu ermächtigt, eine **andere Gewinnverwendung beschließen** (etwa an Stelle einer Ausschüttung die Einstellung des Gewinnes in freie Rücklagen oder Gewinnvorträge, vgl § 104 Abs 4). Besteht keine entsprechende Satzungsermächtigung der Hauptversammlung, so ist der gesamte Gewinn auszuschütten. Sobald die Hauptversammlung die Ausschüttung beschlossen hat, erlangt der Aktionär einen schuldrechtlichen Anspruch auf die Dividende.

> **Beachte**: Die Dotierung der nach § 229 Abs 4-7 UGB zu bildenden **gesetzlichen Rücklage** ist bereits im Jahresabschluss gewinnmindernd vorzunehmen.

§ 54a ermöglicht **Abschlagszahlungen** auf den voraussichtlichen Gewinnanspruch nach Ablauf der Hälfte des Geschäftsjahres (s dort zu den Voraussetzungen).

b) Anspruch auf **Liquidationserlös** (⇨ S 91 unter I. 3.).

c) Zu beachten ist auch bei der AG das grundsätzliche **Verbot der Einlagenrückgewähr**: Geleistete Einlagen dürfen während bestehender Gesellschaft nicht an die Aktionäre zurückbezahlt werden (§ 52), außer bei Kapitalherabsetzung (unter Beachtung der Gläubigerschutzbestimmungen) und bei zulässigem Erwerb eigener Aktien (§ 52 S 2; ⇨ S 63 f unter 2. h)). Das Verbot erfasst jede Leistung der AG an ihre Aktionäre, falls es sich nicht um die Erfüllung des Dividendenanspruches oder um die genannten Ausnahmen handelt. Auch Zinsen dürfen weder zugesagt noch ausgezahlt werden (§ 54).

Im Fall unzulässiger Rückzahlungen besteht zunächst ein **Rückforderungsanspruch der AG** gegen den Aktionär (§ 56 Abs 3 e contrario; vgl auch das Minderheitenrecht in § 134 Abs 1). Die Zahlungsempfänger haften im Ausmaß der verbotenen Rückzahlung auch **den Gläubigern der Gesellschaft** für deren Forderungen an die Gesellschaft (§ 56 Abs 1). Beides gilt nicht für Beträge, die Aktionäre in gutem Glauben als Dividende erhalten haben.

d) Zum Problem der **verdeckten Gewinnausschüttung** und der **eigenkapitalersetzenden Gesellschafterleistungen** in diesem Zusammenhang vgl die parallele Problematik bei der GmbH (⇨ S 39 ff unter d), e)).

2. Herrschafts- bzw Mitverwaltungsrechte

a) **Informationsrechte** in Zusammenhang mit HV (§ 108)

b) **Teilnahme an der HV, Antrags-, Rede-** und **Stimmrecht** (letzteres nur, sofern es sich nicht um stimmrechtslose Aktien handelt). Zu Stimmrechtsausübung und Stimmgewicht ⇨ S 78 unter e). Dazu kommt das Recht, zur Wahrung des Anfechtungsrechts (⇨ S 81 unter d)) gegen einen HV-Beschluss Widerspruch zur Niederschrift zu erklären.

> **Anträge** müssen grundsätzlich von der angekündigten Tagesordnung gedeckt sein (vgl § 119 Abs 1). Beschlussvorschläge iSd § 110 müssen in der HV als Antrag wiederholt werden. Das **Rederecht** in der HV ist gesetzlich nicht ausdrücklich geregelt, ergibt sich nach hA aber aus dem Teilnahmerecht.

c) **Auskunftsrecht** (§ 118): Das Auskunftsrecht steht dem Aktionär (auch bei stimmrechtslosen Aktien) gegenüber dem Vorstand zu; es besteht grundsätzlich nur in der HV. Auskunft über Angelegenheiten der AG ist zudem nur insoweit zu geben, als dies zur sachgemäßen Beurteilung eines Tagesordnungspunktes erforderlich ist; die Auskunftspflicht erstreckt sich andererseits auch auf die rechtlichen und geschäftlichen Beziehungen zu verbundenen Unternehmen. Die Auskunft hat den „Grundsätzen einer gewissenhaften und getreuen Rechenschaft" zu entsprechen.

Die Auskunft darf nach § 118 Abs 3 vom Vorstand **verweigert** werden, falls ein erheblicher Nachteil für das Unternehmen oder ein verbundenes Unternehmen droht oder ihre Erteilung strafbar wäre. Nach Abs 4 darf die Auskunft auch verweigert werden, soweit sie auf der Internetseite der AG in Form von Frage und Antwort über mindestens sieben Tage vor HV-Beginn durchgehend zugänglich war.

> **Beachte**: Eine gerichtliche Durchsetzung des Auskunftsrechts ist nach hA (anders als vor dem AktRÄG 2009) nunmehr möglich.

> **Beachte weiters**: Für unrichtige Auskunft besteht nach § 255 eine Strafsanktion.

d) **Klagerechte** zur Geltendmachung von Nichtigkeit oder Anfechtbarkeit von HV-Beschlüssen (⇨ S 80 ff unter 5.), daneben das Klagerecht nach § 216 Abs 1 (Klage auf Nichtigerklärung der Gesellschaft bei bestimmten Satzungsmängeln)

e) **Bezugsrecht** im Fall der Kapitalerhöhung (⇨ S 87 unter 1. b))

> **Beachte**: Eine **Pflicht** des Aktionärs zur Übernahme von Aktien bei einer Kapitalerhöhung besteht nicht.

f) **Minderheitenrechte**:

aa) 5% des Grundkapitals können die **Einberufung einer HV** bzw die Aufnahme und Ankündigung eines **Tagesordnungspunktes** samt Beschlussvorschlag beantragen bzw im Weigerungsfall mit Hilfe des Gerichtes selbst einberufen bzw ankündigen (§ 105 Abs 3, 109). 1% des Grundkapitals einer börsenotierten AG können in der HV zu jedem Punkt der Tagesordnung Beschlussvorschläge übermitteln (§ 110).

bb) 5% des Grundkapitals können die **Bestellung** oder **Abberufung von Liquidatoren** aus wichtigem Grund bei Gericht beantragen (§ 206 Abs 2); 5% des Grundkapitals oder Aktionäre mit einem anteiligen Betrag von € 350.000,– können aus wichtigem Grund eine Prüfung des Jahresabschlusses im Rahmen der Liquidation verlangen (§ 211 Abs 3).

cc) 5% des Grundkapitals oder Aktionäre mit einem anteiligen Betrag von € 350.000,– können bei Vorliegen eines wichtigen Grundes die **Bestellung eines anderen Abschlussprüfers** beantragen (§ 270 Abs 3 UGB).

dd) 10% des Grundkapitals können eine **Sonderprüfung** und eine Prüferbestellung durch das Gericht nach § 130 Abs 2, 3 verlangen; ebenso eine **Vertagung der ordentlichen Hauptversammlung** bei Bemängelung bestimmter Posten des Jahresabschlusses erreichen (§ 104 Abs 2).

ee) 10% des Grundkapitals können nach § 134 Abs 1 die **Verfolgung von Ansprüchen gegen Aktionäre** (besonders aus § 56; ⇨ dazu S 83 unter 1. c)), **aus Gründungshandlungen** (⇨ S 67 unter 4.) **oder Geschäftsführungshandlungen** verlangen, wenn die behaupteten Ansprüche nicht offensichtlich unbegründet sind (im Fall des § 134 Abs 1 S 3 genügen 5% des Grundkapitals).

> **Beachte außerdem**: Minderheiten von 20%, 10% oder 5% können nach den §§ 43, 84 Abs 4, 136 durch ihren Widerspruch den Verzicht oder Vergleich der Gesellschaft über die in diesen Normen angesprochenen Ersatzansprüche verhindern.

ff) 10% des Grundkapitals können nach § 88 Abs 4 die **Abberufung eines entsandten Aufsichtsratsmitgliedes** aus wichtigem Grund durch das Gericht beantragen. Nach § 87 Abs 10 gilt dies auch für ein gewähltes Aufsichtsratsmitglied.

gg) 33,3% des Grundkapitals können eine **Aufsichtsratsbestellung** bewirken (nach dem Wahlmodus des § 87 Abs 4).

hh) Dazu kommen die **negativen Minderheitenrechte**, die sich aus den Mehrheitsbestimmungen für Gesellschafterbeschlüsse ergeben (**Sperrminoritäten**). So können 25% des bei der Beschlussfassung vertretenen Grundkapitals plus eine Aktie im Regelfall (nämlich beim Erfordernis einer Dreiviertelmehrheit, vgl § 146 Abs 1) Satzungsänderungen verhindern.

3. **Sonderrechte**

Wie bereits erwähnt, können mit einzelnen Aktien Sonderrechte, wie etwa das Recht der Entsendung von Aufsichtsratsmitgliedern, verbunden sein. Stimmrechtslose Vorzugsaktien sind zudem mit einem Vorzug bei der Gewinnausschüttung ausgestattet.

IV. Gesellschafterpflichten

1. Die **Leistung der übernommenen Einlage** ist auch bei der AG die Hauptverpflichtung des Gesellschafters (§ 49). Wie bei der GmbH ist eine Überpari-Emission, nicht aber eine Unterpari-Emission zulässig (§ 9; zu den Begriffen ⇨ S 43 unter 1. a)).

Das gilt auch für die **Stückaktie** (vgl § 8 Abs 3: der auf die einzelne Stückaktie entfallende anteilige Betrag des Grundkapitals ist der geringste zulässige Ausgabebetrag).

Der Aktionär kann seine Einlageverpflichtung mit einer Gegenforderung gegen die AG nicht aufrechnen (§ 60; der Gesellschaft ist dies umgekehrt möglich). Wird die Einlage nicht geleistet, sieht auch das Aktienrecht (wahlweise zur klageweisen Eintreibung des Rückstandes einschließlich Zinsen [§ 57 Abs 2]) ein **Kaduzierungsverfahren** (Ausschlussverfahren unter Verlust bereits getätigter Einzahlungen) vor, ebenso einen Stufenregress innerhalb von zwei Jahren, also eine Vormännerhaftung (Einzelheiten in den §§ 58 ff). Das Kaduzierungsverfahren ist ähnlich wie bei der GmbH ausgestaltet (⇨ S 43 f unter b), c)); das Aktienrecht kennt allerdings keine Ausfallhaftung der übrigen Gesellschafter.

> **Beachte**: Bei nicht voll eingezahlter Stammeinlage ist nur die Ausgabe von Zwischenscheinen oder Namensaktien möglich (⇨ S 60 unter c) aa)). Die Vormänner des säumigen Aktionärs können daher aus dem Aktienbuch ermittelt werden.

2. Zu **Nachschüssen** kann der Aktionär nicht verpflichtet werden (Unterschied zur GmbH). Es besteht auch keine Pflicht zu einer Beteiligung an Kapitalerhöhungen.

3. Ob die Aktionäre auch eine **Treuepflicht** trifft, ist umstritten (⇨ bereits S 79 unter e) bb) zur Frage der Treuepflicht bei der Stimmrechtsausübung). Fest steht, dass einer Treuepflicht jedenfalls engere Grenzen zu setzen sind als bei der GmbH. Der Aktionär darf jedenfalls die Gesellschaft nicht schädigen; eine gesetzliche Ausformung dieses Grundsatzes ergibt sich aus § 198 Abs 2 (Schadenersatzpflicht des Gesellschafters bei unbegründeter Anfechtung eines Hauptversammlungsbeschlusses im Fall groben Verschuldens).

4. **Besondere Pflichten** können nach § 50 in der Satzung angeordnet sein (Nebenleistungsaktien; ⇨ S 61 unter 2. c)).

5. **„Durchgriff"**: Vgl dazu die Erörterung der parallelen Problematik bei der GmbH (⇨ S 46 f unter 5.).

E. Kapitalerhöhung und Kapitalherabsetzung

I. Effektive Kapitalerhöhung

Eine effektive Kapitalerhöhung liegt vor, wenn der Gesellschaft neue Mittel durch Einlagen zugeführt werden. Sie ist in den folgenden Varianten möglich:

1. **Ordentliche Kapitalerhöhung** (§§ 149 ff)

   a) **Begriff**: Bei der ordentlichen Kapitalerhöhung erfolgt die Einbringung neuer Mittel durch Einlagen der Gesellschafter oder dritter Personen gegen Ausgabe von Aktien. Die Erhöhung des Grundkapitals bedarf eines Hauptversammlungsbeschlusses mit Dreiviertelmehrheit und ist nur zulässig, wenn nicht Einlagen auf das bestehende Grundkapital in erheblichem Umfang noch ausstehen (§ 149 Abs 1, 4). Sind in einer AG mehrere Gattungen von stimmberechtigten Aktien vorhanden (⇨S 61 unter 2.), so bedarf es eines gesonderten Beschlusses der Aktionäre jeder Gattung (§ 149 Abs 2).

   > **Sacheinlagen** sind auch bei der Kapitalerhöhung zulässig (vgl § 150). Eine Prüfung durch unabhängige Prüfer ist auch hier erforderlich (§ 150 Abs 3). Nach § 151 Abs 3 hat das Gericht bei Unrichtigkeit der Bewertung die Eintragung des Kapitalerhöhungsbeschlusses zu verweigern.

b) **Bezugsrecht**: Jedem Aktionär muss auf sein Verlangen ein seinem Anteil am bisherigen Grundkapital entsprechender Teil der neuen Aktien zugeteilt werden (§ 153). Wird etwa das Grundkapital um ein Drittel erhöht, so entfällt auf drei Aktien eine neue Aktie.

> **Beachte**: In der Praxis wird die Kapitalerhöhung häufig durch Einschaltung einer Bank durchgeführt, die alle neuen Aktien zeichnet und sie dann den bezugsberechtigten Aktionären anbietet. In diesem Fall spricht man von einem **mittelbaren Bezugsrecht**. Diese Vorgangsweise gilt nach § 153 Abs 6 nicht als Ausschluss des Bezugsrechtes. Der Vorstand hat bei Vertragsabschluss mit der Bank darauf zu achten, dass die Aktionäre einen durchsetzbaren Anspruch gegen die Bank erlangen (zB Vertrag zugunsten Dritter nach § 881 ABGB).

Das Bezugsrecht kann (nur) im Erhöhungsbeschluss der Hauptversammlung mit Dreiviertelmehrheit (§ 153 Abs 3) **ganz oder teilweise ausgeschlossen werden**; der Vorstand hat in diesem Fall der Hauptversammlung einen schriftlichen Bericht über den Ausschlussgrund zu erstatten (Abs 4). Nach hM müssen auch hier sachliche Gründe für einen Bezugsrechtsausschluss vorliegen (Gleichbehandlungs- und Verhältnismäßigkeitsgebot). Bestätigt wird diese Ansicht nunmehr durch § 153 Abs 5 (neu gefasst durch das AOG 2001): Nach dieser Norm ist die vorrangige Ausgabe von Aktien an Arbeitnehmer, leitende Angestellte und Organmitglieder der Gesellschaft oder eines verbundenen Unternehmens ein ausreichender Grund für einen Ausschluss des Bezugsrechts.

> Ein sachlicher und ausreichender Grund für einen Bezugsrechtsausschluss kann etwa auch dann gegeben sein, wenn der Zweck einer Kapitalerhöhung in der Einbringung bestimmter Sacheinlagen (zB eines Unternehmens) liegt.

c) **Verfahren**: Erforderlich ist eine doppelte Firmenbucheintragung: Zuerst ist der Kapitalerhöhungsbeschluss einzutragen (§ 151), später nach Zeichnung der jungen Aktien (durch schriftliche Erklärung, sog Zeichnungsschein) und Einzahlung (die §§ 28 Abs 2, 28a betreffend die Einzahlungsverpflichtung sind anzuwenden) die Durchführung der Erhöhung (§ 155; allerdings können die beiden erforderlichen Anmeldungen und Eintragungen verbunden werden). Mit der Eintragung der Durchführung ist die Kapitalerhöhung wirksam. Aktienurkunden dürfen nicht vorher ausgegeben werden (§ 158).

2. **Bedingte Kapitalerhöhung** (§§ 159 ff)

a) **Begriff**: Die bedingte Kapitalerhöhung ist eine besondere Kapitalerhöhungsform zu bestimmten Zwecken. Sie kann vorgenommen werden:

aa) **§ 159 Abs 2 Z 1**: Zur **Gewährung von Umtausch- oder Bezugsrechten an Gläubiger von Wandelschuldverschreibungen** (zum Begriff ⇨ S 89 unter III. 2. a)): Die Gläubiger derartiger Obligationen sind berechtigt, diese gegen Aktien umzutauschen (Umwandlung von Schuldkapital in Nennkapital) oder aber unter Aufrechterhaltung ihrer Gläubigerstellung Aktien zu erwerben. Die dafür erforderlichen Aktien werden durch die bedingte Kapitalerhöhung gebildet.

bb) **§ 159 Abs 2 Z 2**: Zur Vorbereitung eines **Zusammenschlusses** mehrerer Unternehmen (vor allem zur Verschmelzung, ⇨ S 92 unter II. 1.). Hier werden von der übernehmenden AG an die Gesellschafter der übertragenden AG Aktien ausgegeben, die den Unternehmenszusammenschluss honorieren.

cc) **§ 159 Abs 2 Z 3**: Zur Einräumung von **Aktienoptionen** an Arbeitnehmer, leitende Angestellte und Organmitglieder der AG oder eines mit ihr verbundenen Unternehmens.

> Diese Möglichkeit wurde zum Zweck der Vereinfachung der Einräumung und Bedienung von Aktienoptionen (⇨ zum Begriff oben S 63) an Mitarbeiter und Organmitglieder der AG ge-

schaffen. Solche Optionen können außer durch junge Aktien, die im Wege einer ordentlichen oder bedingten Kapitalerhöhung geschaffen wurden, etwa auch durch eigene Aktien der AG bedient werden.

§ 159 Abs 3 kennt für diesen Zweck auch die Form einer **genehmigten bedingten Kapitalerhöhung** (zum Begriff des „genehmigten Kapitals" ⇨ sogleich unter 3.). Hier wird der Vorstand durch Beschluss der Hauptversammlung ermächtigt, das Grundkapital durch Ausgabe neuer Aktien an den genannten Personenkreis gegen Einlagen zu erhöhen. Die Ermächtigung kann höchstens für fünf Jahre erteilt werden.

Das Gesamtausmaß der auf Grund derartiger Optionen beziehbaren Aktien der Gesellschaft darf 20% des Grundkapitals nicht überschreiten (§ 159 Abs 5).

b)   Bei der bedingten Kapitalerhöhung besteht wegen dieser besonderen Ausgabegründe **kein Aktionärsbezugsrecht**. Sie ist zudem **umfänglich begrenzt** (vgl § 159 Abs 4: 50% des bei Beschlussfassung vorhandenen Grundkapitals, 10% im Fall von Abs 2 Z 3 [Einräumung von Aktienoptionen an Arbeitnehmer und Organmitglieder]).

> Auch bei der bedingten Kapitalerhöhung sind **Sacheinlagen** möglich (vgl § 161). Der Umtausch von Schuldverschreibungen gegen Bezugsaktien gilt jedoch nicht als Sacheinbringung.

c)   **Wirkung**: Bei der bedingten Kapitalerhöhung tritt die von der Hauptversammlung beschlossene Erhöhung des Grundkapitals nur unter der Bedingung und in dem Ausmaß ein, als die auf das neue Kapital eingeräumten Umtausch- oder Bezugsrechte in Anspruch genommen werden und Bezugsaktien ausgegeben werden. Die Bezugsrechte (zB jene der Berechtigten aus Aktienoptionen oder der Gläubiger aus Wandelschuldverschreibungen) sind durch schriftliche Erklärung auszuüben; die Aktien dürfen nicht vor der Eintragung des Kapitalerhöhungsbeschlusses im Firmenbuch und nicht vor der vollen Leistung des Gegenwertes ausgegeben werden (§§ 165, 166).

> **Beachte**: Eine Zusicherung von Bezugsrechten auf junge Aktien ist nach § 154 Abs 2 (iVm § 160 Abs 1) der Gesellschaft gegenüber nur dann wirksam, wenn zumindest gleichzeitig das erforderliche Kapital von der Hauptversammlung beschlossen wird.

Zur **Erhöhung des Grundkapitals** kommt es in diesem Fall nicht durch die Firmenbucheintragung, sondern durch die Ausgabe der Bezugsaktien (§ 167; die Eintragung der Durchführung im Firmenbuch wirkt daher nur mehr deklarativ). Zum (komplizierten) **Verfahren** (Beschlusserfordernisse, Berichtspflichten, Anmeldung zum Firmenbuch und Veröffentlichungen) vgl die §§ 159 ff.

3.   **Genehmigtes Kapital** (§§ 169 ff)

a)   Bis zur Höhe des halben vorhandenen Grundkapitals kann **der Vorstand** in der Satzung (oder durch spätere Satzungsänderung) **ermächtigt werden**, das Grundkapital durch Ausgabe neuer Aktien gegen Einlagen zu erhöhen. Dadurch soll die Ausnützung günstiger Verhältnisse am Kapitalmarkt ermöglicht werden. Ein Bezugsrecht der Aktionäre besteht auch hier (außer im Fall des § 159 Abs 3: Einräumung von Aktienoptionen), ebenso dessen Ausschließungsmöglichkeit.

b)   Der Vorstand **kann**, muss aber von dieser Ermächtigung keinen Gebrauch machen. Die Ermächtigung ist auf fünf Jahre nach ihrer Firmenbucheintragung beschränkt. Die Kapitalerhöhung erfolgt konstitutiv mit der Eintragung.

c) Zur durch das AOG neu geschaffenen Möglichkeit einer **genehmigten bedingten Kapitalerhöhung** zur Bedienung von Aktienoptionen ⇨ oben unter 2. a) cc)).

II. Kapitalberichtigung (nominelle Kapitalerhöhung)

Bei der nominellen Kapitalerhöhung (Kapitalerhöhung aus Gesellschaftsmitteln; nach dem KapBG 1967, ⇨ auch S 48 unter 3. zur GmbH) werden **offene Rücklagen** (einschließlich Gewinnvorträge) **in Grundkapital umgewandelt**. Die gesetzliche Rücklage darf dadurch nicht unter 10% des Grundkapitals sinken (vgl § 2 Abs 3 KapBG). Die Kapitalerhöhung heißt nominell, weil das Gesellschaftsvermögen nicht verändert wird. Die neu ausgegebenen Aktien fallen den Aktionären anteilsmäßig zu (sog Gratisaktien, da für die Aktionäre keine neuen Einlageverpflichtungen entstehen). Bezugsrechte sind daher nicht erforderlich.

> **Beachte**: AG mit **Stückaktien** können ihr Grundkapital auch ohne Ausgabe neuer Aktien erhöhen (vgl § 4 Abs 1 KapBG). Die auf die einzelne Stückaktie entfallende Beteiligungsquote bleibt gleich, es erhöht sich aber der auf die einzelne Aktie entfallende anteilige Betrag des Grundkapitals.

III. Wandel- und Gewinnschuldverschreibungen (§ 174)

1. Die Gesellschaft kann sich neues Kapital auch durch **Schuldverschreibungen (Obligationen** oder **Anleihen;** wertpapiermäßig verbriefte Darlehen, vgl § 985 ABGB) verschaffen. Gegenüber der Aktiengesellschaft als Ausgeberin ist der Obligationär nicht Aktionär, sondern Gläubiger mit einer festverzinslichen Forderung. Bei der Ausgabe besteht ein Bezugsrecht der Aktionäre entsprechend § 153. Erforderlich ist ein Hauptversammlungsbeschluss; dem Vorstand kann auch eine Ermächtigung zur Ausgabe von Wandelschuldverschreibungen erteilt werden (§ 174 Abs 2).

2. **Folgende Varianten** sind möglich:

   a) Bei **Wandelschuldverschreibungen** hat der Obligationär das Recht, seine Obligationen auf Aktien umzutauschen oder Aktien des Anleiheschuldners zu beziehen (Umtausch- oder Bezugsrechte). Im ersten Fall wird er vom Obligationär zum Aktionär, im zweiten Fall erlangt er die Stellung des Aktionärs zusätzlich zu seiner Gläubigerstellung. Die für den Umtausch bzw das Bezugsrecht erforderlichen Aktien werden durch eine bedingte Kapitalerhöhung gebildet (⇨ S 87 unter 2.).

   b) **Gewinnschuldverschreibungen** sind Obligationen, die neben der Zahlung von Zinsen (oder auch statt dieser) die Beteiligung an den Gewinnausschüttungen der Gesellschaft zusichern (ohne darüber hinaus Umtausch- oder Bezugsrechte zu beinhalten). § 174 Abs 3 erwähnt daneben **Genussrechte** (das sind gewinnabhängige Ansprüche, die nicht als Gegenleistung für ein Darlehen an die Gesellschaft, sondern für andere Leistungen gewährt werden; zB für einen Rechtsverzicht).

IV. Kapitalherabsetzung

1. **Ordentliche (effektive) Kapitalherabsetzung** (§§ 175 ff)

   a) **Begriff**: Die effektive oder ordentliche Kapitalherabsetzung ist eine **Verminderung des Grundkapitals** durch Satzungsänderung. Sie kann durch Rückzahlung von Eigenmitteln an die Aktionäre oder durch Verminderung von Einlageverpflichtungen erfolgen. Ihr Grund kann darin liegen, dass vorhandene Mittel für den Geschäftsbetrieb der Gesellschaft nicht mehr benötigt werden. Da bei diesem Vorgang das Grundkapital vermindert wird, sind **besondere Maßnahmen für den Gläubigerschutz** notwendig.

b) **Verfahren**

aa) Die ordentliche Kapitalherabsetzung bedarf (mangels einer anderen Satzungsregelung) eines **Hauptversammlungsbeschlusses mit Dreiviertelmehrheit** (§ 175 Abs 1). Der Beschluss ist zum Firmenbuch anzumelden und einzutragen (damit wird die Kapitalherabsetzung bereits wirksam, § 177). Der Beschluss ist sodann bekannt zu machen, wobei auf das Recht der Gläubiger hinzuweisen ist, sich innerhalb von sechs Monaten bei der Aktiengesellschaft zu melden. Diese hat die Forderungen der Gläubiger, die sich bei der Gesellschaft melden, zu befriedigen oder sicherzustellen (§ 178). Erst nach Ablauf dieses Zeitraumes kann die **Rückzahlung** an die Aktionäre erfolgen (§ 178 Abs 2; bei sonstiger Haftung der Aktionäre nach § 56 und der Organmitglieder nach § 84).

bb) Die Herabsetzung ist bei **Nennbetragsaktien** durch eine Verminderung des Nennbetrages oder durch Zusammenlegung von Aktien zulässig. Letzteres ist (nur) dann möglich und erforderlich, wenn der Mindestbetrag nach § 8 Abs 2 (€ 1,–) nicht eingehalten werden kann (§ 175 Abs 4; zur Zusammenlegung vgl § 179).

Bei **Stückaktien** ist eine Herabsetzung des Nennbetrages naturgemäß nicht möglich (die Mitgliedschaftsrechte ergeben sich hier nicht aus einem Nennbetrag, sondern aus der Stückzahl aller Aktien). Durch die Herabsetzung vermindert sich der auf die einzelne Aktie entfallende anteilige Betrag des Grundkapitals. Mit Zusammenlegung ist auch hier vorzugehen, wenn der Mindestbetrag nach § 8 Abs 3 (der auf eine einzelne Aktie entfallende anteilige Betrag des Grundkapitals muss mindestens € 1,– betragen) unterschritten wird (auch dazu § 175 Abs 4).

> **Beachte**: Eine Herabsetzung des Grundkapitals unter den Mindestnennbetrag von € 70.000,– (§ 7) ist zulässig, wenn dieser durch eine zugleich beschlossene Kapitalerhöhung, bei der Sacheinlagen nicht bedungen werden, wieder erreicht wird (§ 181).

cc) Sodann kommt es zur **Anmeldung** und **Eintragung der Durchführung** (§ 180).

2. **Vereinfachte (nominelle) Kapitalherabsetzung** (§§ 182 ff)

a) **Begriff**: Diese Kapitalherabsetzungsform heißt nominell, weil dabei die Grundkapitalziffer an das Gesellschaftsvermögen angeglichen wird. Es erfolgen weder Rückzahlungen an die Aktionäre noch Befreiungen von Einlageverpflichtungen. Im Einzelnen gilt: Die vereinfachte Kapitalherabsetzung kann beschlossen werden, wenn bei der AG ein sonst auszuweisender Bilanzverlust zu decken und allenfalls Beträge in die gebundene Kapitalrücklage einzustellen sind (§ 182 Abs 1; eine Herabsetzung nur zum Zweck der Einstellung in die gebundene Kapitalrücklage ist nicht [mehr] möglich). Sie ist nur zulässig, nachdem der 10% des nach der Herabsetzung verbleibenden Grundkapitals übersteigende Teil der gebundenen Rücklagen (§ 229 UGB) und alle freien Rücklagen vorweg aufgelöst sind (vgl § 183). Die freiwerdenden Beträge dürfen nur für den im Herabsetzungsbeschluss angegebenen Zweck verwendet werden; Zahlungen an die Aktionäre oder Befreiungen von Einlageverpflichtungen sind nicht gestattet (vgl § 184).

> **Beachte**: Wie bei der GmbH wird eine nominelle Kapitalherabsetzung anlässlich einer Sanierung der Gesellschaft häufig mit einer ordentlichen Kapitalerhöhung (Zuführung neuen Eigenkapitals) verbunden.

b) **Verfahren**: § 182 Abs 2 verweist teilweise auf die Regeln der ordentlichen Kapitalherabsetzung. Der Gläubigerschutz ist bei der nominellen Kapitalherabsetzung jedoch vereinfacht, da keine Zahlungen an die Aktionäre geleistet werden und das Gesellschaftsvermögen damit nicht vermindert wird. Gläubigerrechte entsprechend § 178 (⇨ oben 1. b) aa)) sind daher im Regelfall nicht vorgesehen, als Ersatz gilt aber eine Beschränkung künftiger Gewinnausschüttungen (Einzelheiten in § 187).

3. **Kapitalherabsetzung durch Einziehung von Aktien (§§ 192 ff)**

a) **Begriff**: Ähnlich wie bei der GmbH (⇨ S 50 unter 5.) ist diese Kapitalherabsetzungsmöglichkeit insbesondere für Gesellschaften vorgesehen, deren Vermögen sich durch die Geschäftstätigkeit vermindert. Sie muss in der Satzung (oder durch eine Satzungsänderung) gestattet sein.

b) **Verfahren**: Die Herabsetzung ist nach den Vorschriften der ordentlichen Kapitalherabsetzung durchzuführen. Zur Anmeldung und zum Wirksamwerden vgl die §§ 193 f. Die Einziehung kann nach einem **Tilgungsplan** erfolgen (sog Zwangseinziehung), das bedeutet, dass die Aktien in Form einer Verlosung laufend eingezogen werden. Die zweite Möglichkeit ist die **freiwillige Amortisation**: Die Gesellschaft kauft Aktien (Kauf zur Einziehung). In beiden Fällen sind die Gläubigerschutzbestimmungen wie bei der ordentlichen Kapitalherabsetzung zu beachten (§ 192 Abs 2).

> **Ausnahme**: Bei unentgeltlichem Erwerb oder Einziehung zu Lasten des Bilanzgewinnes, einer freien Rücklage oder einer Rücklage gemäß § 225 Abs 5 S 2 UGB müssen die Gläubigerschutzbestimmungen nicht befolgt werden, wenn es sich um voll eingezahlte Aktien handelt (§ 192 Abs 3).

F. Die Beendigung der Aktiengesellschaft

I. Die Auflösung (§§ 203 ff)

1. **Auflösungsgründe** sind nach § 203 Zeitablauf, ein Hauptversammlungsbeschluss, Eröffnung des Konkursverfahrens und eine Ablehnung der Insolvenzverfahrenseröffnung mangels kostendeckenden Vermögens. Dazu kommen die rechtskräftig ausgesprochene Nichtigkeit der Gesellschaft aufgrund einer Klage auf Nichtigerklärung (§§ 216 ff), die Löschung wegen Vermögenslosigkeit (§§ 40 f FBG) sowie in der Satzung vorgesehene Gründe.

An die Auflösung schließt idR ein **Abwicklungsverfahren** an (§§ 205 ff), dessen Aufgabe in der Verwertung des Gesellschaftsvermögens und der Gläubigerbefriedigung besteht (außer bei Vermögenslosigkeit und bei Insolvenz [hier Verwertung nach den Vorschriften der IO]).

2. **Liquidatoren** sind die Vorstandsmitglieder, wenn die Satzung nichts anderes bestimmt oder in der Hauptversammlung etwas anderes beschlossen wird (§ 206 Abs 1). Die Abwickler haben die Geschäfte der AG zu beenden, offene Forderungen einzuziehen, das Vermögen zu verwerten und die Gläubiger auszuzahlen. Zur Beendigung schwebender Geschäfte dürfen sie auch neue Geschäfte abschließen (§ 209 Abs 1). Sie unterliegen wie der Vorstand der Überwachung durch den Aufsichtsrat.

3. **Zum Verfahren**: Nach § 208 hat eine **dreimalige Aufforderung an die Gläubiger** zu erfolgen, ihre Forderungen anzumelden. Die Vermögensverteilung an die Aktionäre kann erst nach einem Sperrjahr erfolgen (§ 213 Abs 1). Sie erfolgt grundsätzlich im Verhältnis der Anteile am Grundkapital. Möglich sind jedoch – ähnlich wie bei der Gewinnverteilung – Vorrechte in Hinblick auf den Liquidationserlös, die mit bestimmten Aktien verbun-

den sind (vgl § 212). Erst nach Beendigung der Abwicklung (Legen einer Schlussrechnung) kann die **Löschung** der Aktiengesellschaft im Firmenbuch erfolgen (§ 214 Abs 1).

Beachte auch die Möglichkeiten der Fortsetzung einer aufgelösten Gesellschaft in § 215.

II. Verschmelzung, Umwandlung und Spaltung

1. **Verschmelzung**

   a) **Verschmelzung von Aktiengesellschaften** (§§ 219 ff)

      aa) **Begriff**: Verschmelzung (Fusion) ist die Vereinigung von Gesellschaften mit eigener Rechtspersönlichkeit unter Ausschluss der Abwicklung im Wege der Gesamtrechtsnachfolge. Die Verschmelzung von AG kann erfolgen

      ➢ in Form der **Verschmelzung durch Aufnahme** (§§ 219 Z 1, 220 ff);

      ➢ in Form der **Verschmelzung durch Neugründung** (§§ 219 Z 2; 233).

      Im **ersten Fall** wird das Vermögen einer (oder mehrerer) übertragenden(r) Gesellschaft(en) auf eine andere bestehende Gesellschaft (übernehmende Gesellschaft) übertragen, im **zweiten Fall** wird das Vermögen zweier (oder mehrerer) übertragender Gesellschaften auf eine neu zu bildende AG übertragen. Die Aktionäre der übertragenden Gesellschaft(en) werden durch die Gewährung von Anteilsrechten (Aktien) an der übernehmenden bzw neu gebildeten Gesellschaft abgegolten.

      Beachte: Das (komplizierte) Verschmelzungsverfahren kann hier nur skizziert werden.

      bb) **Voraussetzungen und Abwicklung**

      ➢ Die Vorstände der beteiligten AG erstellen zunächst einen **Verschmelzungsvertrag** (bzw einen Entwurf dazu) sowie einen **Verschmelzungsbericht** (vgl §§ 220, 220a). Der Vertrag ist für jede AG von einem Verschmelzungsprüfer (§ 220b) zu prüfen; weitere Prüfpflichten treffen den Aufsichtsrat der übertragenden Gesellschaft (§ 220c). Der Vertrag ist sodann beim zuständigen Firmenbuchgericht einzureichen, ein Hinweis auf die Einreichung ist zu veröffentlichen und die Unterlagen zur Einsicht durch die Aktionäre aufzulegen (§ 221a). Nötig ist sodann ein **Hauptversammlungsbeschluss** mit Dreiviertelmehrheit in den beteiligten AG (§ 221; s dort auch zu besonderen Beschlusserfordernissen). Der Verschmelzungsvertrag ist vom Vorstand der beteiligten Gesellschaften notariell beurkundet abzuschließen (§ 222). Im Vertrag ist ein Umtauschschlüssel festzulegen (Aktien der übertragenden Gesellschaft sind gegen Aktien der übernehmenden bzw neu gebildeten Gesellschaft umzutauschen; notwendigenfalls sind bare Zuzahlungen möglich). Die dafür erforderlichen Aktien können durch eine Kapitalerhöhung der übernehmenden Gesellschaft gebildet werden (vgl § 223), aus den Beständen eigener Aktien stammen oder Aktien sein, die durch die Verschmelzung selbst erlangt werden (zB im Fall einer gegenseitigen Beteiligung von übertragender und übernehmender AG). Soweit die übernehmende AG Aktien der übertragenden AG oder die übertragende AG eigene Aktien besitzt, dürfen keine Aktien gewährt werden (§ 224).

         Zu vereinfachten Verschmelzungsformen unter besonderen Voraussetzungen (zB, wenn die übernehmende AG mindestens 90% des Grundkapitals der übertragenden AG hält) vgl die §§ 231 f.

➢ Die Verschmelzung ist sodann zum Firmenbuch **anzumelden** (§ 225). Mit der **Eintragung der Verschmelzung** (die zusammen mit der Eintragung einer allfälligen Grundkapitalerhöhung durchgeführt wird; § 225a Abs 1) geht das Vermögen der übertragenden Gesellschaft einschließlich ihrer Verbindlichkeiten im Wege der **Gesamtrechtsnachfolge** auf die übernehmende Gesellschaft über; die übertragende Gesellschaft ist ipso iure erloschen (§ 225a Abs 3, 4).

➢ Die **Aktionäre der übertragenden Gesellschaft** werden dadurch geschützt, dass die Verschmelzung nicht eingetragen werden darf, solange nicht ein von der übertragenden Gesellschaft bestellter Treuhänder dem Gericht angezeigt hat, dass er die zu gewährenden neuen Aktien (und allfällige bare Zuzahlungen) erhalten hat (§ 225a Abs 2). **Jeder Aktionär der beteiligten AG** (also auch der übernehmenden) kann zudem unter den Voraussetzungen des § 225c das Umtauschverhältnis vom Außerstreitgericht überprüfen lassen und hat gegebenenfalls Anspruch auf bare Zuzahlungen (die §§ 225e ff enthalten für diesen Bereich besondere Verfahrensbestimmungen, insbesondere die Einschaltung des „Gremium zur Überprüfung des Umtauschverhältnisses"; s dazu die §§ 225g und 225m). Die Aktionäre sind zudem durch eine Haftung von Vorstand und Aufsichtsrat der übertragenden Gesellschaft geschützt (§§ 227 f).

Die Möglichkeiten der Anfechtung der Verschmelzungsbeschlüsse sind hingegen durch § 225b sehr eng gefasst.

➢ Den **Gläubigern der übertragenden Gesellschaft** ist binnen sechs Monaten nach Veröffentlichung der Eintragung der Verschmelzung im Firmenbuch Sicherheit zu leisten (soweit sie nicht Befriedigung verlangen können); sie müssen allerdings glaubhaft machen, dass durch die Verschmelzung die Erfüllung ihrer Forderungen gefährdet ist (§ 226). Sie sind zudem ebenfalls durch eine Haftung von Vorstand und Aufsichtsrat der übertragenden Gesellschaft geschützt (§§ 227 f).

➢ Auch die **Gläubiger der übernehmenden Gesellschaft** haben Anspruch auf Sicherheitsleistung, wenn konkrete Gefährdung gegeben ist (§ 226).

Beachte außerdem: § 229 erwähnt daneben eine mögliche Haftung der Verwaltungsträger der übernehmenden Gesellschaft; diese kann sich zB aus den §§ 84, 99 ergeben.

cc) Eine **unechte Fusion** liegt vor, wenn das gesamte Gesellschaftsvermögen einer AG **im Wege der Einzelrechtsnachfolge** (also etwa durch Veräußerung) übertragen wird (§ 237). In diesem Fall besteht die übertragende AG weiter; sie ist aber zu liquidieren, wenn sie nicht für andere Zwecke fortgeführt werden soll.

b) **Rechtformübergreifende Verschmelzung** (§§ 234 ff)

Nach diesen Bestimmungen kann eine GmbH mit einer Aktiengesellschaft durch Übertragung des Vermögens der GmbH auf die AG im Wege der Gesamtrechtsnachfolge gegen Gewährung von Aktien verschmolzen werden (oder – seit dem GesRÄG 2007 – auch umgekehrt: Übertragung des Vermögens der AG auf die GmbH gegen Gewährung von Geschäftsanteilen, § 234a). Für diese Verschmelzung gelten weitgehend die Regeln über die Verschmelzung von Aktiengesellschaften (vgl § 234 Abs 2). S dazu bereits oben S 53 unter 1. b).

c) **Grenzüberschreitende Verschmelzung**

S dazu oben bei der GmbH (⇨ S 54 unter c).

2. **Umwandlung**

S dazu oben bei der GmbH (⇨ S 54 unter 2.).

3. **Spaltung**

S dazu oben bei der GmbH (⇨ S 55 f unter 3.).

G. Anhang: Die Europäische (Aktien-) Gesellschaft (Societas Europaea, SE)

I. Allgemeines

1. Mit der – unmittelbar anzuwendenden – „Verordnung (EG) 2157/2001 des Rates vom 8. 10. 2001 über das Statut der europäischen Gesellschaft (Société Européenne; SE)" (**SE-VO**, ABl L 294 vom 10. 11. 2001, 1 ff) und der begleitenden „Richtlinie 2001/86/EG des Rates vom 8. 10. 2001 zur Ergänzung des Statuts der Europäischen Gesellschaft hinsichtlich der Beteiligung der Arbeitnehmer" (**SE-RL**, ABl L 294 vom 10. 11. 2001, 22 ff) wurde (nach jahrzehntelangen Diskussionen) 2001 die Möglichkeit zur **Gründung einer Europäischen Gesellschaft** geschaffen. In Österreich wurde diese Regelung ergänzt durch das Societas Europaea-Gesetz (**SEG**; BGBl I 2004/67, in Kraft seit 8. 10. 2004).

2. **Subsidiär** zu den gemeinschaftsrechtlichen Vorschriften (die nur eine Teilregelung beinhalten) und dem SEG gilt die **Satzung** sowie **nationales Aktienrecht** (Art 9 SE-VO).

II. Grundzüge der SE

1. **Wesen der SE**: Die SE ist eine Gesellschaft mit Rechtspersönlichkeit, deren Kapital in Aktien zerlegt ist. Sie stellt eine (das nationale Recht ergänzende) **supranationale Gesellschaftsform** dar. Regelungsziel war die Erleichterung von grenzüberschreitenden Unternehmenszusammenschlüssen in der EG. Die SE ist in erster Linie für solche Zusammenschlüsse oder für Unternehmen mit Sitz in verschiedenen Mitgliedstaaten bzw Tochterunternehmen oder Zweigniederlassungen in anderen Mitgliedstaaten vorgesehen (s sogleich zu den Gründungsmöglichkeiten).

2. **Gründung**

Nach den Art 2, 3 SE-VO kann eine SE in folgenden Fällen gegründet werden:

a) durch **Verschmelzung von** (zwei oder mehreren) **AG**, die nach dem Recht eines Mitgliedstaates gegründet worden sind und Sitz und Hauptverwaltung in der EG haben, sofern mindestens zwei von ihnen dem Recht verschiedener Mitgliedstaaten unterliegen (Art 2 Abs 1).

b) AG und GmbH, die nach dem Recht eines Mitgliedstaates gegründet worden sind und Sitz und Hauptverwaltung in der EG haben, können die **Gründung einer Holding-SE** (durch Einbringung der Aktien bzw Geschäftsanteile durch die Gesellschafter) anstreben, sofern mindestens zwei von ihnen dem Recht verschiedener Mitgliedstaaten unterliegen oder im Gründungszeitpunkt seit mindestens zwei Jahren eine dem Recht eines anderen Mitgliedstaates unterliegende Tochtergesellschaft oder eine Zweigniederlassung in einem anderen Mitgliedstaat haben (Art 2 Abs 2).

c)   Gesellschaften iSd Art 48 EG-V (vgl nunmehr Art 54 AEUV; das sind Gesellschaften des bürgerlichen Rechts und des Handelsrechts einschließlich der Genossenschaften und sonstige juristische Personen des öffentlichen und privaten Rechts mit Ausnahme solcher, die keinen Erwerbszweck verfolgen) können (unter ähnlichen Voraussetzungen) eine **Tochter-SE** gründen (Art 2 Abs 3).

d)   Eine **nationale AG** kann (wieder unter ähnlichen Voraussetzungen) in eine SE **umgewandelt** werden, wenn sie seit mindestens zwei Jahren eine dem Recht eines anderen Mitgliedstaates unterliegende Tochtergesellschaft hat (Art 2 Abs 4).

e)   Eine SE kann schließlich selbst eine **Tochtergesellschaft** in Form einer SE gründen (Art 3 Abs 2); in diesem Fall ist das Erfordernis der Mehrstaatlichkeit nicht gegeben.

Der **Gründungsvorgang** ist im Einzelnen (entsprechend der gegebenen Gründungsvariante) in den Art 15 ff SE-VO und in den §§ 17 ff SEG geregelt. Die Gründungsmitglieder haben die **Satzung** zu erstellen (mit bestimmten Mindestinhalten wie Firma, Sitz und Gegenstand des Unternehmens, Namen der Gründer, Höhe des Grundkapitals [mit Angabe, ob es in Nennbetrags- oder Stückaktien zerlegt ist], auszugebende Aktientypen [Inhaber- oder Namensaktien], Form der Gesellschaftsveröffentlichungen, zustimmungsbedürftige Geschäfte und Maßnahmen, Modell der Innenorganisation [monistisch oder dualistisch, ⇨ dazu unter 5.], Zahl der Mitglieder von Vorstand oder Verwaltungsrat, Sacheinlagen und Sachübernahmen). Die **Eintragung ins Firmenbuch** erfolgt nach den aktienrechtlichen Vorschriften (§ 2 SEG); nach Art 14 SE-VO wird die Eintragung (und Löschung) einer SE auch im EU-Amtsblatt veröffentlicht. Als **juristische Person** entsteht die SE mit der **Eintragung** (Art 16 SE-VO). Für Rechtshandlungen im Namen der SE, die vor der Eintragung vorgenommen werden, haften die handelnden Personen vorbehaltlich anderer Vereinbarungen unbegrenzt und gesamtschuldnerisch (Art 16 Abs 2 SE-VO). Das gilt, wenn die SE nach ihrer Eintragung die sich aus diesen Handlungen ergebenden Verpflichtungen nicht übernimmt.

3.   Der **Sitz** der SE muss in der EG liegen und zwar in jenem Mitgliedstaat, in dem sich die Hauptverwaltung befindet. Art 8 SE-VO sieht die Möglichkeit einer **Sitzverlegung** in einen anderen Mitgliedstaat vor. Die **Firma** muss den Zusatz „SE" enthalten (Art 11 SE-VO).

4.   Das **Mindestkapital** beträgt € 120.000,– (Art 4 SE-VO). Sehen nationale Regeln für bestimmte Tätigkeiten höhere Kapitalerfordernisse vor, so gelten diese auch für die SE. Für Kapital, Kapitalerhaltung, Kapitaländerung, Aktien, Schuldverschreibungen etc gelten die nationalen AG-Regeln (Art 5 SE-VO).

5.   **Innenorganisation: Organe** der SE sind nach den Art 38 ff SE-VO

a)   die **Hauptversammlung** der Aktionäre (Art 52 ff SE-VO): Die Regelung der SE-VO verweist dazu in vielen Bereichen auf das nationale Aktienrecht. So sind zB auch für Beschlussfassungen grundsätzlich die Mehrheitserfordernisse nach dem AktG anwendbar (beachte aber Art 59 Abs 1 SE-VO für Satzungsänderungen).

b)   **entweder** ein **Leitungsorgan und ein Aufsichtsorgan** (Vorstand und Aufsichtsrat; dualistisches System entsprechend dem nach dem AktG, dazu §§ 35 ff SEG) **oder** ein **Verwaltungsorgan** (Verwaltungsrat für Geschäftsführung und Aufsicht zugleich; monistisches System oder Board-System, dazu §§ 38 ff SEG). Welches System zur Anwendung kommen soll, ist in der Satzung festzulegen.

aa) Im **dualistischen System** werden die Mitglieder des Leitungsorgans (Vorstand) vom Aufsichtsorgan (Aufsichtsrat) bestellt und abberufen, jene des Aufsichtsorgans von der Hauptversammlung (Art 39, 40 SE-VO). Das Organmodell entspricht weitgehend jenem bei der AG.

bb) Wird das **monistische System** gewählt, so sehen die §§ 38 ff SEG die Einrichtung eines Verwaltungsrates vor, der die Gesellschaft leitet und die Geschäfte führt. Die Mitglieder des Verwaltungsrates (mindestens drei, höchstens zehn Personen) werden für einen von der Satzung festgelegten Zeitraum (maximal sechs Jahre, vgl Art 46 SE-VO) von der Hauptversammlung bestellt; eine vorzeitige Abberufung durch die Hauptversammlung ist möglich. Wie bei der AG (vgl § 88 AktG) können auch bei der SE bestimmten Aktionären Entsendungsrechte eingeräumt werden (§ 46 Abs 3 SEG). Für die laufenden Geschäfte der Gesellschaft (Geschäftsführung und Vertretung) sind vom Verwaltungsrat (ein oder mehrere) „geschäftsführende Direktoren" auf höchstens fünf Jahre zu bestellen (§§ 56, 59 SEG). Diese können, müssen aber nicht dem Verwaltungsrat angehören; die Mehrheit im Verwaltungsrat muss aber jedenfalls aus nicht geschäftsführenden Mitgliedern bestehen (bei börsenotierten Gesellschaften dürfen die geschäftsführenden Direktoren dem Verwaltungsrat hingegen nicht angehören). Die Direktoren sind gegenüber dem Verwaltungsrat weisungsgebunden. Soweit die Geschäftsführung nicht den Direktoren übertragen ist, sind die Mitglieder des Verwaltungsrates gemeinschaftlich zur Geschäftsführung befugt. Die Satzung hat festzulegen, für welche Arten von Geschäften ein Beschluss des Verwaltungsrates erforderlich ist (§ 40 SEG). Die möglichen Vertretungsmodelle sind in § 43 SEG geregelt (gemeinsame Vertretung mangels anderweitiger Satzungsregelung). Verwaltungsratsmitglieder und Direktoren sind im Firmenbuch einzutragen. Im Ergebnis sieht die österreichische Regelung im SEG damit auch im monistischen System in weiten Bereichen eine Trennung von Geschäftsführung/Vertretung und Aufsicht vor.

Seit dem URÄG 2008 ist nach § 51 Abs 3a SEG in Gesellschaften mit den Merkmalen des § 271a Abs 1 UGB (ähnlich wie bei der AG, ⇨ S 74) ein Prüfungsausschuss zu bestellen, dem kein geschäftsführender Direktor angehören darf.

6. Die **Beteiligung der Arbeitnehmer** ist in der SE-RL (⇨ oben I. 1.) geregelt. Ihr Zweck liegt in der Gewährleistung, dass die Gründung einer SE nicht zur Beseitigung oder Einschränkung der nationalen Gepflogenheiten der Arbeitnehmerbeteiligung führt, die in den an der Gründung beteiligten Gesellschaften herrschen (die Modelle der Arbeitnehmerbeteiligung in den Mitgliedstaaten sind andererseits zu unterschiedlich, um ein einheitliches Modell einzuführen; vgl Erwägungsgrund 3). Die RL sieht deshalb in den Art 3 ff im Rahmen der Gründung einer SE ein Verhandlungsverfahren zwischen den Leitungsorganen und der Arbeitnehmervertretung der betroffenen Gesellschaften über die Beteiligung der Arbeitnehmer vor. Für den Fall des Scheiterns der Verhandlungen sieht Art 7 eine von den Mitgliedsstaaten umzusetzende Auffangregelung vor. Die RL wurde in Österreich mit der Novelle 2004 zum ArbVG umgesetzt (vgl §§ 40 Abs 4c, 110 Abs 6, 208 ff ArbVG).

VIERTER ABSCHNITT

DIE ERWERBS- UND WIRTSCHAFTSGENOSSENSCHAFT

---

§§ ohne Gesetzesangabe in diesem Abschnitt sind solche des GenG.

Lies die zitierten Gesetzesbestimmungen immer nach!

A. Allgemeines

I. Begriff und Rechtsgrundlagen

1. **Definition**: Die Definition der Erwerbs- und Wirtschaftsgenossenschaft ergibt sich aus § 1 Abs 1 GenG. Danach sind Genossenschaften Personenvereinigungen mit Rechtspersönlichkeit von nicht geschlossener Mitgliederzahl, die im Wesentlichen der Förderung des Erwerbes oder der Wirtschaft ihrer Mitglieder dienen. Genannt sind hier auch eine Reihe von Beispielen: Kredit-, Einkaufs-, Verkaufs-, Konsum-, Verwertungs-, Nutzungs-, Bau-, Wohnungs- und Siedlungsgenossenschaften.

2. **Rechtsgrundlagen** sind neben dem Gesetz über Erwerbs- und Wirtschaftsgenossenschaften aus dem Jahr 1873 (GenG, zuletzt geändert durch das URÄG BGBl I 2008/70) das Genossenschaftsrevisionsgesetz 1997 (GenRevG), das Genossenschaftsinsolvenzgesetz (GenIG) 1918 idF 2010, das Genossenschaftsverschmelzungsgesetz 1980 (GenVG), das Euro-Genossenschaftsbegleitgesetz 2000 (Euro-GenBeG) sowie die gemäß §§ 17, 17b GenRevG von der Vereinigung Österreichischer Revisionsverbände erlassenen Vorschriften der Genossenschaftsrevisorenprüfungsordnung 2008 (GenRevPO 2008) und Genossenschaftsrevisoren-Berufsgrundsätzeverordnung 2008 (GenRevBGVO 2008).

   Auf **europäischer Ebene** ist auf Grundlage einer EG-Verordnung seit 18. 8. 2006 die Gründung einer Europäischen Genossenschaft möglich. Als Ausführungsgesetz hierzu hat der österreichische Gesetzgeber das Gesetz über das Statut der Europäischen Genossenschaft (SCE-Gesetz) erlassen (⇨ S 105 unter F.).

II. Die Hauptmerkmale der Genossenschaft

1. Die Genossenschaft ist eine **Körperschaft mit Rechtspersönlichkeit**. Sie ist in das Firmenbuch einzutragen. Die gesetzliche Regelung ist **weitgehend zwingend**.

   > **Beachte**: Die **Einmanngenossenschaft** ist nicht zulässig, dies würde dem Wesen der Genossenschaft (insbesondere dem Förderungszweck) widersprechen.

2. Da auch die Genossenschaft juristische Person ist, braucht sie **Organe für rechtsgeschäftliches Handeln.** Zwingende Organe sind der **Vorstand** und die **Generalversammlung**; ein **Aufsichtsrat** ist in bestimmten Fällen erforderlich (⇨ S 101 unter II. 1.). Das Gesetz sieht vor, dass Vorstand und Aufsichtsratsmitglieder aus dem Kreis der Genossenschafter oder deren Organmitglieder zu bestellen sind.

3. Die Genossenschaft ist **Unternehmer kraft Rechtsform** (§ 2 UGB). Überschreitet die Genossenschaft zwei der in § 221 Abs 1 UGB bezeichneten (Größenklassen-) Merkmale, gelten nach § 22 Abs 6 die §§ 268 ff UGB (be-

züglich Abschlussprüfung, Offenlegung, Veröffentlichung und Zwangsstrafen). Keine unternehmensrechtliche Rechnungslegungspflicht besteht für Genossenschaften, die hinsichtlich der einzelnen einheitlichen Betriebe jeweils nicht mehr als € 700.000,– Umsatz im Geschäftsjahr erzielen (sog Schwellenwert; vgl § 189 Abs 1 Z 2 UGB).

4. Wesentliches und charakteristisches Merkmal der Genossenschaft ist der **Förderungsauftrag** (Förderung von Erwerb oder/und Wirtschaft der Genossenschafter „im Wesentlichen"; § 1 Abs 1). Die Genossenschaft darf daher **nicht primär auf Gewinnerzielung** ausgerichtet sein. Vgl auch § 1 Abs 2: Mittel zur Förderung kann auch eine Beteiligung der Genossenschaft an anderen juristischen Personen des Unternehmens-, Genossenschafts- und Vereinsrechts oder an unternehmerisch tätigen Personengesellschaften sein, wenn diese Beteiligung der Erfüllung des satzungsmäßigen Zwecks und nicht überwiegend der Erzielung von Erträgen der Einlage dient. Dadurch ist jedoch nicht ausgeschlossen, dass die Genossenschaft Gewinne erwirtschaftet; das Gesetz sieht vor, dass der Genossenschaftsvertrag eine Gewinnverteilungsregelung enthalten muss (§ 5 Z 6). Das Erzielen von Gewinnen darf aber nicht Hauptzweck genossenschaftlicher Tätigkeit sein.

5. Der **Gegenstand** der Genossenschaft ergibt sich primär aus dem Förderungsauftrag. Eine Genossenschaft kann daher nach dem Leitbild des GenG nicht zur Verfolgung ideeller oder politischer Zwecke gegründet werden. Allerdings können Genossenschaften nach dem durch das URÄG 2008 eingeführten § 1 Abs 3 auch die in Art 1 Abs 3 SCE-VO genannten Zwecke verfolgen, was ausdrücklich auch „soziale Tätigkeiten" der Mitglieder mit einschließt (⇨ S 105 unter II. 1.). Ausgeschlossen sind allerdings durch sondergesetzliche Anordnungen der Betrieb von Hypothekenbank- und Versicherungsgeschäften sowie der Betrieb von Pensionskassen. Der Betrieb von Bankgeschäften iSd BWG ist hingegen zulässig (§§ 1, 5 BWG). Die Ausdehnung des genossenschaftlichen Zweckgeschäftes auf Nichtmitglieder und die Beteiligung an anderen Gesellschaften ist zulässig, bedarf aber einer entsprechenden Bestimmung im Genossenschaftsvertrag (§ 5a Abs 1 Z 1).

> **Beachte**: Die Genossenschaften des öffentlichen Rechts (zB Wassergenossenschaften nach den §§ 73 ff WRG) beruhen auf anderer Rechtsgrundlage und unterliegen nicht dem GenG.

6. **Mitgliedschaft/Leichter Mitgliederwechsel**: Mitglieder (Genossenschafter) können grundsätzlich natürliche und juristische Personen sowie Personengesellschaften sein. Die Mitgliederzahl ist ex definitione nicht geschlossen; die Mitgliedschaft kann aber statutenmäßig auf einen **bestimmten Personenkreis** beschränkt sein (zB auf natürliche Personen, auf Angehörige einer bestimmten Berufsgruppe, auch räumliche und zahlenmäßige Beschränkungen sind möglich). Die Bedingungen für die **Aufnahme** sind im Statut festzulegen; außerdem, welches Organ über die Aufnahme zu entscheiden hat (§ 5 Z 4). Der Genossenschaftsvertrag kann seit dem GenRÄG 2006 auch die Aufnahme von Personen zulassen, die für die Nutzung oder Produktion der Güter und die Nutzung oder Erbringung der Dienste der Genossenschaft nicht in Frage kommen („investierende" oder „nicht nutzende" Genossenschafter, § 5a Abs 2 Z 1; zB professionelle Manager).

Die Mitglieder der Genossenschaft können durch Veräußerung ihres Geschäftsanteiles (zur Zulässigkeit der Übertragung ⇨ S 103 unter I. 1.), aber auch durch Austritt (Kündigung; §§ 54, 77) mit Rückzahlung ihres Anteiles **ausscheiden**.

> **Beachte:** Der Genossenschaftsvertrag kann nach § 5a Abs 2 idF des GenRÄG 2006 einen Sockelbetrag bestimmen, den der Gesamtnennbetrag der Geschäftsanteile (⇨ unter 7.) trotz Ausscheidens von Mitgliedern nicht unterschreiten darf, wenn die Übertragung der Geschäftsanteile nicht ausgeschlossen ist. Der Anspruch ausgeschiedener Mitglieder auf Rückzahlung ihrer Geschäftsguthaben kann in diesem Fall ganz oder teilweise ausgesetzt werden.

Die **Ausschließung** eines Mitglieds aus wichtigem Grund ist möglich, wenn dies in der Satzung vorgesehen ist. Im Fall der Genossenschaft mit unbeschränkter Haftung (⇨ unten 8. a)) endet die Mitgliedschaft auch mit dem **Tod** des Genossenschafters, wenn die Satzung nichts anderes bestimmt (§ 54 Abs 2).

7. Die Genossenschaft hat **kein festes Kapital**. Jedes Mitglied muss mindestens einen Geschäftsanteil übernehmen. Der Nennbetrag der Geschäftsanteile ist im Statut festzusetzen (§ 5 Z 5). Die Einbringung von **Sacheinlagen** ist nach nunmehr wohl hL zulässig.

8. Das Gesetz kennt **folgende Typen** der Genossenschaft:

   a) **Genossenschaften mit unbeschränkter Haftung** der Mitglieder (GenmuH; Sonderregeln in den §§ 53 ff): In diesem Fall haftet jeder Genossenschafter für die Genossenschaftsverbindlichkeiten solidarisch mit seinem ganzen Vermögen (§ 2 Abs 2). Das gilt nach § 53 jedoch nur, wenn im Falle der Liquidation oder des Konkurses der Genossenschaft die Genossenschaftsaktiva zur Deckung der Verbindlichkeiten nicht ausreichen. Das bedeutet im Ergebnis, dass nur eine **Deckungspflicht** im Rahmen der Liquidation besteht. Es besteht dabei **kein direkter Anspruch** der Gläubiger gegen den einzelnen Genossenschafter (vgl § 1 Abs 1 GenKonkVO), sondern eine **Nachschusspflicht** im Umlageverfahren nach dem besonderen Verfahren der GenKonkVO. Bei Genossenschaften mit unbeschränkter Haftung ist die Mitgliedschaft nicht vererblich.

   b) **Genossenschaften mit beschränkter Haftung** der Mitglieder (GenmbH; Sonderregeln in den §§ 76 ff): In diesem Fall besteht Haftung nur bis zu einem bestimmten, im Voraus festgesetzten Betrag (§ 2 Abs 2). Nach § 76 bedeutet dies ebenfalls eine **Deckungspflicht** wie im Fall a); der Genossenschafter haftet jedoch nur mit seinen Geschäftsanteilen und einem weiteren Betrag in der Höhe derselben (die Satzung kann einen höheren Haftungsbetrag festsetzen, zB den fünf- oder zehnfachen Betrag der übernommenen Geschäftsanteile).

   c) **Genossenschaften mit Geschäftsanteilhaftung** (§ 2 Abs 3): Sonderregel für Konsumvereine (Genossenschaften zur gemeinschaftlichen Beschaffung von Lebensmitteln und anderen Waren für den Haushalt im Großen und deren Absatz im Kleinen), deren Tätigkeit auf die Mitglieder beschränkt ist (in der Praxis selten). In diesem Fall kann die Haftung des Genossenschafters auf den Geschäftsanteil beschränkt werden. Nach § 86a finden die Regeln über die GenmbH, die diesem Haftungsmodell nicht widersprechen, sinngemäß Anwendung.

9. **Firma**: In Anpassung an die Liberalisierung der Firmenbildungsvorschriften der §§ 18 ff UGB ist seit 1. 1. 2007 einzige besondere Voraussetzung, dass die Firma die Bezeichnung „eingetragene Genossenschaft" enthält, was auch abgekürzt werden kann, insbesondere mit „e.Gen." (§ 4 GenG idF des HaRÄG). Bestehende Genossenschaften können allerdings in ihrer Firma die Bezeichnung „registrierte Genossenschaft" beibehalten (§ 94c GenG). Auf die Angabe der Haftungsform wird im Hinblick darauf verzichtet, dass es in der Praxis nahezu ausschließlich GenmbH gibt und der Rechtsverkehr keine andere Haftungsform erwartet (so jedenfalls die Gesetzesmaterialien zum HaRÄG). Zu beachten ist allerdings § 14 UGB über die Pflichtangaben auf Geschäftsbriefen, Bestellscheinen und Webseiten (hier ist die Art der Haftung anzuführen).

10. Zu den **Größenklassen** nach § 221 UGB ⇨ S 3 unter 4. Die Größenmerkmale des § 221 UGB und die daran anknüpfenden Rechnungslegungsvorschriften gelten auch für die Genossenschaften, diese sind damit in diesem Bereich den Kapitalgesellschaften (weitgehend) gleichgestellt (vgl im Einzelnen § 22 Abs 4-6 GenG). Vgl auch ⇨ S 97 unter II. 3.).

III. Genossenschaftsrevision

1. Genossenschaften sind durch einen unabhängigen und weisungsfreien Revisor mindestens in jedem zweiten Geschäftsjahr auf die Rechtmäßigkeit, Ordnungsmäßigkeit und Zweckmäßigkeit ihrer Einrichtungen, der Rechnungslegung und der Geschäftsführung **zu prüfen** (bei Genossenschaften, die mindestens zwei der in § 221 Abs 1 UGB [mittelgroße Kapitalgesellschaft] bezeichneten Merkmale überschreiten und bei aufsichtsratspflichtigen Genossenschaften ist die Revision in jedem Geschäftsjahr durchzuführen). Rechtsgrundlage der Revision ist das **GenRevG 1997**. Nach § 1 Abs 1 GenRevG ist „insbesondere" die Erfüllung des Förderauftrages, die Wirtschaftlichkeit und Zweckmäßigkeit, Stand und Entwicklung der Vermögens-, Finanz- und Ertragslage zu prüfen.

2. Die **Revisoren** (zum Personenkreis s §§ 3, 13 ff GenRevG) werden, wenn die Genossenschaft einem anerkannten Revisionsverband (vgl §§ 19 ff GenRevG) angehört, von diesem bestellt; andernfalls bestellt das Firmenbuchgericht einen Revisor auf Antrag der Genossenschaft (§ 2 GenRevG). Das Gericht kontrolliert auch, ob die Revision fristgerecht durchgeführt wird. Der Revisor hat weitgehende Informations- und Einsichtsrechte (§ 4 GenRevG); bei Feststellung von Mängeln hat er Vorstand und Aufsichtsrat unverzüglich zu berichten; ebenso, wenn er die Voraussetzungen von Reorganisationsbedarf (§ 22 Abs 1 Z 1 URG) feststellt. Ergebnis der Revisionstätigkeit ist ein **Revisionsbericht**, welcher der Genossenschaft (allenfalls auch dem Revisionsverband, der den Bericht zu prüfen hat) vorzulegen ist; zusätzlich ist eine Kurzfassung des Berichtes zur Mitgliederinformation für die Generalversammlung zu erstellen (§ 5 GenRevG). Die Durchführung der Revision ist zum Firmenbuch anzumelden. Vorstand und Aufsichtsrat haben den Bericht zu behandeln und der Generalversammlung vorzulegen. In weiterer Folge sind, falls erforderlich, geeignete Maßnahmen zur Behebung von im Bericht aufgezeigten Mängeln einzuleiten. Zur möglichen **Haftung** des Revisors vgl § 10 GenRevG.

B. Die Gründung der Genossenschaft

1. Zur **Gründung** der Genossenschaft ist nach **§ 3 erforderlich**:

   a) die Annahme einer **Genossenschaftsfirma** (⇨ S 99 unter 9.);

   b) die **schriftliche Abfassung** des **Genossenschaftsvertrages** (Statut). Außer der Schriftlichkeit besteht kein weiteres Formerfordernis. Der notwendige Inhalt des Genossenschaftsvertrages ist in § 5 detailliert geregelt (s auch § 5a). Im Vertrag darf von den Regeln des GenG nur abgewichen werden, wo dies ausdrücklich für zulässig erklärt wird (§ 11).

   c) die **Eintragung** des Vertrages in das Firmenbuch.

      Beachte: Nach § 24 Abs 1 GenRevG darf die Eintragung nur vorgenommen werden, wenn der Genossenschaft in Gründung die Aufnahme in einem anerkannten Revisionsverband zugesichert worden ist (Ausnahmen in § 26 leg cit).

2. Die Genossenschaft **entsteht** wie die Kapitalgesellschaften mit der Eintragung ins Firmenbuch (§ 8). Ist sie vorher bereits tätig, besteht eine Vorgesellschaft, für die § 8 eine Handelndenhaftung anordnet, wenn vor Eintragung im Namen der Genossenschaft gehandelt wird.

3. Die Beitrittserklärung der Mitglieder bedarf der **Schriftform** (§ 3 Abs 2). Die Genossenschafter werden nicht im Firmenbuch eingetragen, die Genossenschaft hat jedoch ein Mitgliederregister zu führen, in das jedermann Einsicht zu gestatten ist (§ 14). Die Eintragung in das Genossenschafterregister wirkt nicht konstitutiv, sondern deklarativ.

C. Die Organe der Genossenschaft

I. Der Vorstand (§§ 15 ff)

1. Der Vorstand kann aus **einem oder mehreren Mitgliedern** bestehen, die aus der Zahl der Genossenschafter oder deren vertretungsbefugter Organmitglieder (zB Geschäftsführer einer GmbH, die Genossenschaftsmitglied ist) zu wählen sind. Für die Bestellung ist die Generalversammlung zuständig; der Genossenschaftsvertrag kann stattdessen die Bestellung durch den Aufsichtsrat vorsehen (§ 15 Abs 1). Das Statut hat auch festzulegen, welches Organ den schuldrechtlichen Vertrag mit dem Vorstandsmitglied abzuschließen hat (häufig der Aufsichtsrat). Die **Funktionsdauer** ist gesetzlich nicht begrenzt, in der Praxis sind jedoch Funktionsperioden üblich. Die Bestellung ist grundsätzlich jederzeit widerruflich; bei Bestellung durch den Aufsichtsrat und gleichzeitiger Geltung von Funktionsperioden kann der Gesellschaftsvertrag allerdings vorsehen, dass die Bestellung nur aus wichtigem Grund widerrufen werden kann (§ 15 Abs 2, 3). Die Vorstandsmitglieder und die Art ihrer Vertretungsbefugnis sind zur Eintragung in das **Firmenbuch** anzumelden (§ 16).

2. Dem Vorstand obliegt die **Geschäftsführung** und die **gerichtliche und außergerichtliche Vertretung** der Genossenschaft. Mangels anderer Regelung im Genossenschaftsvertrag besteht Gesamtgeschäftsführungs- und Gesamtvertretungsbefugnis (für die passive Vertretung genügt ein Vorstandsmitglied, § 17). Der Vorstand ist den Weisungen der Generalversammlung unterworfen (§ 34 Abs 1); die Vertretungsbefugnis kann von dieser aber nicht außenwirksam beschränkt werden (§ 19).

> **Beachte**: § 26 sieht außerdem die Möglichkeit der Zuweisung von Geschäftsführungsangelegenheiten an andere Personen als Vorstandsmitglieder vor. Sollen hier auch Vertretungsbefugnisse eingeräumt werden, so ist Vollmachtserteilung notwendig (vgl die Zweifelsregel in § 26 S 2).

Seit dem URÄG 2008 hat der Vorstand dafür zu sorgen, dass ein Rechnungswesen geführt wird, das den Anforderungen des Unternehmens entspricht und haben aufsichtsratspflichtige Genossenschaften ein internes Kontrollsystem einzurichten. Ferner unterliegt der Vorstand einer aufsichtsratspflichtigen Genossenschaft bestimmten Berichtspflichten gegenüber dem Aufsichtsrat (§ 22 Abs 1, 3).

3. Die Vorstandsmitglieder **haften** der Genossenschaft solidarisch bei Verletzung der Grenzen ihres Auftrages oder bei Gesetzes- und Statutverletzungen (§ 23). **Haftungsmaßstab** ist die Sorgfalt eines ordentlichen Geschäftsmannes iSd § 1299 ABGB.

II. Der Aufsichtsrat (§§ 24 ff)

1. Die Genossenschaft **hat** einen Aufsichtsrat zu bestellen, wenn sie dauernd **mindestens 40 Arbeitnehmer** beschäftigt (§ 24 Abs 1; vgl auch die Ernennungsbefugnis des Firmenbuchgerichtes in § 24a Abs 1). In diesem Fall sind nach § 110 Abs 5 ArbVG (ähnlich wie bei der AG) auch Arbeitnehmervertreter im Aufsichtsrat vorgesehen. Die Aufsichtsratsmitglieder (Mindestanzahl: drei) sind durch die Generalversammlung aus der Reihe der Genossenschafter oder deren Organmitglieder zu wählen (mit Ausschluss der Vorstandsmitglieder der Genossenschaft selbst). Die Bestellung zum Aufsichtsratsmitglied kann von der Generalversammlung jederzeit widerrufen werden. Die Einrichtung eines fakultativen Aufsichtsrates ist möglich (§ 24 Abs 3).

Das URÄG 2008 hat mit dem neuen § 24c erstmals gesetzliche Regelungen über die **innere Ordnung** des Aufsichtsrats eingeführt (zB zur Wahl des Aufsichtsratsvorsitzenden und zur Beschlussfassung im Aufsichtsrat). Gemäß § 24c Abs 6 ist in Genossenschaften mit den Merkmalen des § 271a Abs 1 UGB (kapitalmarktorientiert oder das Fünffache einer großen Gesellschaft überschreitend) ein Prüfungsausschuss zu bestellen.

2. Dem Aufsichtsrat obliegt die **Überwachung der Geschäftsführung der Genossenschaft**; zu diesem Zweck können Aufsichtsratsmitglieder vom Vorstand jederzeit Berichte verlangen (§ 24e Abs 1). Der Aufsichtsrat hat den Rechnungsabschluss zu prüfen und darüber der Generalversammlung Bericht zu erstatten (§ 24e Abs 4). Er ist außerdem ermächtigt, Vorstandsmitglieder von ihren Befugnissen vorläufig zu entbinden (§ 24e Abs 2) und gegen die Vorstandsmitglieder Prozesse zu führen (§ 25). Genossenschaftsvertrag, Generalversammlung oder Aufsichtsrat können anordnen, dass bestimmte Arten von Geschäften nur mit Zustimmung des Aufsichtsrats vorgenommen werden dürfen. § 24e Abs 3 enthält zudem einen Katalog von Geschäften, die bei aufsichtsratspflichtigen Genossenschaften nur mit Zustimmung des Aufsichtsrats vorgenommen werden „sollen"; zB die Erteilung der Prokura. Diese Bestimmung ist in weiten Teilen an die entsprechende aktienrechtliche Regelung angelehnt (⇨ S 74 unter 4.c)).

    Aufsichtsratsmitglieder **haften** für den Schaden, welchen sie durch die Nichterfüllung ihrer Obliegenheiten verursachen (§ 24e Abs 6).

III. Die Generalversammlung (§§ 27 ff)

1. Die Generalversammlung ist das **höchste Organ der Genossenschaft**. Sie kann dem Vorstand bindende **Weisungen** erteilen (§§ 19, 34 Abs 1) und damit in Geschäftsführungsfragen eingreifen. Auch kann bereits das Statut Zustimmungsbefugnisse für bestimmte Geschäfte vorsehen (§ 19).

    Bei Genossenschaften mit mindestens 500 Mitgliedern kann das Statut vorsehen, dass die Generalversammlung aus **Delegierten** bestehen soll (§ 27 Abs 3).

2. Zur **Einberufung** sind der Vorstand und der Aufsichtsrat, sowie andere im Statut bestimmte Personen berechtigt. Eine Minderheit von 10% der Mitglieder (nicht der Stimmen!) kann die Einberufung schriftlich mit Angabe von Zweck und Gründen verlangen (§ 29 Abs 2). Erfolgt die Einberufung nicht, so kann der Vorstand mit Zwangsstrafen dazu verhalten werden.

3. Die Generalversammlung ist **beschlussfähig**, wenn mindestens 10% der Mitglieder anwesend oder vertreten sind (§§ 31 f). Jedes Mitglied ist zur Teilnahme berechtigt und hat nach dem Gesetz eine Stimme (§ 27 Abs 2). Das Stimmrecht kann, außer nach Köpfen, auch anders ausgestaltet sein (zB von der Höhe der Geschäftsanteile oder der darauf geleisteten Einlage abhängig gemacht werden). Die Beschlüsse werden mangels anderer Anordnung im Statut mit **absoluter Mehrheit** gefasst. Eine Zweidrittelmehrheit ist für Änderungen des Statuts, für die Auflösung der Genossenschaft (§ 33 Abs 2) sowie für eine Umwandlung der Haftungsart oder eine Herabsetzung der Haftung oder der Geschäftsanteile vorgesehen (§ 33 Abs 3, hier ist ein Quorum von einem Drittel erforderlich). Die gefassten Beschlüsse sind in ein Protokollbuch einzutragen (§ 34 Abs 2).

4. **Besondere Beschlussgegenstände**:

    a) Die Generalversammlung hat nach § 27a in den ersten acht Monaten des Geschäftsjahres über den **Abschluss**, den **Bericht des Vorstandes**, die **Ergebnisverwendung** und die **Entlastung von Vorstand und Aufsichtsrat** zu beschließen.

    b) Bei Beschlüssen auf **Erhöhung der Haftung** oder des Nennbetrages der Geschäftsanteile steht den überstimmten bzw nicht anwesenden Genossenschaftern ein außerordentliches Kündigungsrecht nach § 33 Abs 4 zu.

c) Bei Beschlüssen auf **Herabsetzung der Haftung** (zB Änderung der unbeschränkten in beschränkte Haftung) oder des Nennbetrages der Geschäftsanteile ist Gläubigerschutz erforderlich. § 33a sieht für diesen Fall ein Aufgebotsverfahren (ähnlich jenem anlässlich einer Kapitalherabsetzung bei der GmbH) vor.

> **Beachte**: Die Firmenbucheintragung einer den **Gegenstand des Unternehmens betreffenden Änderung des Genossenschaftsvertrages** betreffend eine einem Revisionsverband angehörenden Genossenschaft darf nur vorgenommen werden, wenn der Revisionsverband schriftlich seine Zustimmung erklärt hat (§ 27 GenRevG).

5. Eine **Klage auf Nichtigerklärung** bzw auf **Feststellung der Nichtigkeit** von Generalversammlungsbeschlüssen ist im Gesetz nicht vorgesehen. Rechtswidrige Beschlüsse werden aber von der hA als nichtig angesehen. Es kann danach nach allgemeinen Regeln (§ 228 ZPO) Klage auf Feststellung des Bestehens oder Nichtbestehens allfällig rechtswidriger (und damit nichtiger) Beschlüsse erhoben werden; dies von jedem, der ein rechtliches Interesse an der Feststellung nachweisen kann. Bei Genossenschaftern und Organmitgliedern werden dabei keine strengen Maßstäbe angelegt.

IV. Fakultative Organe

Fakultative Organe (zB **Beiräte**) können durch Verankerung im Statut eingerichtet werden. Das Gesetz sieht in § 19 S 3 vor, dass die Zustimmungsbefugnis für bestimmte Geschäfte durch gesellschaftsvertragliche Anordnung außer dem Aufsichtsrat oder der Generalversammlung auch einem anderen Genossenschaftsorgan zukommen kann.

D. Rechte und Pflichten der Genossenschafter

I. Beginn und Ende der Genossenschafterstellung

1. Der **Erwerb** der Mitgliedschaft erfolgt durch **Beitritt in schriftlicher Form** (Zustimmung des zuständigen Organs erforderlich, ⇨ S 98 unter 6.). **Übertragbar** ist die Mitgliedschaft nach dem gesetzlichen Modell bei einer **GenmbH** (§ 83 Abs 1). Die Übertragung ist an die Zustimmung des Vorstandes gebunden. In diesem Fall ist der Geschäftsanteil auch vererblich, wenn dies im Statut nicht ausgeschlossen ist. An einer **GenmuH** ist die Mitgliedschaft nicht vererblich, wenn das Statut nichts anderes bestimmt (§ 54 Abs 2). Aus der Norm wird abgeleitet, dass auch die Übertragbarkeit unter Lebenden einer Statutenfestsetzung bedarf.

2. Die Mitgliedschaft **endet** mit dem Tod des Genossenschafters, bei Übertragung des Geschäftsanteils (soweit zulässig) und durch Kündigung (Austritt; §§ 54, 77). Möglich ist auch eine Ausschließung eines Genossenschafters, wenn dies im Statut vorgesehen ist (§ 5 Z 4). S zum Ganzen auch ⇨ S 98 unter 6.

II. Genossenschafterrechte

1. **Herrschaftsrechte**

   a) **Auskunfts- und Stimmrecht** in der Generalversammlung

   > **Beachte**: Das GenG enthält keine Rechtsgrundlage für einen individuellen Informationsanspruch des Genossenschafters. Nach § 27 Abs 1 werden die Genossenschafterrechte grundsätzlich in der Generalversammlung ausgeübt. Nach neuerer Rsp sind allerdings die Rechtsgrundsätze zum Informationsanspruch eines ausgeschiedenen GmbH-Gesellschafters auf den ausgeschiedenen Genossenschafter analog anzuwenden.

b)   das Recht auf **gerichtliche Feststellung der Nichtigkeit eines Generalversammlungsbeschlusses**

c)   Anspruch auf **Ausfolgung** des **Statuts** und des **Rechnungsabschlusses** (§ 35), **Einsicht ins Protokollbuch** (§ 34) und in das **Mitgliederregister** (§ 14).

d)   Ein **Minderheitenrecht** enthält § 29 Abs 2 (Antrag auf Einberufung der Generalversammlung durch 10% der Genossenschafter).

2.   **Vermögensrechte**

a)   Anspruch auf den **Gewinnanteil** (falls Gewinne erzielt werden);

b)   der Anspruch auf das **Geschäftsguthaben** (Genossenschafterkonto, auf dem Einlagen, Gewinne und Verluste verbucht werden) im Fall des Ausscheidens und auf den **Anteil am Liquidationserlös**.

3.   **Anspruch auf Leistungen der Genossenschaft gemäß ihrem Förderungsauftrag.**

> **Beispiele**: Warenbezug, Wohnungszuteilung, Nutzung genossenschaftlicher Anlagen oder Maschinen.

III. Genossenschafterpflichten

1.   **Leistung der Einlage nach dem Statut** (§ 5 Z 5).

2.   **Deckungspflicht** der Genossenschafter (⇨ S 99 unter 8.).

> **Beachte**: Im Falle des Ausscheidens oder der Auflösung der Genossenschaft mit beschränkter Haftung haftet der Genossenschafter aus seiner Deckungspflicht drei Jahre ab dem Zeitpunkt des Ausscheidens oder der Auflösung (78 Abs 1). Bei der Genossenschaft mit unbeschränkter Haftung gilt grundsätzlich dieselbe Regelung, allerdings beginnt die Verjährung im Falle späterer Fälligkeit einer Gläubigerforderung ab dieser (§§ 55 Abs 1).

3.   Im Genossenschaftsvertrag kann schließlich auch eine Verpflichtung der Genossenschafter zur Erbringung von **Nebenleistungen** vorgesehen werden (zB die Lieferung landwirtschaftlicher Produkte).

E. Beendigung der Genossenschaft

I. Beendigungsgründe

Die **wichtigsten Beendigungsgründe** sind (§ 36)

a)   **Zeitablauf** bei Genossenschaften, die nur auf bestimmte Zeit errichtet sind

b)   **Auflösungsbeschluss** der Generalversammlung (Zweidrittelmehrheit)

c)   **Konkurseröffnung**

d)   **Verschmelzung** durch Aufnahme oder Neubildung nach dem GenVG 1980

e)   **Auflösung nach § 28 GenRevG** (Ausscheiden aus einem Genossenschaftsverband und Nichtaufnahme in einen anderen).

II. Liquidation

Die Abwicklung der Gesellschaft (Liquidation) ist **nach dem Vorbild der OG-Regeln** geordnet. Die Vorstandsmitglieder sind Liquidatoren (§ 41), sofern Statut oder Generalversammlungsbeschluss nichts anderes anordnen. Sie haben die Abwicklung zu besorgen (§ 44). Das Verfahren im Einzelnen ist in den §§ 41-51 geregelt.

F. Anhang: Europäische Genossenschaft (SCE)

I. Allgemeines

1. Mit der – unmittelbar anzuwendenden – „Verordnung (EG) 1435/2003 des Rates vom 22. 7. 2003 über das Statut der europäischen Genossenschaft (SCE)" (**SCE-VO**, ABl L 207 vom 18. 8. 2003, S 1) und dem als österreichisches Ausführungsgesetz fungierenden „Gesetz über das Statut der Europäischen Genossenschaft" (SCEG, BGBl I 2006/104) wurde mit Wirkung vom 18. 8. 2006 die Möglichkeit zur Gründung einer Europäischen Genossenschaft (société coopérative européenne, abgekürzt SCE bzw EUGEN) geschaffen. Diese **supranationale Gesellschaftsform** soll es natürlichen und juristischen Personen aus verschiedenen Mitgliedsstaaten ermöglichen, im Binnenmarkt mit einer einheitlichen **Rechtspersönlichkeit** aufzutreten.

   Begleitend zur SCE-VO wurde die „Richtlinie 2003/72/EG des Rates vom 22. 7. 2003 zur Ergänzung des Statuts der Europäischen Genossenschaft (SCE) hinsichtlich der Beteiligung der Arbeitnehmer" (**SCE-RL**, ABl L 207 vom 18. 8. 2003, S 25) erlassen, die in erster Linie im ArbVG umgesetzt worden ist.

2. Formal und inhaltlich folgen die genannten Rechtsgrundlagen jenen zur Europäischen Gesellschaft (SE; ⇨ S 94 ff). Die Intensität der Rechtsangleichung ist bei der SCE insgesamt allerdings deutlich geringer als bei der SE. Die SCE-VO **verweist vielfach auf nationales Recht.** Unter anderem wird ergänzend auf nationales Aktienrecht verwiesen, so etwa zur Satzungsprüfung (Art 5 Abs 3 SCE-VO), zur Publizität (Art 11 Abs 5 und Art 12 Abs 1 SCE-VO) und zur Verschmelzung (Art 20 ff SCE-VO). Ferner unterliegt die SCE subsidiär zu den gemeinschaftsrechtlichen Vorschriften bzw dem entsprechenden Umsetzungsrecht und den aufgrund der SCE-VO ausdrücklich zugelassenen Satzungsbestimmungen jenen nationalen Rechtsvorschriften der Mitgliedstaaten, die auf eine nach dem Recht des Sitzstaates der SCE gegründeten Genossenschaft Anwendung finden würden (vgl Art 8 SCE-VO).

II. Grundzüge der SCE

1. **Wesen der SCE**: Die SCE ist eine Gesellschaft, deren Grundkapital in Geschäftsanteile zerlegt ist. Sie besitzt Rechtspersönlichkeit. Mitgliederzahl und Grundkapital sind veränderlich. Sofern in der Satzung der SCE nichts anderes vorgesehen ist, haftet ein Mitglied der SCE nur bis zur Höhe seines eingezahlten Geschäftsanteils. Ist die Haftung der Mitglieder beschränkt, ist der Firma der SCE der Zusatz „mit beschränkter Haftung" anzufügen (Art 1 Abs 2 und 5 SCE-VO).

   Ihrer genossenschaftlichen Grundidee entsprechend ist es **Hauptzweck** einer SCE, den Bedarf ihrer Mitglieder zu decken und/oder deren wirtschaftliche und/oder soziale Tätigkeiten zu fördern. Die Genossenschaft tut dies insbesondere durch den Abschluss von Vereinbarungen mit ihren Mitgliedern über die Lieferung von Waren, die Erbringung von Dienstleistungen oder die Durchführung von Arbeiten, die die SCE ausübt oder ausüben lässt (Art 1 Abs 3 SCE-VO).

2. **Gründung**: Nach Art 2 SCE-VO kann eine SCE gegründet werden

a) von mindestens **fünf natürlichen Personen** mit Wohnsitz in mindestens **zwei Mitgliedstaaten**;

b) von insgesamt mindestens **fünf natürlichen Personen und Gesellschaften bzw juristischen Personen** des öffentlichen oder privaten Rechts; diese müssen wieder mindestens **zwei Mitgliedstaaten** zuzurechnen sein, wobei bei natürlichen Personen auf den Wohnsitz, bei Gesellschaften bzw juristischen Personen darauf abgestellt wird, dass sie dem Recht verschiedener Mitgliedstaaten unterliegen;

c) von (mindestens **zwei**) **Gesellschaften bzw juristischen Personen**, die dem Recht mindestens **zweier Mitgliedstaaten** unterliegen;

d) durch **Verschmelzung von Genossenschaften**, die nach dem Recht eines Mitgliedstaats gegründet wurden und Sitz und Hauptverwaltung in der Gemeinschaft haben, sofern mindestens **zwei** von ihnen dem **Recht verschiedener Mitgliedstaaten** unterliegen. Dabei kommt sowohl eine Verschmelzung durch Aufnahme (wobei die aufnehmende Genossenschaft die Form einer SCE annimmt), als auch eine Verschmelzung durch Gründung einer neuen juristischen Person (der SCE) in Betracht. Vgl die Art 19 ff SCE-VO.

> **Beachte:** Zum Schutz von Genossenschaftsmitgliedern, die sich gegen die Verschmelzung ausgesprochen haben, sieht § 13 SCEG ein besonderes Kündigungsrecht vor (Verweis auf §§ 9 bis 11 GenVG). Überträgt eine Genossenschaft ihr Vermögen auf eine SCE mit Sitz in einem anderen Mitgliedstaat, sind zudem Gläubigerschutzmechanismen erforderlich: Genossenschaftsgläubiger können binnen einem Monat ab dem Verschmelzungsbeschluss schriftlich Sicherheitsleistung für ihre bis dahin entstandenen Forderungen verlangen, sofern sie glaubhaft machen, dass durch die Verschmelzung die Erfüllung ihrer Forderungen gefährdet wird (§ 14 iVm § 8 SCEG).

e) durch **Umwandlung einer Genossenschaft**, die nach dem Recht eines Mitgliedstaats gegründet worden ist und ihren Sitz und ihre Hauptverwaltung in der Gemeinschaft hat, wenn sie seit mindestens zwei Jahren eine dem **Recht eines anderen Mitgliedstaats unterliegende Niederlassung oder Tochter** hat (Näheres in Art 35 SCE-VO).

> Besondere Maßnahmen zum Schutz der Gläubiger oder überstimmter Genossenschafter sind hier nicht erforderlich, da sich keine grenzüberschreitenden Aspekte ergeben.

3. Die Gründungsmitglieder haben eine schriftliche **Satzung** mit bestimmten Mindestinhalten zu erstellen. Auf die Kontrolle der Gründung findet das für die vorbeugende Prüfung von Aktiengesellschaften maßgebende Recht des Sitzmitgliedstaats entsprechende Anwendung (Art 5 SCE-VO). Der **Sitz** der SCE muss in der EG liegen, und zwar in jenem Mitgliedstaat, in dem sich die Hauptverwaltung der SCE befindet (Art 6 SCE-VO). Die SCE wird im Sitzstaat nach dem dort für AG maßgeblichen Recht in ein **Register** eingetragen (Art 11 SCE-VO); in Österreich also in das Firmenbuch. Mit der Eintragung erwirbt sie Rechtspersönlichkeit (Art 18 SCE-VO). Zu Informationszwecken ist auch eine Veröffentlichung im Amtsblatt der EG vorgesehen (Art 12 SCE-VO).

> **Beachte:** Wird eine **Sitzverlegung** (vgl Art 7 SCE-VO, §§ 6 ff SCEG) in einen anderen Mitgliedstaat vorgenommen, ist den Gläubigern der Genossenschaft, wenn sie sich spätestens binnen eines Monats nach dem Verlegungsbeschluss schriftlich melden, für ihre bis dahin entstandenen Forderungen Sicherheit zu leisten, soweit sie nicht Befriedigung verlangen können. Hierfür muss glaubhaft gemacht werden, dass durch die Sitzverlegung die Erfüllung ihrer Forderungen gefährdet wird (§ 14 SCEG). Dies ist ausweislich der Materialien idR der Fall, wenn bedeutende Vermögensverlagerungen vorgenommen werden oder zu befürchten sind.
>
> Genossenschaftsmitgliedern, die gegen die Sitzverlegung gestimmt haben, wird in Art 7 Abs 5 SCE-VO ein besonderes Austrittsrecht eingeräumt.

4. Als **Mindestkapital** ist vorgesehen, dass die Einzahlungen auf die Geschäftsanteile zu jeder Zeit mindestens € 30.000,– betragen müssen (Art 3 SCE-VO). Die Satzung kann **unterschiedliche Kategorien von Geschäftsanteilen** vorsehen, die mit unterschiedlichen Rechten bei der Verteilung des Ergebnisses verbunden sind (Art 4 SCE-VO). Die Satzung kann vorsehen, dass Personen, die für eine Teilhabe am Gegenstand der SCE nicht in Frage kommen, als **investierende (nicht nutzende) Mitglieder** zugelassen werden können (§ 3 SCEG, Art 14 Abs 1 SCE-VO). Möglich ist auch die **Ausgabe von Wertpapieren,** die keine Gesellschaftsanteile sind, sowie von Schuldverschreibungen, deren Inhaber kein Stimmrecht haben. Diese können von Mitgliedern und von außen stehenden Personen gezeichnet werden; ihr Erwerb verleiht aber keine Mitgliedschaft. Den Inhabern solcher Instrumente können besondere Vorteile gewährt werden (Art 64 SCE-VO).

5. **Organe** der SCE sind nach Art 36 ff SCE-VO

   a) die **Generalversammlung**: Grundsätzlich kommt jedem Mitglied unabhängig von der Anzahl seiner Anteile eine Stimme zu. Die Satzung kann einem Mitglied aber auch eine bestimmte **Anzahl von Stimmen zuteilen,** die sich nach seiner Beteiligung an der genossenschaftlichen Tätigkeit richtet (höchstens fünf Stimmen je Mitglied oder 30 % der gesamten Stimmrechte, je nachdem, welche Zahl niedriger ist). Sind die Mitglieder der SCE mehrheitlich Genossenschaften, kann die Satzung zB auch vorsehen, dass sich die Zahl der zugeteilten Stimmen nach der Mitgliederzahl jeder der beteiligten Genossenschaften richtet. Ferner können durch die Satzung auch nicht nutzenden (investierenden) Mitgliedern Stimmen zugeteilt werden, allerdings in Summe nicht mehr als 25 % der gesamten Stimmrechte. Vgl im Einzelnen § 28 SCEG.

   b) entweder **ein Aufsichtsorgan und ein Leitungsorgan** (dualistisches System) **oder ein Verwaltungsorgan** (monistisches System). Dies ist in der Satzung festzulegen.

      Bei Wahl des dualistischen Systems wird bei einer SCE mit Sitz in Österreich das Leitungsorgan als **Vorstand** und das Aufsichtsorgan als **Aufsichtsrat** bezeichnet. Im monistischen System wird das Verwaltungsorgan als **Verwaltungsrat** bezeichnet (§ 26 SCEG). Im monistischen System gelten die Bestimmungen für den Vorstand und Aufsichtsrat sinngemäß für den Verwaltungsrat. Die Rechte und Pflichten des Vorstands oder Aufsichtsrats im monistischen System können aber auch einem oder mehreren **geschäftsführenden Direktoren** übertragen werden (vgl näher §§ 24, 25 SCEG).

      Grundsätzlich ist **Gesamtvertretungsbefugnis** vorgesehen, die Satzung kann Organmitgliedern aber auch Einzelvertretungsbefugnis einräumen (Art 47 SCE-VO, §§ 25, 27 SCEG).

6. **Ferner** regelt die SCE-VO insbesondere die Verwendung des Betriebsergebnisses (Art 65 ff SCE-VO, zB Pflicht zur Rücklagenbildung), die Rechnungslegung einschließlich Pflichtprüfung (Art 68 ff SCE-VO) sowie einige Aspekte der Auflösung der SCE (wobei aber weitgehend auf nationales Recht verwiesen wird, ebenso für Fragen der Liquidation und Insolvenz; vgl Art 72 ff SCE-VO).

7. Die **Beteiligung der Arbeitnehmer** in der SCE regelt – in Umsetzung der SCE-RL – das ArbVG, vornehmlich in einem neu geschaffenen VII. Teil (§§ 254-257 ArbVG). Diese Regelungen sollen gewährleisten, dass die Gründung einer SCE nicht zu einer Beseitigung oder Einschränkung der Arbeitnehmerbeteiligung führt, die in den an der Gründung beteiligten Rechtspersonen herrscht. Ziel ist die Errichtung eines SCE-Betriebsrats oder eines anderen Verfahrens zur Unterrichtung und Anhörung der Arbeitnehmer. Kommt eine Vereinbarung hierüber nicht zustande, ist ein SCE-Betriebsrat kraft Gesetzes einzurichten. Die neuen Regelungen verweisen weitgehend auf die Bestimmungen des VI. Teils des ArbVG (Beteiligung der Arbeitnehmer in der SE).

Abkürzungsverzeichnis

aaO	am angegebenen Ort
ABGB	Allgemeines Bürgerliches Gesetzbuch
abl	ablehnend
ABl	Amtsblatt der EU
Abs	Absatz
aE	am Ende
AEUV	Vertrag über die Arbeitsweise der Europäischen Union
aF	alte Fassung
AG	Aktiengesellschaft
AktG	Aktiengesetz
Allg UR[7]	ORAC Rechtsskriptum Allgemeines Unternehmensrecht (*Schummer*; 7. Auflage 2008
aM	anderer Meinung
Anm	Anmerkung
AnwBl	Anwaltsblatt
ArbVG	Arbeitsverfassungsgesetz
AReG	Aktienrückerwerbsgesetz
AOG	Aktienoptionengesetz
Art	Artikel
ASVG	Allgemeines Sozialversicherungsgesetz
BAO	Bundesabgabenordnung
bes	besonders
BG	Bundesgesetz
BGBl	Bundesgesetzblatt
BGH	(deutscher) Bundesgerichtshof
BGHZ	Entscheidungen des (deutschen) Bundesgerichtshofes in Zivilsachen
BMJ	Bundesminister für Justiz
BörseG	Börsegesetz
BR AT[7]	ORAC Rechtsskriptum Bürgerliches Recht Allgemeiner Teil (*Mader/Faber*; 7. Auflage 2009)
BR GesSch[8]	ORAC Rechtsskriptum Bürgerliches Recht Gesetzliche Schuldverhältnisse (*Graf/Gruber*; 8. Auflage 2009)
BWG	Bankwesengesetz
bzw	beziehungsweise
ca	circa
Co	Compagnie
dAktG	deutsches Aktiengesetz
DevG	Devisengesetz
dh	das heißt
DHG	Dienstnehmerhaftpflichtgesetz
€	Euro
E	Entscheidung
EG	Europäische Gemeinschaft
e.Gen.	eingetragene Genossenschaft
EG-V	EG-Vertrag
EKEG	Eigenkapitalersatz-Gesetz
EO	Exekutionsordnung
EPG	Eingetragene Partnerschafts-Gesetz
ESt	Einkommensteuer
EStG	Einkommensteuergesetz
etc	et cetera
EU	Europäische Union

EUGEN	Europäische Genossenschaft
EU-GesRÄG	EU-Gesellschaftsrechtsänderungsgesetz 1996
EUR	Euro
EIRAG	Europäisches Rechtsanwaltsgesetz
Euro-GenBeG	Euro-Genossenschaftsbegleitgesetz 2000
Euro-JuBeG	(1.) Euro-Justiz-Begleitgesetz 1998
EV	einstweilige Verfügung
EU-VerschG	EU-Verschmelzungsgesetz
EvBl	Evidenzblatt der Rechtsmittelentscheidungen (in ⇨ÖJZ)
EWIV	Europäische wirtschaftliche Interessenvereinigung
EWIVG	BG über die Schaffung der Europäischen Wirtschaftlichen Interessenvereinigung 1995
EWIV-VO	Verordnung des Rates über die Schaffung der Europäischen Wirtschaftlichen Interessenvereinigung 1985
EWR	Europäischer Wirtschaftsraum
f, ff	folgend(e)
FBG	Firmenbuchgesetz
FKVO	Fusionskontrollverordnung (Verordnung des Rates über die Kontrolle von Unternehmenszusammenschlüssen 1989; geändert 1997)
G	Gesetz
G-GF	Gesellschafter-Geschäftsführer
GebG	Gebührengesetz
GenG	Gesetz über Erwerbs- und Wirtschaftsgenossenschaften
GenIG	Genossenschaftsinsolvenzgesetz
GenmbH	Genossenschaft mit beschränkter Haftung
GenmuH	Genossenschaft mit unbeschränkter Haftung
GenRevBGVO	Genossenschaftsrevisoren-Berufsgrundsätzeverordnung 2008
GenRevG	Genossenschaftsrevisionsgesetz 1997
GenRevPO	Genossenschaftsrevisoren-Prüfungsordnung 2008
GenRevRÄG	Genossenschaftsrevisionsrechtsänderungsgesetz 1997
GenVG	Genossenschaftsverschmelzungsgesetz
GeS	Zeitschrift für Gesellschafts- und Steuerrecht
GesAusG	BG über den Ausschluss von Minderheitsgesellschaftern 2006
GesBR	Gesellschaft Bürgerlichen Rechts
GesRÄG	Gesellschaftsrechtsänderungsgesetz
GesRZ	Der Gesellschafter – Zeitschrift für Gesellschafts- und Unternehmensrecht
GewO	Gewerbeordnung
GmbH	Gesellschaft mit beschränkter Haftung
GmbHG	Gesetz über Gesellschaften mit beschränkter Haftung
GOG	Gerichtsorganisationsgesetz
GrESt	Grunderwerbsteuer
GrEStG	Grunderwerbsteuergesetz
hA	herrschende Ansicht
HaRÄG	Handelsrechts-Änderungsgesetz 2005
HGB	Handelsgesetzbuch
hL	herrschende Lehre
hM	herrschende Meinung
Hrsg	Herausgeber
HV	Hauptversammlung
idF	in der Fassung
idR	in der Regel
ieS	im engeren Sinn
IO	Insolvenzordnung
IRÄG	Insolvenzrechtsänderungsgesetz
iS(d)	im Sinn (des, der)
iwS	im weiteren Sinn

iVm	in Verbindung mit
JAb	Jahresabschluss
JBl	Juristische Blätter
KapBG	Kapitalberichtigungsgesetz
KESt	Kapitalertragsteuer
KG	Kommanditgesellschaft
KMG	Kapitalmarktgesetz
KMOG	Kapitalmarktoffensivegesetz
KSt	Körperschaftsteuer
KStG	Körperschaftsteuergesetz
KVG	Kapitalverkehrsteuergesetz
L	Lehre
leg cit	legis citatae
Lit	Literatur
Mill	Million
NO	Notariatsordnung
Nr	Nummer
OECD	Organization for Economic Cooperation and Development
OG	Offene Gesellschaft
OGH	Oberster Gerichtshof
ÖBA	Österreichisches Bankarchiv
ÖIAG	Österreichische Industrieholding Aktiengesellschaft
ÖJZ	Österreichische Juristenzeitung
PersG[7]	ORAC Rechtsskriptum Personengesellschaften (*Schummer*; 7. Auflage 2010)
RAO	Rechtsanwaltsordnung
RdW	Recht der Wirtschaft (Zeitschrift)
RGBl	Reichsgesetzblatt
RL	Richtlinie(n)
RL-BA	Richtlinien für die Ausübung des Rechtsanwaltsberufes
RLG	Rechnungslegungsgesetz
Rsp	Rechtsprechung
RV	Regierungsvorlage
Rz	Randziffer
S	Satz; Seite
s	siehe
SCE	Europäische Genossenschaft
SCEG	Bundesgesetz über das Statut der Europäischen Genossenschaft
SCE-RL	Richtlinie 2003/72/EG des Rates zur Ergänzung des Statuts der Europäischen Genossenschaft hinsichtlich der Beteiligung der Arbeitnehmer
SCE-VO	Verordnung (EG) über das Statut der Europäischen Genossenschaft
SE	Societas Europaea (Europäische [Aktien-]Gesellschaft)
SEG	Societas Europaea-Gesetz 2004
SE-RL	Richtlinie 2001/86/EG des Rates zur Ergänzung des Statuts der Europäischen Gesellschaft hinsichtlich der Beteiligung der Arbeitnehmer
SE-VO	Verordnung (EG) über das Statut der Europäischen Gesellschaft
sog	so genannt(e)
SpaltG	Spaltungsgesetz 1996 (Art XIII des EU-GesRÄG 1996)
StGB	Strafgesetzbuch
stRsp	ständige Rechtsprechung
SZ	Entscheidungen des österreichischen OGH in Zivilsachen
TP	Tarifpost

ua	und andere(s)
UB	Unbedenklichkeitsbescheinigung
ÜbG	Übernahmegesetz
UGB	Unternehmensgesetzbuch
UmgrStG	Umgründungssteuergesetz
UmwG	Umwandlungsgesetz 1996 (Art XIV des EU-GesRÄG 1996)
URÄG	Unternehmensrechts-Änderungsgesetz
URG	Unternehmensreorganisationsgesetz
USt	Umsatzsteuer
UStG	Umsatzsteuergesetz
usw	und so weiter
uU	unter Umständen
uva	und viele(s) andere
va	vor allem
VAG	Versicherungsaufsichtsgesetz
VbVG	Verbandsverantwortlichkeitsgesetz
VerG	Vereinsgesetz
vgl	vergleiche
VO	Verordnung
Voraufl	Vorauflage
VwGH	Verwaltungsgerichtshof
wbl	Wirtschaftsrechtliche Blätter
WG	Wechselgesetz
WGG	Wohnungsgemeinnützigkeitsgesetz
WRG	Wasserrechtsgesetz
Z	Ziffer
zB	zum Beispiel
ZPO	Zivilprozessordnung
zT	zum Teil

Stichwortverzeichnis

Die LexisNexis-Gruppe weltweit

Australien	LexisNexis, CHATSWOOD, New South Wales
Benelux	LexisNexis Benelux, AMSTERDAM
China	LexisNexis China, PEKING
Deutschland	LexisNexis Deutschland GmbH, MÜNSTER
Frankreich	LexisNexis SA, PARIS
Großbritannien	LexisNexis Butterworths, a Division of Reed Elsevier (UK) Ltd
Hongkong	LexisNexis Hong Kong, HONGKONG
Indien	LexisNexis Butterworths Wadhwa Nagpur, NEU DELHI
Irland	Butterworths (Ireland) Ltd, DUBLIN
Italien	Giuffrè Editore, MAILAND
Japan	LexisNexis Japan, TOKIO
Kanada	LexisNexis Canada, MARKHAM, Ontario
Korea	LexisNexis, SEOUL
Malaysien	Malayan Law Journal Sdn Bhd, KUALA LUMPUR
Neuseeland	LexisNexis NZ ltd, WELLINGTON
Österreich	LexisNexis Verlag ARD Orac GmbH & Co KG, WIEN
Polen	Wydawnictwo Prawnicze LexisNexis Ltd., WARSCHAU
Singapur	LexisNexis Singapore, SINGAPUR
Südafrika	LexisNexis Butterworths, DURBAN
Ungarn	HVG-Orac, BUDAPEST
USA	LexisNexis, DAYTON, Ohio

ISBN 978-3-7007-4698-0

LexisNexis Verlag ARD Orac GmbH & Co KG, Wien
http://www.lexisnexis.at
Wien 2010
Best.-Nr. 84.34.07
Stand: August 2010

Foto Mader: privat

Druckerei: Prime Rate GmbH, Budapest